Une histoire de la philosophie pour les nuls

Luc Ferry

Une histoire de la philosophie pour les nuls

F1RST
ÉDITIONS

Une histoire de la philosophie pour les Nuls

ISBN : 978-2-7540-8649-3
Dépôt légal : novembre 2021

Imprimé en Italie

Éditions First, un département d'Édi8
92, avenue de France
75013 Paris – France
e-mail : firstinfo@efirst.com
Site internet : www.pourlesnuls.fr

Édition et préparation de copie : Isabelle Chave
Correction et index : Céline Dutt
Mise en page : Soft Office
Dessins : Anne-Lise Combeaud

À propos de l'auteur

Luc Ferry est philosophe et auteur d'un grand nombre de livres sur la philosophie et la mythologie, parmi lesquels *Mythologie et philosophie* (Plon, 2016) et le *Dictionnaire amoureux de la philosophie* (Plon, 2018). Il a déjà publié *La Mythologie grecque de A à Z* aux Éditions First en 2020.

Sommaire

Partie 3 La philosophie contemporaine

Partie 4 Philosopher aujourd'hui

Partie 5 La partie des Dix

Introduction

Pourquoi il faut connaître l'histoire de la philosophie

Ce livre va vous raconter l'histoire de la philosophie, du moins ce que je considère comme ses plus grands moments, ceux qui me semblent les plus éclairants, les plus importants pour se comprendre soi-même et comprendre le monde qui nous entoure. Je suis convaincu que la philosophie est la meilleure et principale clé de compréhension du réel et je pense que si vous faites l'effort de lire cet ouvrage, vous comprendrez vous aussi pourquoi. L'approche historique me paraît d'autant plus indispensable que nous sommes, comme le disait déjà un théologien du XIIe siècle, Bernard de Chartres, des « nains juchés sur le dos de géants » : impossible de penser le temps présent sans avoir l'humilité de prendre sa source dans le passé.

Mais avant d'entrer dans cette histoire, il faut que je vous donne une idée de ce qu'est la philosophie. Ce n'est pas évident car elle ne relève à vrai dire d'aucun des domaines de la vie de l'esprit auxquels nous sommes plus ou moins habitués, ne serait-ce que par l'école. En effet, elle n'est ni une science dure comme les mathématiques, la physique ou la biologie, ni une science humaine comme la psychanalyse ou la sociologie, pas davantage une religion, ni une forme de littérature poétique ou romanesque. C'est d'abord une quête de vérité, une recherche portant sur le bien et le mal, mais aussi et même surtout, une tentative de définition de la sagesse comme condition de la vie bonne pour les mortels que nous sommes.

Donner un sens à la vie et vaincre l'angoisse existentielle

Disons les choses simplement : les dieux, s'ils existent, sont en principe immortels ; les animaux sont mortels comme nous, bien entendu, mais pour autant qu'on puisse en juger, ce que les philosophes appellent la « finitude » (le fait que nos vies soient « finies », limitées dans le temps) ne les préoccupe guère : point de traités de métaphysique chez mes chats. Nous, nous sommes à la fois mortels et conscients de l'être, de sorte que la question du sens qu'on doit donner à sa vie, les interrogations portant sur la sagesse et la définition d'une vie bonne, sont un jour ou l'autre pressantes pour nous, et ce d'autant plus que pour les non-croyants auxquels s'adresse avant tout la philosophie, il n'y a pas de deuxième chance, pas de session de rattrapage, pas de vie après la mort qui nous permettrait de corriger le tir en reprenant les choses à zéro. C'est donc ici et maintenant que nous devons réfléchir à ce qui nous semble à proprement parler « vital », et c'est pour l'essentiel à cela que s'attelle la philosophie.

Je vais bien entendu revenir sur cette première esquisse de définition des trois grands axes la philosophie (réflexion sur la vérité, sur le bien et le mal, sur la sagesse, le sens et la vie bonne), mais pour l'étayer d'entrée de jeu, j'aimerais que vous lisiez ce texte de Schopenhauer extrait de son maître livre, *Le Monde comme volonté et comme représentation* (1819). Il y parle avec beaucoup de profondeur et de justesse des origines et du projet de toute philosophie (je place quelques commentaires entre crochets) :

Citation

> « La mort est proprement le génie inspirateur, le musagète de la philosophie, et Socrate a pu d'ailleurs la définir comme une "préparation à la mort" [*c'est le fameux thème platonicien selon lequel "philosopher, c'est apprendre à mourir" – thème qui sera repris et popularisé par Montaigne*]. Sans la mort, il n'y aurait sans doute pas de philosophie. Cette réflexion, source de l'idée de la mort, nous élève à des opinions métaphysiques, à des vues consolantes, dont le besoin comme la possibilité sont également inconnus de l'animal. C'est avant toute chose vers cet objectif ultime que sont dirigés tous les systèmes religieux et tous les systèmes philosophiques. Ils sont d'abord et avant tout comme une espèce de contrepoison que la raison, par la force de ses seules médiations, nous offre contre la certitude de la mort. Ce qui les différencie, c'est la mesure dans laquelle ils parviennent à atteindre cet objectif, et sans doute telle religion, telle philosophie rendra l'homme bien plus capable que telle autre de regarder la mort en face, d'un regard serein [*évidemment, c'est humain, Schopenhauer pense que sa propre*

> *philosophie sera beaucoup plus utile que celle des autres pour surmonter la peur de la mort…*]. C'est la connaissance des choses de la mort, mais aussi la considération de la souffrance et de la misère de la vie qui donnent la plus forte impulsion à la pensée philosophique et à l'explication métaphysique du monde. Si notre vie était infinie et si elle ignorait la souffrance, il est probable que personne ne se demanderait pourquoi le monde existe ni pourquoi il a précisément cette nature particulière. »

Schopenhauer considère donc que ces deux sphères de la vie de l'esprit que sont la philosophie et la religion partagent au départ un même projet, celui de donner un sens à la vie, de vaincre l'angoisse métaphysique liée à la finitude en proposant aux mortels une définition de la sagesse et de la vie bonne. Mais il nous invite aussi à penser qu'à partir de cet objectif commun, religion et philosophie divergent sur la manière de l'atteindre : les unes tentent de définir la vie bonne par rapport à Dieu et en passant par la foi, les autres par rapport à l'homme et par la lucidité de sa raison – en quoi la philosophie est une « spiritualité laïque » : comme les grandes religions, elle est une doctrine de la sagesse et de la vie bonne, donc une spiritualité plus qu'une morale, mais sans Dieu, en quoi elle peut être dite « laïque ».

Contrairement aux spiritualités religieuses, elle promet à ceux qui veulent y consacrer leur vie qu'ils peuvent parvenir à se sauver par eux-mêmes et par la pensée, au lieu que les religions nous invitent à nous en remettre à un Autre plutôt qu'à soi-même, et à la foi plutôt qu'à la connaissance rationnelle. Là est à mes yeux la vraie différence entre philosophie et religion. Schopenhauer est un des rares philosophes modernes à avoir non seulement compris, mais parfaitement explicité cette conception de la philosophie comme « spiritualité laïque » ou comme « doctrine du salut sans Dieu », en même temps qu'il percevait avec clarté la différence que cela implique, bien que sur un fond commun, avec les religions.

Les trois questions qui animent toute grande philosophie

J'en reviens maintenant aux problématiques qui animent la philosophie depuis sa naissance en Grèce, pour ce qui concerne du moins notre tradition occidentale. Toutes les grandes doctrines philosophiques, je dis bien toutes, y compris celles de penseurs contemporains résolument athées comme Nietzsche ou Heidegger, seront structurées autour de trois grands axes, de trois grandes questions.

La première porte sur le monde : il s'agit d'abord et avant tout de définir ce que nous entendons par « vérité », de se demander si une connaissance vraie est accessible ou non (comme l'affirme le scepticisme), et si oui, à quelles conditions et dans quelles limites. Les philosophes tentent ainsi de se faire une idée aussi juste que possible de notre monde parce que, tout simplement, il est le terrain de jeu de l'existence humaine.

Science et philosophie

C'est ici le lieu de bien distinguer science et philosophie. Je sais qu'on pourrait consacrer un livre entier à ce thème auquel nous reviendrons dans ce qui suit, mais pour le dire d'emblée en quelques mots : les sciences s'interrogent moins sur la définition de la vérité, ou même sur la nature du monde en général, qu'elles ne tentent de comprendre une catégorie particulière d'objets, et elles le font soit de manière déductive (comme les mathématiques), soit de manière expérimentale (comme les sciences de la nature) : par exemple, les sciences s'intéressent aux nombres (arithmétique), à l'espace (géométrie), au vivant (biologie), aux forces fondamentales, à l'énergie et à la matière (physique), etc., mais pas à la totalité du réel en général et en tant que lieu de vie des humains.

La philosophie veut, elle aussi, connaître le monde, en mobilisant d'ailleurs les sciences positives autant qu'elle le peut, mais elle essaie de le faire de manière globale et en s'interrogeant sur ce que c'est que cette vérité à laquelle tentent de parvenir les différents types de connaissance : dans l'Antiquité grecque déjà, elle se demande par exemple si le réel dans lequel nous sommes plongés depuis la naissance jusqu'à la mort est intelligible ou mystérieux, rationnel ou irrationnel, clos ou ouvert, fini ou infini, hostile ou favorable aux mortels, chaotique ou harmonieux, éternel ou mortel, beau ou laid, etc. : ce sont là des questions qui ne sont pas au premier chef des questions scientifiques, mais des interrogations liées au sentiment que nous devons comprendre le monde parce qu'il est notre terrain de jeu, le lieu où nos vies vont prendre place. Les recherches qui portent sur la connaissance globale du monde relèvent chez les premiers philosophes grecs de ce qu'ils appellent la *theoria*, la contemplation de l'univers, du cosmos.

Le deuxième grand axe, la deuxième interrogation, ne porte plus sur la vérité, sur la connaissance du terrain de jeu, mais, pour continuer la métaphore, sur les règles du jeu que nous, les humains, allons jouer ensemble : comment pacifier les relations entre des êtres capables du pire comme du meilleur, de haine et d'amour, d'égoïsme et de générosité, de préoccupation pour les intérêts particuliers mais aussi de souci de l'intérêt général et du Bien commun ? Schopenhauer comparait les humains à de petits hérissons qui, lorsqu'ils ont froid, se rapprochent pour se réchauffer, mais qui aussitôt se piquent et sont alors contraints de s'éloigner. Comment, dans ces conditions, trouver la bonne distance ? C'est bien entendu ici de morale et de politique qu'il est question, et c'est ce qu'on appelle la « philosophie pratique » par opposition à la philosophie théorique qui s'intéresse à la première question, celle de la connaissance et de la quête de vérité dont nous venons de parler.

Enfin, le troisième axe, la troisième interrogation, ne porte plus sur la connaissance du terrain de jeu, pas même sur les règles du jeu, mais sur le but du jeu : à quoi jouons-nous exactement et pourquoi ? Y a-t-il même un sens – Spinoza ou Nietzsche, par exemple, affirment que non, que la notion de sens de la vie est absurde... ce qui ne les empêche pas malgré tout de nous donner leur définition de la vie bonne et par là même de proposer un sens, une direction que l'on devrait suivre pour parvenir à la sérénité et à la sagesse.

Quoi qu'il en soit, c'est ici que prend place la problématique du sens et de la sagesse : étymologiquement, le mot *philo-sophia* signifie d'ailleurs « amour » ou « quête » de la sagesse. Et c'est en ce point ultime que la philosophie, comme les grandes religions, prend la forme d'une doctrine du salut, mais comme je l'ai dit plus haut, un salut sans Dieu (les systèmes philosophiques des grands penseurs croyants comme Augustin, Thomas d'Aquin, Pascal ou Kierkegaard par exemple, reposent toujours *in fine* sur une théologie associée à un appel à abandonner la raison pour faire place à la foi, ce qui les fait quitter le domaine de la philosophie proprement dite).

Vaincre les peurs

Nous venons de définir la philosophie comme une « spiritualité laïque », comme une « doctrine du salut sans Dieu », ce qui nous conduit maintenant vers une question fondamentale : de quoi s'agit-il au juste de se sauver ?

Le salut, si l'on en croit les dictionnaires, réside dans « le fait d'être sauvé d'un grand danger ou d'un grand malheur ». En latin comme en grec, le mot « salut » vient du verbe « sauver » (en grec : *sotérios* vient de *sauzein*), ce qui nous permet de préciser la question portant sur le grand danger ou le grand malheur dont les philosophes prétendent aider leurs disciples à *se sauver*. La réponse la plus courante ne fait guère de doute et on la trouve déjà dans l'Antiquité chez les stoïciens et les épicuriens : il s'agit d'abord et avant tout de se sauver des peurs qui menacent nos existences, qui les cernent et, pour mieux dire peut-être, qui les « coincent » et qui nous empêchent ainsi de parvenir à la sérénité et au bonheur.

L'idée qui anime le désir de sagesse – et encore une fois, c'est ainsi qu'on peut traduire au mieux le terme *philo-sophia* – c'est la conviction que tant qu'on est emprisonné, enfermé en soi par les peurs, il est impossible d'accéder à la vie bonne, impossible de parvenir à la sérénité, impossible d'être libre dans sa tête et de s'ouvrir aux autres, d'être intelligent et généreux. La peur, quelle que soit son utilité sur le plan biologique pour éviter certains dangers, a malheureusement pour effet de nous rendre le plus souvent bêtes et méchants, égoïstes, repliés sur nous-mêmes, incapables de penser librement et de nous tourner vers les autres. Pour accéder à la sagesse, pour être capable de se doter d'un esprit libre et d'un cœur ouvert, il faut donc parvenir à vaincre les peurs, et la philosophie, contrairement aux grands monothéismes, nous promet qu'on peut y parvenir par soi-même et par la raison plutôt que par un Autre et par la foi.

Il existe toutes sortes de peurs, mais la plus tenace, celle qui va passionner les philosophes grecs, mais aussi, comme nous venons de le voir, un philosophe comme Schopenhauer, c'est l'angoisse liée à la finitude humaine.

Dans son fameux *Manuel*, Épictète dit à son disciple que le philosophe doit y consacrer toutes ses pensées. Quant à Lucrèce, le grand disciple d'Épicure, il déclare lui aussi au début de son poème, le *De natura rerum* (*De la nature des choses*), qu'il faut avant toute chose commencer par vaincre la peur de l'Achéron, le fleuve des enfers, celui qu'on doit traverser quand on est mort et que votre famille vous a mis les pièces de monnaie dans la bouche pour payer le passeur, l'affreux Charon.

C'est de cette peur que la philosophie entend bien débarrasser les humains – pas au sens où on en aurait tout à fait fini avec elle, ce qui est impossible, mais au sens où on pourrait du moins tenter d'en faire quelque chose de positif, comme le judoka utilise la force de son adversaire pour le vaincre. Car le sentiment de la possibilité incessante de la mort peut aussi donner du sens et de l'intensité à la vie.

Les cinq grandes réponses à la question de la vie bonne pour les mortels

Contrairement à ce qu'on lit ou entend si souvent, ce qui est passionnant, et à vrai dire proprement génial dans les grandes philosophies, ce ne sont pas les questions que je viens d'évoquer (elles sont en vérité assez banales), mais ce sont les réponses qui sont grandioses, et ce sont elles que je vais vous raconter dans ce livre. Je voudrais vous en donner un bref aperçu d'entrée de jeu afin que vous compreniez le plan, la structure et le sens de cet ouvrage.

La première réponse est celle des sagesses anciennes. On la trouve déjà formulée dans l'*Odyssée* d'Homère, puis dans la philosophie grecque, en particulier dans le stoïcisme, mais aussi dans certaines sagesses d'Orient, à commencer par le bouddhisme. On pourrait la définir comme « cosmologique » au sens où la vie bonne se définit comme la mise en harmonie de soi avec l'harmonie de l'univers, avec l'harmonie du cosmos, cet ordre du monde qui est lui-même parfaitement harmonieux. Comme le cosmos est éternel, en s'ajustant à lui comme un fragment de puzzle s'ajointe au tableau d'ensemble, en se mettant pour ainsi dire « en harmonie avec l'harmonie cosmique », on devient en quelque façon soi-même un fragment d'éternité, ce qui est une première manière de trouver son salut, de vaincre en quelque sorte la mort.

Bien entendu, dans l'Antiquité déjà, et notamment dans la philosophie grecque, toutes les visions du monde ne sont pas des cosmologies au sens qu'on vient de donner à ce terme. Par exemple, les épicuriens, les atomistes et les sophistes s'opposent à cette définition de la vie bonne comme mise en harmonie de soi avec l'harmonie du monde et ce pour la simple et bonne raison qu'à leurs yeux le monde n'est pas un univers harmonieux, mais bien plutôt un chaos. Nous y reviendrons, mais ce qu'il faut déjà noter, c'est qu'à chaque étape de l'histoire de la philosophie, il y a toujours une pensée dominante (ici les sagesses cosmologiques) et une contre-culture qui s'y oppose (en l'occurrence, celle des épicuriens par exemple). Chaque fois, donc, nous évoquerons non seulement les réponses dominantes à la question de la vie bonne pour les mortels, mais aussi celles qui vont à contre-courant.

La deuxième réponse, que je laisserai de côté ici puisqu'elle ne relève pas à proprement parler de la philosophie, est celle des grandes religions. Elles ne nous recommandent pas de mettre nos vies en harmonie avec le cosmos, comme chez Platon, Aristote ou les stoïciens, mais de les mettre en harmonie avec les commandements divins, parce que c'est cette harmonie divine qui seule peut nous ouvrir les portes du véritable salut, en l'occurrence d'une immortalité plus personnelle que celle, anonyme et aveugle, promise par les cosmologies anciennes. Dans cette perspective théologique, le but ultime de l'existence n'est pas, comme chez les Anciens, d'apprendre à jouir du temps qui nous est imparti en privilégiant la visée du bonheur ici et maintenant, voire en apprenant à savourer l'instant présent comme nous y invitent les stoïciens et les épicuriens, mais de faire en sorte de mériter un droit d'entrée dans une vie éternelle qui sera infiniment meilleure au ciel que sur la terre. Dans le christianisme, qui domine largement l'histoire religieuse de l'Europe, c'est par l'amour, par *agapè*, qu'on peut parvenir à vaincre la mort, comme l'Évangile de Jean nous l'enseigne au cours du fameux épisode de la résurrection de Lazare.

La troisième réponse consiste à mettre sa vie et sa pensée, non plus en harmonie avec le cosmos ou avec le divin, mais avec l'humanité. On assiste ici à une formidable humanisation, voire sécularisation des réponses que la philosophie va apporter à la question de la vie bonne. On les voit poindre dans la fameuse formule du droit moderne selon laquelle « ma liberté doit (ou devrait...) s'arrêter là où commence celle d'autrui », le monde idéal et la société juste étant ceux dans lesquels l'humanité parvient à la paix et à la justice dans l'harmonie avec elle-même.

On ajoutera que dans cette perspective, qui est pour l'essentiel celle de l'humanisme hérité des Lumières et de l'idée républicaine, de la *res-publica*, il convient non seulement de mettre sa vie en harmonie avec celle des autres, mais d'apporter autant qu'il est possible, chacun à la mesure de ses possibilités et de ses talents, une contribution au progrès humain, une pierre à l'édifice. Cet apport peut alors vous ouvrir les portes d'une certaine forme d'éternité, celle qui réside dans la mémoire des Hommes et qui s'inscrit volontiers de manière symbolique, la pierre répondant à la pierre, dans le marbre ou le granit des monuments publics.

La quatrième réponse est celle des grands « philosophes du soupçon » : Schopenhauer, Marx, Nietzsche, Freud, Heidegger et leurs différents épigones français au sein de ce que j'ai appelé la « Pensée 68 ». Leurs philosophies, si différentes soient-elles, ont malgré tout pour caractéristique commune de commencer toujours par ce que Nietzsche et Heidegger appelaient une « déconstruction » (*Abbau*) des naïvetés des siècles passés, celles des métaphysiques anciennes et des religions, mais aussi de l'humanisme des Lumières. Il s'agit de libérer les êtres humains des différents visages de l'aliénation, que cette dernière soit pensée sur le mode individuel comme chez Nietzsche ou Freud par exemple, ou au contraire enracinée dans le collectif et le social, comme chez Marx.

Chez tous ces grands « déconstructeurs », y compris Marx, le but est donc en dernière instance de se mettre en harmonie, non plus avec le cosmos, le divin ou même l'humanité, mais avec soi-même. En quoi l'idéal de « désaliénation » préfigure ce que Foucault, qui se définissait lui-même comme un disciple de Nietzsche et Heidegger, appelait le « souci de soi », une préoccupation qui caractérise au plus haut point l'époque actuelle et qui conduit inévitablement à la quête du bonheur individuel, comme on le voit dans la psychologie positive et les théories du développement personnel qui fleurissent aujourd'hui dans le monde occidental et qui n'en sont que l'aboutissement ultime.

Enfin, la dernière réponse, et c'est celle que je voudrais développer ici pour mon propre compte et jusqu'en ses conséquences ultimes, vise une harmonie, non plus juridique, morale et politique avec l'humanité en général, avec une humanité conçue comme cette entité abstraite et désincarnée qu'envisage l'idée républicaine héritée des Lumières, mais une harmonie qu'on pourrait dire au sens large affective ou amicale avec le proche comme avec le prochain, avec celui que nous aimons, comme avec celui que nous pourrions un jour rencontrer et aimer. C'est ce que j'ai appelé le « deuxième humanisme » ou « humanisme de l'amour », un spiritualisme laïc qui s'oppose au premier humanisme, celui des Lumières, qui reste encore un humanisme de la rationalité et de la science.

Cette réponse n'en conserve pas moins l'idéal de liberté cher au premier humanisme, comme le projet de lutter contre l'aliénation, mais à la différence de ce qui a lieu dans la quatrième réponse, cette lutte n'entend pas supprimer toutes les transcendances. La grande erreur des déconstructeurs fut à mon sens de croire que la liberté supposait la liquidation de toutes les valeurs supérieures à l'individu. Au nom de la lucidité voulue par sa « philosophie au marteau », Nietzsche entendait bien casser toutes les « idoles », toutes les valeurs transcendantes, une vision du monde qui ne pouvait conduire chez ses disciples qu'à un « souci de soi » narcissique finalement aussi pauvre que désespérant. Si la lutte contre l'aliénation, contre les illusions de la métaphysique, reste plus que jamais d'actualité, elle est bien loin de détruire toutes les transcendances.

Comme nous allons le voir, le spiritualisme laïc pour lequel je plaide ici est un humanisme de l'altérité et de l'amour. Il réinvente de nouveaux rapports au sacré, à des valeurs qui dépassent l'individualisme narcissique issu de la déconstruction des valeurs traditionnelles.

Les caractéristiques de cette histoire : pourquoi elles sont philosophiquement fascinantes...

On remarquera d'abord que toutes les réponses sont directement liées, comme l'avait compris Schopenhauer, à la conscience de la mort, donc à la question du salut entendu comme une tentative de vaincre autant qu'il est possible notre finitude ou à tout le moins de lui conférer un sens. On notera ensuite, et nous verrons combien c'est essentiel, qu'on va dans cette histoire du moins humain au plus humain, du plus transcendant au plus immanent à l'humanité, voire à l'individu. Le cosmos des Grecs est à proprement parler « inhumain », radicalement extérieur et supérieur aux Hommes. Le Dieu des grands monothéismes a déjà figure plus humaine : il parle, il s'adresse à nous, et dans le christianisme, il prend même la forme d'un mortel, d'un être qui se laisse crucifier, « scandale pour les Juifs, folie pour les Grecs », dira saint Paul. Avec l'humanisme républicain et les Lumières, c'est carrément dans l'humanité elle-même que le principe du salut prend sa source, tandis qu'avec la quatrième réponse, celle qui surgit des grandes déconstructions, ce sont les philosophies matérialistes de l'immanence radicale, du « souci de soi » et du bonheur personnel, qui deviennent dominantes.

Ensuite, ce qui est proprement remarquable dans cette histoire des grandes spiritualités, c'est que ses moments principaux constituent toujours pour nous des horizons de sens possibles. Les philosophies anciennes, à la différence de ce qui a lieu dans l'histoire des sciences, ne sont pas anéanties, jetées au rebut par les plus récentes. Même si nous ne les partageons plus, voire si nous les condamnons, comme c'est par exemple le cas des éthiques aristocratiques qui justifiaient l'esclavage « par nature », elles n'en conservent pas moins pour nous une signification, à l'image des œuvres d'art du passé dont personne ne songerait à déclarer qu'elles sont rendues caduques par les plus modernes.

Enfin, comme je l'ai suggéré, toutes les réponses reposent sur l'idée d'harmonie. Que ce soit avec le cosmos, le divin, l'humanité, soi-même ou ceux que nous aimons ou pourrions aimer, toujours l'harmonie est là, essentielle, de sorte que la volonté d'en finir avec elle dans la philosophie et l'art contemporains me semble largement vouée à l'échec. Pour des raisons de fond, je suis convaincu qu'on écoutera toujours davantage Bach, Schubert, Ravel, Stravinsky ou même les Beatles, que les œuvres de musique contemporaine qui prétendent en finir avec la tonalité au nom de la dissonance.

Spiritualité éthique et esthétique

On pourrait aussi mettre en relation ces différents moments d'une histoire de la spiritualité et de l'éthique avec celle de l'esthétique : l'art grec illustre à merveille ce qu'on pourrait appeler le cosmologico-esthétique, l'œuvre d'art étant pour ainsi dire un « micro-cosmos » qui reflète en « petit » les propriétés du grand tout, à commencer bien sûr par l'harmonie. L'art chrétien lui fait suite, qui dominera le Moyen Âge et en particulier la peinture italienne, prendra à son tour la forme du théologico-esthétique. L'art humaniste, quant à lui, prend son essor avec la peinture hollandaise du XVIIe siècle et sa manière si admirable de représenter l'humain comme tel jusque dans ses activités quotidiennes les plus simples et les plus profanes. On pourrait continuer en mettant en parallèle la quatrième réponse avec la déconstruction de la tonalité et de la figuration dans l'art moderne, avec le projet de présenter la « pure vitre intérieure du moi » tel que Kandinsky en fait le cœur des avant-gardes dans son livre intitulé *Du spirituel dans l'art*. Quant à la cinquième réponse, elle trouve bien des équivalents dans la littérature contemporaine postérieure au » nouveau roman, par exemple chez Philip Roth, Milan Kundera, Emmanuel Carrère ou Yasmina Reza, pour ne mentionner que quelques auteurs qui nous parlent de l'amour, du rire, de la maladie ou de la mort comme on n'en parlait pas dans la littérature du XIXe siècle, ni *a fortiori* dans le nouveau roman du XXe siècle...

Comment ce livre est organisé

Le livre est divisé en cinq parties.

Première partie : Les sagesses du monde

Dans cette partie, nous verrons comment les sagesses cosmologiques (organisées autour de l'idée de cosmos), qui dominent très largement le monde antique, permettent de fonder une théorie de la vérité, une définition du bien et du mal comme une doctrine de la sagesse, du sens et du salut.

Deuxième partie : La philosophie moderne

Nous verrons comment de nouvelles conceptions de la connaissance, de la morale et de la sagesse (de la définition de la vie bonne et du salut) font leur apparition. Bien entendu, il existe des différences considérables entre les diverses philosophies modernes, mais elles ont malgré tout un point commun qui marque une rupture avec les cosmologies grecques : à la différence de ce qui se passait dans les sagesses du monde, les réponses qu'elles apportent aux différentes questions fondamentales de la philosophie ne s'enracinent plus dans le cosmos, mais dans l'être humain, en quoi on peut dire que la philosophie moderne coïncide pour l'essentiel (le cas de Spinoza étant à certains égards l'exception) avec la naissance de l'humanisme.

Troisième partie : La philosophie contemporaine

Nous verrons comment la philosophie contemporaine va prendre pour l'essentiel la forme d'une critique radicale, d'une « déconstruction » comme dira Heidegger, des visages précédents de son histoire. Tout commence avec Schopenhauer, un penseur qui se voulait disciple de Kant, mais qui, malgré son attachement à son maître, va faire entrer la philosophie dans la voie de ce que Nietzsche appellera la « généalogie », c'est-à-dire le parti pris de démasquer les idéologies superficielles pour dévoiler les « arrière-mondes » qu'elles dissimulent sous des dehors en général aussi flatteurs que fallacieux. C'est aussi, et précisément pour cette raison, que la notion d'inconscient va prendre une importance qu'elle n'avait jamais eue dans les époques précédentes.

Quatrième partie : Philosopher aujourd'hui

Nous verrons comment la philosophie a pour ainsi dire réussi à « repartir » après l'ère du soupçon et la période essentiellement négative et critique de la « déconstruction ». C'est souvent grâce à une réinterprétation de l'héritage de Kant et des Lumières que ce retour à la vie philosophique et ce nouveau départ se sont opérés (chez Habermas et Apel, mais aussi chez Popper et Rawls). Nous verrons aussi en quel sens il me semble à la fois tout à fait nécessaire et intéressant d'aller plus loin encore que ces « retours à Kant » dans la direction de ce que j'appelle le « spiritualisme laïc », une philosophie qui tient compte de l'héritage de la déconstruction mais aussi de ce qui est inédit dans la période que nous vivons.

Cinquième partie : La partie des Dix

Pour terminer ce parcours dans l'histoire de la philosophie, je vous proposerai les courtes biographies de dix grands philosophes. Elles vous permettront de les situer dans leur contexte historique et d'avoir une petite idée au passage de quelques traits de leur personnalité.

Enfin, plutôt que de vous indiquer dix œuvres de grands philosophes (œuvres que vous trouverez de toute façon citées dans ce livre au fil des pages), j'ai préféré vous indiquer dix conseils de lecture qui m'ont marqué dans ma vie d'étudiant et qui m'ont servi à mieux pénétrer leurs pensées.

Les icônes utilisées dans ce livre

Citation

Impossible de parler de philosophie sans revenir aux textes. Ils sont identifiés par cette icône. Je les ai souvent moi-même traduits pour plus de précision.

Explications

Je vous donne les explications nécessaires pour que vous puissiez faire vôtre l'extraordinaire richesse des philosophies dont il est question dans ce livre. Avec cette icône, j'approfondis ou je développe la spécificité des concepts, je tisse des liens et je vous apporte un éclairage nécessaire pour une meilleure compréhension.

Pour bien comprendre

Les éléments de contexte historique, philosophique, scientifique, lexicologique, etc., sont aussi essentiels dans la genèse et le déploiement d'une théorie ou la pensée d'un philosophe. Ils sont signalés par cette icône, de même que des exemples pour vous aider à bien comprendre ce dont il s'agit.

À retenir

Cette icône signale les points importants, essentiels, ce qu'il faut retenir pour bien comprendre la notion, le concept ou la suite du développement.

Ce que j'en pense

Je vous propose ici mon regard, mon analyse critique, mon point de vue, sur telle théorie, tel courant philosophique, ou tel auteur, etc.

Par où commencer ?

Que vous soyez novice, étudiant ou même jeune professeur de philosophie, étant donné que cette histoire a un sens, je vous conseille tout simplement de commencer par le début. Vous verrez ainsi comment on passe d'une époque à une autre, comment les principes qui fondent les théories de la vérité, les visions morales du monde et les doctrines du sens de la vie et de la sagesse vont peu à peu du moins humain (le cosmos) au plus humain (l'être humain lui-même), du plus transcendant au plus immanent à l'humanité.

Sauf indications contraires, j'ai retraduit les textes des philosophes latins, grecs, anglais et allemands que je vous propose dans ce livre.

Partie 1

Les sagesses du monde

Dans cette partie

Nous allons voir, ainsi que suggéré plus haut, comment les sagesses cosmologiques (organisées autour de l'idée de cosmos), qui dominent très largement le monde antique, permettent de fonder de manière géniale une théorie de la vérité, une définition du bien et du mal comme une doctrine de la sagesse, du sens et du salut.

DANS CE CHAPITRE

Homère, Hésiode et Aristote

•

La vie bonne selon la première sagesse du monde

•

Du chaos au cosmos, du désordre à l'harmonie

•

Le lien entre mythologie et philosophie

•

La naissance du rationalisme et de la science moderne

Chapitre 1

La naissance de la philosophie à partir de la mythologie : de Homère à Aristote

Bien entendu, il faut le dire pour commencer, afin de ne pas caricaturer le monde antique, que parler « des Grecs » en général est une facilité, pour ne pas dire une erreur. Comme je l'ai suggéré en introduction, la tradition dominante, celle des sagesses cosmologiques, connaît des exceptions, notamment celles des atomistes, des sophistes et des épicuriens qui constituent déjà comme une espèce de « contre-culture » au sein du monde grec. Je parle donc ici de la vision du monde largement dominante telle qu'elle s'est inscrite non seulement dans la grande tradition philosophique qui va de Parménide aux stoïciens en passant par Platon et Aristote, mais plus encore sans doute dans la vie culturelle des Grecs. Au reste, nulle entité historico-géographique ne peut échapper tout à fait à ce type de généralisation. Par exemple, adversaires et partisans de « l'Europe » parlent bien d'elle au singulier, quitte à détailler après, parce qu'il y a bien, *de facto*, une culture européenne, avec des traits communs (l'esprit critique, le rationalisme, la laïcité et les droits de l'homme, etc.) qui définissent malgré tout une espèce de singularité commune (Humboldt aurait dit une « individualité ») par-delà nos divergences.

L'*Odyssée* d'Homère ou la question de la vie bonne pour les mortels

Pour bien comprendre

Comme je l'ai dit en introduction de ce livre, c'est la question fondamentale de la philosophie, celle que les Grecs pouvaient découvrir d'après l'un des tout premiers textes écrits dans leur langue, l'*Odyssée* d'Homère. Permettez-moi de résumer très brièvement le fil conducteur de ce merveilleux récit (pour une présentation plus complète, je vous renvoie à ma *Mythologie grecque de A à Z pour les Nuls*). Ulysse est un roi grec, le souverain d'une petite cité, Ithaque, dans laquelle il vit heureux auprès de sa charmante femme, Pénélope, avec laquelle il vient d'avoir un fils, Télémaque. Pour des raisons que je laisse ici de côté, Ulysse est obligé de prendre part à la guerre contre les Troyens, un conflit sanglant qui va durer dix longues années. Toute son histoire commence donc par le chaos et d'entrée de jeu, on comprend le sens de son voyage, qui est aussi le sens de sa vie : il s'agit de retrouver le bonheur perdu, dévasté par la guerre, d'aller par conséquent de la haine à l'amour, de l'exil au retour chez soi, du chaos à l'harmonie, de la guerre à la paix, autrement dit, de la vie mauvaise à la vie bonne. C'est donc bien d'une quête avant tout philosophique qu'il s'agit, pas d'une histoire banale d'aventure et de science-fiction.

Une fois le conflit remporté par les Grecs, notamment grâce à la fameuse ruse du « cheval de Troie » qu'Ulysse parvient à faire entrer dans la cité ennemie, il lui faut rentrer chez lui, à Ithaque. Mais son voyage est parsemé d'embûches : Ulysse a en effet au cours de diverses aventures crevé l'œil d'un terrifiant cyclope, Polyphème, un des nombreux fils de Poséidon, et le dieu de la mer, pour se venger et punir Ulysse, va sans cesse tenter de l'empêcher de rentrer à Ithaque. De là les obstacles qu'il va rencontrer tout au long de son voyage de Troie vers sa cité. L'un d'eux porte un bien joli nom : Calypso. Il s'agit d'une nymphe sublime qui tombe folle amoureuse d'Ulysse dès qu'il pose le pied sur son île pour ravitailler son bateau. Elle décide donc de le retenir prisonnier. Son nom vient d'ailleurs du grec *calyptein*, qui signifie « cacher », et c'est bien de cela qu'il s'agit : elle est belle à mourir, son île est paradisiaque et elle est prête à tout pour « cacher » son amant dans son île et faire obstacle à son retour.

Mais Ulysse est attiré comme un aimant par son petit royaume qui forme comme son lieu naturel dans l'ordre cosmique. Chaque soir, il va s'asseoir sur un rocher au bord de l'eau et il pleure en contemplant cette mer qui le sépare de l'harmonie perdue et de la paix d'Ithaque. Un jour, Athéna, qui l'entend pleurer, demande à son père, Zeus, de donner l'ordre à Calypso de laisser partir son amant. Alors, pour le garder à ses côtés, Calypso lui offre l'impossible pour un humain : l'immortalité et la jeunesse éternelle pourvu qu'il reste avec elle.

Ulysse refuse, il résiste à la tentation, et la signification de ce refus est abyssale. Elle nous parle encore par-delà les siècles, car elle signifie que le but de l'existence humaine n'est pas de gagner à tout prix le salut éternel, de parvenir à l'immortalité, car une vie de mortel réussie est bien supérieure à une vie d'immortel ratée. La « délocalisation », la vie loin des siens, hors de l'harmonie d'un lieu naturel, est aux yeux d'Ulysse pire que la mort. Par contrecoup, c'est une spiritualité laïque, une définition non religieuse de la vie bonne qui s'esquisse et qui nous parle encore aujourd'hui, à nous qui vivons comme jamais le « désenchantement du monde ». On pourrait dire que cet épisode marque en ce sens la naissance de la philosophie. Ne faut-il pas, en effet, comme Ulysse, préférer une existence de mortel réconciliée avec le monde au mirage religieux d'une quête d'immortalité ? Ne faut-il pas s'efforcer de vivre avec lucidité, en accord avec la condition humaine, qui est celle de mortels, en harmonie avec les autres comme avec l'ordre du monde ? C'est là en tout cas le cœur de toute sagesse laïque, de toute spiritualité philosophique qui ne passe ni par un dieu ni par la foi.

À retenir

Comme nous allons le voir maintenant en abordant le poème d'Hésiode intitulé *Théogonie*, un poème qui date du VIIe siècle avant notre ère et qui raconte la naissance du monde et des dieux, la façon dont les Grecs pensaient l'univers, la manière dont ils concevaient la « cosmologie », possède la même structure que celle de l'*Odyssée* : la construction de l'univers, du « cosmos » va elle aussi, comme le voyage d'Ulysse, du chaos à l'harmonie et de la guerre à la paix. Or c'est très exactement cette représentation de l'univers comme une totalité finalement harmonieuse, juste, belle et bonne, que la philosophie va emprunter à la mythologie comme on le voit notamment dans la physique d'Aristote dont nous dirons quelques mots après avoir brièvement résumé le contenu du poème d'Hésiode (je vous renvoie pour une présentation plus détaillée, à la *Mythologie grecque de A à Z pour les Nuls*).

La Théogonie d'Hésiode ou comment on passe du chaos au cosmos et du désordre à l'harmonie

Pour bien comprendre

Là aussi, donc, tout commence par le chaos. C'est de lui que sortent les premiers dieux à visage humain, les Titans, des divinités vouées dès leur naissance à la violence et à la guerre. Ils sont conduits par leur roi, Cronos, qui est marié avec sa sœur, Rhéa. Cronos, qui a coupé le sexe de son père Ouranos, pour se libérer du ventre de sa mère, Gaïa, où il était enfermé avec ses frères et sœurs, a peur que ses enfants ne lui jouent le même tour, qu'ils se révoltent eux aussi contre leur père. Alors il les avale un par un dès qu'ils arrivent, nous dit Hésiode, « à la hauteur de ses genoux ». Rhéa, leur mère, qui en est fort contrariée, parvient *in extremis* à sauver le petit dernier, Zeus, et elle le cache dans une grotte aménagée sous la terre avec l'aide de sa mère, la grand-mère de Zeus, Gaïa.

Quand il devient un jeune homme, Zeus décide de sauver ses frères et sœurs qui sont toujours enfermés dans le ventre de Cronos. Avec l'aide de Métis, sa première femme, il fait vomir Cronos et de son énorme ventre sortent les futurs Olympiens : Poséidon, Héra, Hestia, Déméter et Hadès. Ils s'installent sur l'Olympe et entreprennent de faire la guerre aux Titans, une guerre qu'ils finiront par gagner au bout d'une dizaine d'années. Les Titans sont alors jetés dans le Tartare et Zeus partage le monde entre ses frères et sœurs, mais aussi entre certains de ceux qui l'ont aidé. C'est de ce partage que va naître le cosmos, un univers enfin paisible, juste et harmonieux, et c'est cette représentation du cosmos que la mythologie va léguer à la philosophie. On la retrouvera chez Platon, Aristote et bien sûr, chez les stoïciens. Voici comment Hésiode rapporte la décision prise par Zeus, une décision qu'il annonce au début de la guerre contre les Titans afin que ceux qui combattront avec lui sachent bien qu'ils seront récompensés :

Citation

> « L'Olympien, maître de l'éclair, convoqua tous les dieux immortels sur les hauteurs de l'Olympe et il leur dit qu'à tout dieu qui se rangerait à ses côtés pour combattre les Titans, il ne retirerait pas, quels qu'ils fussent, ses privilèges, mais qu'au contraire, chacun d'eux conserverait au minimum les honneurs qu'il avait déjà en propre parmi les dieux immortels. Et Zeus ajouta que tous ceux qui se trouvaient, à cause de Cronos, privés d'honneurs et de privilèges qui leur soient propres, obtiendraient des honneurs propres et des privilèges comme le veut la justice. »

Comme un chef d'État avec ses ministres, Zeus répartit entre les dieux les missions et les fonctions, mais aussi les honneurs qui devront plus tard être rendus par les Hommes sous forme de cultes et de sacrifices (ça, c'est un peu différent de ce qui se passe aujourd'hui pour les ministres...). Les dieux grecs adorent qu'on les adore, et ils aiment tout particulièrement sentir la bonne odeur de la viande grillée que les humains préparent pour eux au cours de somptueuses hécatombes. Zeus assigne au passage à chacun ses droits et ses devoirs. C'est par rapport à cette idée du cosmos, de cet ordre harmonieux, que la philosophie va pouvoir elle aussi définir la vie bonne comme une vie en harmonie avec l'harmonie du monde.

De la mythologie à la philosophie

Comme l'a montré un de nos meilleurs hellénistes, le regretté Jean-Pierre Vernant, en prolongeant les travaux de son collègue Francis Cornford consacrés au passage de la religion des mythes à la philosophie en Grèce, la philosophie va sortir de la mythologie grecque, et notamment de la cosmologie qui apparaît dans *La Théogonie* d'Hésiode. Vernant a mis en lumière avec beaucoup d'acuité comment la naissance de la philosophie dans l'Antiquité ne relevait pas d'un « miracle » insondable, comme on l'a si souvent dit, mais s'expliquait par un mécanisme qu'on pourrait dire de « laïcisation » de l'univers religieux au sein duquel vivaient les Grecs. Le point mérite attention, car ce processus inaugural de « désenchantement du monde » présente une double face : d'un côté, les premiers philosophes vont reprendre à leur compte toute une part de l'héritage religieux tel qu'il s'inscrit dans les grands récits mythiques touchant la naissance des dieux et du monde ; mais d'un autre côté, cet héritage même va être considérablement modifié, à la fois traduit et trahi dans une nouvelle forme de pensée, la pensée rationnelle, qui va lui donner un sens et un statut nouveaux.

Explications

Et, de fait, dès l'aube de la philosophie, cette sécularisation de la religion qui la conserve tout en la dépassant se met déjà très clairement en place. On peut d'ailleurs lire ce processus en deux sens : on peut être plus ou moins attaché à ce qui relie la philosophie aux grands mythes qui la précèdent et la façonnent ou, au contraire, à ce qui l'en écarte et que l'on pourrait désigner comme son moment de sécularisation rationaliste. Une révolution, donc, malgré une certaine continuité, qui s'opère au moins sur trois plans : d'abord, au lieu de parler, comme la mythologie, en termes de filiations – Zeus est le fils de Cronos, qui est le fils d'Ouranos, qui est le fils de Gaïa, etc. –, la philosophie va s'exprimer en termes d'explication, de causalité : tel élément engendre tel autre élément, tel phénomène produit tels effets, etc. Dans le même sens, on ne parlera plus de Gaïa, d'Ouranos ou de Pontos, mais de la terre, du ciel et des eaux : les divinités vont s'effacer devant la réalité des éléments physiques – là est la rupture, ce qui n'empêche pas la continuité selon laquelle le cosmos des philosophes va hériter de toutes les caractéristiques fondamentales (harmonie, clôture, justesse, beauté, etc.) qu'il avait dans les anciens mythes. Enfin, la figure du philosophe va émerger, différente de celle du prêtre : son autorité ne vient pas des secrets qu'il détient, mais des vérités qu'il rend publiques, pas des mystères occultes, mais des argumentations rationnelles dont il est capable comme on le verra notamment chez Socrate.

Les philosophes vont ainsi passer du sacré au profane en s'efforçant d'« extraire » ou d'« abstraire » des divinités grecques les éléments « matériels » constitutifs de l'univers, en passant, comme je viens de le dire, de Pontos à l'eau, d'Ouranos à l'air céleste, de Gaïa à la terre, etc. : il s'agit d'en finir avec les entités divines et religieuses, pour s'intéresser aux réalités naturelles et physiques, même si, dans ce passage, la vision du monde comme cosmos harmonieux est préservée.

La sécularisation des mythes

Quelques siècles plus tard, on trouvera encore, chez Cicéron, des échos amusants de cette sécularisation par laquelle, selon ses propres termes, « les dieux des mythes grecs furent interprétés par la physique ». Cicéron prend l'exemple de Saturne (le nom latin de Cronos) et de Caelus, le ciel (le non latin d'Ouranos), et il explique de la façon suivante la laïcisation introduite par la philosophie stoïcienne au regard des anciennes « superstitions » mythologiques :

« Il y a bien longtemps déjà, La Grèce fut envahie par cette croyance que Caelus avait été castré par son fils Saturne, et que Saturne lui-même avait été emprisonné par son fils Jupiter. Une doctrine physique sophistiquée se trouve inscrite dans ces fables impies. Elles signifient en réalité que la nature du ciel, qui est la plus élevée et composée d'éther, c'est-à-dire de feu, et qui engendre tout à partir d'elle-même, est privée de cet organe du corps qui a besoin, pour engendrer, de s'accoupler à un autre organe. S'agissant de Saturne, elles ont voulu désigner la réalité qui contient le cours et la révolution circulaires des espaces parcourus et du temps que signifie son nom en Grec ; car on l'appelle Cronos, mot identique à chronos, qui signifie "espace de temps". Si on l'a appelé Saturne, c'est parce qu'il était "saturé" d'années ; et l'on feint qu'il a coutume de manger ses propres enfants, parce que la durée dévore les espaces de temps » (*De la nature des dieux*, chap. XXIV).

Ainsi, selon Vernant, la philosophie ancienne, pour l'essentiel, « transpose, dans une forme laïcisée et sur le plan d'une pensée plus abstraite, le système de représentation que la religion a élaboré. Les cosmologies des philosophes reprennent et prolongent les mythes cosmogoniques… Il ne s'agit pas d'une analogie vague. Entre la philosophie d'un Anaximandre et la théogonie d'un poète inspiré comme Hésiode, Cornford montre que les structures se correspondent jusque dans le détail » (J.-P. Vernant et P. Vidal-Naquet, *La Grèce ancienne. Du mythe à la raison*, Seuil, « Points », p. 198).

»

»

Alors que Cornford est plutôt sensible aux liens qui unissent les deux problématiques, Vernant, sans rien renier de cette paternité religieuse de la philosophie, entend mettre plutôt l'accent sur ce qui les oppose. Certes, écrit Vernant, les premiers «philosophes n'ont pas eu à inventer un système d'explication du monde; ils l'ont trouvé tout fait… Mais aujourd'hui que la filiation, grâce à Cornford, est reconnue, le problème prend nécessairement une forme nouvelle. Il ne s'agit plus seulement de retrouver dans la philosophie l'ancien, mais d'en dégager le véritablement nouveau: ce par quoi la philosophie cesse d'être le mythe pour devenir philosophie» (*ibid.*, p. 202).

Du cosmos mythologique au rationalisme d'Aristote

Pour bien comprendre

Pour une large part, la *Physique* d'Aristote, une œuvre grandiose qui a influencé la pensée religieuse et philosophique jusqu'à la «révolution scientifique» du XVIIe siècle (pratiquement jusqu'à Galilée et Newton), va consister dans une présentation conceptuelle, rationnelle, sécularisée (sans les dieux) de l'idée cosmologique déjà présente chez Hésiode et, plus largement, dans l'imaginaire mythique de la Grèce, dans cette espèce de culture générale dont témoigne la mythologie et qui fait constamment appel à cette représentation du monde comme cosmos harmonieux menacé par des puissances monstrueuses, par des résurgences possibles des forces initiales du chaos.

C'est en partant de cette filiation avec les mythes qu'on peut comprendre pourquoi l'univers d'Aristote va posséder quatre grandes caractéristiques, quatre traits fondamentaux que sa physique, c'est-à-dire sa philosophie de la nature, va développer et qui vont largement dominer non seulement l'Antiquité grecque, mais l'univers féodal et aristocratique du Moyen Âge jusqu'à la Révolution française.

Un univers fini

Explications

Le premier trait, sans doute le plus fondamental pour comprendre la philosophie d'Aristote, réside dans le fait qu'aux yeux des Grecs, l'univers est fini. C'est un monde clos. Un grand historien des sciences, Alexandre Koyré, a écrit un livre remarquable sur ce thème, sur la distance qui sépare la vision ancienne du monde d'avec nos représentations modernes de l'univers comme d'un univers plongé dans un temps et un espace infinis. Son livre s'intitule d'ailleurs tout simplement *Du monde clos à l'univers infini*, c'est-à-dire, en clair: de la physique d'Aristote à la physique de Newton. Chez les Modernes, depuis Newton, le temps et l'espace sont conçus comme illimités. Aristote, en cela héritier de la mythologie grecque, pense au contraire que le monde est clos, de sorte que les différents lieux peuvent être situés *absolument* dans l'univers (et non, comme dans un monde infini, *relativement* à leurs coordonnées arbitraires, ces fameuses « coordonnées cartésiennes » qui mettent en place pour localiser une abscisse et une ordonnée). Cette rupture entre le monde moderne et l'Antiquité grecque aura des conséquences considérables, y compris sur le plan moral et politique, notamment sur la vision aristocratique du monde, et j'en indiquerai quelques-unes dans un instant.

Un univers harmonieux et vivant

Explications

Deuxième caractéristique, c'est un monde harmonieux qui ressemble à un organisme vivant, à une organisation parfaite, mille fois supérieure à tous les artefacts, à toutes les machines humaines. Cela signifie aussi que sur le plan éthique, politique et même esthétique, ce monde organisé est un modèle : le cosmos est foncièrement bon, c'est-à-dire harmonieux, bien proportionné et juste, à l'image du jugement rendu par Zeus à la fin de la guerre des dieux, ce jugement qui « rend à chacun le sien », donne à chacun sa juste part. Mais cette harmonie possède aussi, par-delà le bien et le mal, une évidente dimension esthétique : elle manifeste sa beauté, de sorte que l'œuvre d'art sera d'abord et avant tout conçue par les Grecs comme un « micro-cosmos », un cosmos en petit, le reflet, dans une statue, un palais ou un tableau, de l'harmonie générale du grand Tout.

Un univers hiérarchisé

Explications

Troisième caractéristique : c'est un monde hiérarchisé, au sens où il y a des êtres qui sont faits par nature pour être « en haut », d'autres « en bas » de l'échelle. L'idée d'une hiérarchie naturelle des êtres sera bien entendu au fondement de toutes les grandes éthiques aristocratiques. Elle se prolongera elle aussi dans l'Europe féodale jusqu'à la Révolution française qui, avec l'abolition des privilèges la nuit du 4 août, consacrera pour la première fois dans l'histoire de l'humanité le principe de l'égalité. Pour ce qui est de la physique, l'idée que chaque être possède une place bien à lui dans l'univers nous semble aujourd'hui très étrange. Quand Aristote dit, par exemple, que les corps légers, comme le feu, ont leur place, leur « lieu naturel en haut », tandis que les corps lourds, comme les pierres, ont leur « lieu naturel en bas », cela nous semble, à nous modernes, tout à fait singulier, pour ne pas dire extravagant. Bien entendu, quand on regarde les flammes d'un feu, on voit bien qu'elles « vont vers le haut » et les corps lourds, comme les pierres, vont assurément vers le bas dès que nous les lâchons. Mais pour nous, l'explication est bien entendu tout autre que celle d'Aristote qui pense qu'il y a un « lieu naturel », une place pour chaque chose, pour chaque être dans le monde, de même que dans un organisme vivant, chaque organe possède sa place propre.

La théorie aristotélicienne du mouvement nous semble, du coup, relever de ce qu'on appelle l'animisme, c'est-à-dire de l'idée que les corps seraient « animés » par des intentions, par des « causes finales » : elle part, en effet, de l'idée que les corps se meuvent pour rejoindre la place qu'ils ont perdue, comme Ulysse se « meut » pour retrouver Ithaque, ou comme un chien ou un chat qui se sont égarés dans la forêt ou sur la route vont parfois faire des kilomètres pour retrouver leurs maîtres : tout cela nous parle, bien sûr, mais nous semble relever d'un autre registre que celui d'une science rationnelle qui a remplacé les causes finales par les causes efficientes, et le finalisme par le mécanisme. Et c'est ce qui nous conduit justement à la quatrième caractéristique de ce cosmos.

Un univers finalisé

Explications

Quatrième caractéristique : le cosmos est un univers de part en part régi par les causes finales, c'est un monde « finalisé ». En son sein, les mouvements sont animés par des causes finales et non par des causes efficientes. Encore une fois, cette idée « animiste » nous semble relever de la magie plus que de la science. Elle semble impliquer que les corps, les objets de nature, pourraient être mis en mouvement par des intentions, par des représentations conscientes. La physique moderne, celle de Descartes et de Newton, a totalement rejeté la finalité hors de ses considérations « positives » – en quoi elle a rompu de manière radicale, au nom du mécanisme, avec l'aristotélisme et plus généralement, avec la cosmologie grecque. Pour comprendre le monde d'Aristote, il nous faut aujourd'hui faire un effort de décentration, un peu comme un ethnologue doit mettre ses préjugés de côté pour comprendre une tribu lointaine...

La théorie aristotélicienne du mouvement

L'idée d'Aristote est que les êtres se meuvent, y compris les êtres matériels, les corps, les pierres, le feu, les arbres (les arbres ne se déplacent pas, mais ils croissent et une branche, par exemple, peut en tomber), pour rejoindre leur lieu naturel, la place dans l'ordre du monde dont ils ont été déplacés. Pour Aristote, les mouvements que l'on observe dans l'univers sont soit des mouvements naturels, qui sont animés par la nature de l'objet lui-même, soit des mouvements contraints – c'est le cas, par exemple, lorsque vous poussez une boule de billard : elle se meut par contrainte, mais c'est aussi le cas, sur un plan moral, lorsque Ulysse quitte sa ville, Ithaque, pour aller faire la guerre de Troie.

C'est ainsi que dans cette vision ancienne du monde, le feu, par exemple, se meut vers le haut parce que telle est sa nature. La pierre se meut vers le bas, non pas parce qu'elle est attirée, comme chez Newton, par un gros aimant enfoui dans la terre – la théorie de la gravitation –, mais

»

»

La théorie aristotélicienne du mouvement *(suite)*

parce qu'il est pour ainsi dire dans la nature des corps lourds d'aller vers le bas. C'est là le sens de la fameuse formule d'Aristote selon laquelle «la nature est le principe du mouvement». En grec (et cela se comprend, je crois, même si l'on n'a pas étudié le grec), *Phusis archè kinéseôs*: *phusis*, c'est la «nature» (d'où le mot «physique»), *archè*, c'est le «principe» (*archè* comme dans «monarque», par exemple) et *kinèseôs*, c'est le «mouvement» (comme dans cinéma, par exemple). *Phusis archè kinéseôs*: la nature intime d'un être est le principe de son mouvement, c'est-à-dire que la nature des corps légers, c'est d'aller vers le haut, celle des corps lourds, d'aller vers le bas, comme la nature du petit chien perdu est de retrouver sa maison ou celle d'Ulysse de retrouver Ithaque.

À retenir

C'est en ce sens profond que, dans cette vision animiste du cosmos qui va dominer l'Europe pendant des siècles, la nature est bien le principe du mouvement. Voyez au passage en quel sens on a bien affaire à un univers complètement finalisé, totalement dominé par les causes finales.

Du monde clos à l'univers infini : la naissance de la science moderne et le désenchantement du monde

En moins d'un siècle et demi – disons: au cours de la période qui s'étend de la publication de l'ouvrage de Copernic sur *Les Révolutions des orbites célestes*, (1543) jusqu'à celle des *Principia mathematica* de Newton (1687) en passant par les *Principes de la philosophie* de Descartes (1644) et la publication des thèses de Galilée sur les rapports de la Terre et du Soleil (1632) – une révolution scientifique sans précédent dans l'histoire de l'humanité s'est accomplie. Une ère nouvelle est née dans laquelle, à bien des égards, nous vivons encore.

Quelle place pour l'homme dans un univers sans limite ?

Explications

Ce n'est pas seulement l'homme, ainsi qu'on l'a dit parfois, qui a « perdu sa place dans le monde », mais bien le monde lui-même, du moins celui qui formait le cadre clos et harmonieux de son existence depuis l'Antiquité, qui s'est purement et simplement volatilisé. Sans doute la « sagesse des Anciens » continue-t-elle de nous parler par-delà la « catastrophe » qu'allait représenter pour elle le passage du monde clos à l'univers infini. Si elle conserve encore pour nous, aujourd'hui, des significations multiples et précieuses, du moins faut-il reconnaître que les fondements « scientifiques » sur lesquels elle prétendait s'enraciner se sont effondrés. La physique de Platon, d'Aristote ou des stoïciens n'est plus la nôtre et, dans la mesure où elle sous-tendait nombre de considérations éthiques, mais aussi religieuses, la question s'est posée – et se pose encore – de savoir jusqu'à quel degré la philosophie antique dans son ensemble a été atteinte par la ruine de ses bases cosmologiques. Mais, par-delà même l'univers des Grecs, il nous faut aussi mesurer les incidences que cette révolution a pu avoir sur les religions qui furent trop dépendantes de l'héritage grec, notamment après l'avènement du thomisme, pour ne pas être, au moins en partie, atteintes elles aussi par la naissance de la science moderne.

La science et le progrès au service d'un nouveau rapport de l'homme au monde

Ce que j'en pense

Les causes du passage du monde clos à l'univers infini sont d'une complexité et d'une diversité extrêmes : on a évoqué bien sûr les progrès techniques, l'apparition d'instruments astronomiques nouveaux (les télescopes notamment) qui ont permis des observations dont il était impossible de rendre raison au sein de la vision antique du monde (entre autres exemples nombreux, la découverte des *novæ* ou, au contraire, la disparition de certaines étoiles ne cadrait ni l'une ni l'autre avec le dogme de la divinité immuable d'Ouranos). On a cité aussi la naissance ou la renaissance de la perspective dans les arts plastiques, l'amélioration de la cartographie maritime qui, liée aux innovations de l'astronomie, obligeait aussi à réviser les principes de la cosmologie aristotélicienne. On s'est intéressé encore à la naissance de l'individualisme moderne qui, sous l'effet de certaines évolutions économiques et commerciales, pouvait également induire des ruptures avec le « holisme » des Anciens...

Comme l'a écrit Rémi Brague, dans le livre qu'il a consacré à cette « sagesse du monde » : « Pour nos ancêtres [...], l'homme pouvait – voire devait – emprunter le critère de son action à la nature. La nature était alors source de moralité. En conséquence, on pouvait faire de la physique une propédeutique à l'éthique »[1] – ce que les stoïciens, les premiers peut-être à articuler systématiquement entre elles les différentes parties de la philosophie, ne manquèrent pas de faire comme l'atteste, entre autres, cette sentence de Chrysippe, le second directeur de l'École stoïcienne : « Il n'y a pas d'autre moyen ou de moyen plus approprié pour parvenir à la définition des choses bonnes ou mauvaises, à la vertu et au bonheur,

1. *La Sagesse du monde*, Rémi Brague, © Librairie Arthème Fayard, 1999.

que de partir de la nature commune et du gouvernement du monde. » C'est dans le cosmos, en effet, qu'il nous faut apprendre à déchiffrer, comme à livre ouvert, les fins de l'homme – ce qui ne signifie nullement, bien entendu, que ce dernier puisse faire l'économie de la réflexion, ni renoncer à l'usage de sa raison, tout au contraire, car c'est grâce à elle qu'il peut comprendre les signes de la nature. Il n'en reste pas moins que les fins de la moralité sont, aux yeux des stoïciens, objectivement et non seulement subjectivement inscrites dans l'être même du monde, de sorte que la compréhension du propre de l'homme et de ses finalités suprêmes sur cette terre, ou si l'on veut, la perception adéquate du sens de sa vie passe par celle du cosmos.

Dans cette tradition d'origine platonicienne, l'anthropologie et la cosmologie s'avèrent inséparables l'une de l'autre comme le montre encore R. Brague, dans un passage de son livre qu'il faut citer tant il cerne parfaitement sur ce point la différence entre les Anciens et les Modernes, entre l'univers du cosmologico-éthique ou des « sagesses du monde » et celui de l'humanisme ou des « droits de l'homme » :

Citation

> « C'est bien la nature, et non seulement la science de la physique, qui détermine l'humanité de l'homme ; la nature comme objet d'étude, non l'étude de la nature comme activité du sujet. La valeur éthique de la physique ne vient pas du processus humain de connaissance, mais de la nature elle-même... Le monde, et avant tout ce qu'il y a de plus cosmique dans le monde, à savoir le ciel, donne à l'homme antique et médiéval l'éclatant témoignage de ce que le bien n'est pas seulement une possibilité, mais une triomphante réalité. La cosmologie a une dimension éthique. À son tour, la tâche de transporter un tel bien dans ce bas monde où nous vivons enrichit l'éthique d'une dimension cosmologique. C'est par la médiation du monde que l'homme devient ce qu'il doit être et, partant, ce qu'il est. La sagesse ainsi définie est bien une "sagesse du monde". » (*La Sagesse du monde,* Fayard, 1999, p. 137-143)

On ne saurait mieux dire, et Brague a raison d'insister sur le fait que la détermination des fins de l'homme appartient, dans cette grande tradition des cosmologies grecques, à la nature elle-même. C'est là ce que Sénèque, parmi tant d'autres héritiers de ces premières visions philosophiques du monde, avait clairement perçu :

Citation

> « Ici, tous les stoïciens sont du même avis : c'est à la nature que je donne mon assentiment ; ne pas s'égarer loin d'elle, se conformer à sa loi, à son modèle, là est la véritable sagesse. » (*De la vie heureuse*)

Ou encore Cicéron :

Citation

> « Quant à l'Homme, il est né pour contempler et pour imiter le divin monde ; il n'est pas l'être parfait, mais il est une petite partie de l'être parfait.... » (*De la nature des dieux*)

À retenir

Où l'on voit que c'est bien l'Être lui-même, le cosmos comme tel, et non notre regard sur lui, qui s'avère être, en tant que « divin », le fondement ultime des valeurs éthiques. Certes, cela ne signifie nullement que les êtres humains soient dispensés pour autant des tâches de l'étude et de la connaissance. Sinon, à quoi bon d'ailleurs philosopher, à quoi bon valoriser la *theoria*, la contemplation de ce divin même, et recommander dans les écoles l'apprentissage de la physique et de la logique comme un préalable à l'éthique ? L'usage de la raison reste à l'évidence indispensable. Il demeure fragile, difficile, et parfois même incertain, car il ne s'efface pas devant la nature comme devant une révélation qui nous livrerait des vérités toutes faites, données en soi et pour soi en l'absence de tout effort de pensée.

Du cosmos harmonieux et bon à l'univers désenchanté

Explications

Alors que dans le monde clos, tous les lieux possèdent par définition une localisation unique et absolue par rapport au Tout, dès lors que l'espace devient infini et que l'univers cesse d'être comparable à un organisme vivant pour devenir un simple réservoir de matériaux brut, il faut bien, pour situer un point dans cette nouvelle infinité, tracer d'abord des cadres arbitraires : l'abscisse et l'ordonnée. Mais de ce fait, toute localisation, d'absolue, devient relative à ces nouveaux repères et, au sens propre comme au figuré, tous les lieux désormais se valent. L'univers ne saurait donc plus incarner spatialement cette « hiérarchie des valeurs » qui caractérise le monde aristocratique ancien. L'espace devient radicalement neutre sur le plan moral, de sorte que la science moderne signe tout simplement la fin du « cosmologico-éthique » et, avec lui, des sagesses anciennes, du moins pour autant qu'elles s'enracinaient en lui. S'il nous reste de ces sagesses une pluralité de messages dont l'actualité et l'intérêt ne font aucun doute, force est donc bien de comprendre et admettre que leurs fondements philosophiques ont été sapés à la racine par la révolution scientifique. Dès lors que l'univers n'est plus animé, organisé et finalisé, le monde devient indifférent. Comme le dit Goethe, après la chute des grandes cosmologies anciennes, « la nature est insensible, le soleil luit sur les méchants comme sur les bons ». Bien plus, à partir du moment où le monde apparaît comme un espace neutre où les mouvements des corps sont régis par de purs rapports de force qu'analysent des « théories du choc », le prendre pour modèle serait à la limite contraire à toutes les représentations morales qui nous invitent à la solidarité et à la charité.

Voici les termes dans lesquels Alexandre Koyré a décrit la révolution scientifique des XVIe et XVIIe siècles :

Citation

> [Elle n'a engendré rien de moins que] « la destruction de l'idée de cosmos [...], la destruction du monde conçu comme un tout fini et bien ordonné, dans lequel la structure spatiale incarnait une hiérarchie des valeurs et de perfection [...] et la substitution à celui-ci d'un Univers indéfini, et même infini, ne comportant plus aucune hiérarchie naturelle et uni seulement par l'identité des lois qui le régissent dans toutes ses parties ainsi que par celle de ses composants ultimes placés, tous, au même niveau ontologique. » (*Du monde clos à l'univers infini*, Gallimard, coll. « Tel », 1988)

La chose, maintenant, est oubliée, mais les esprits de l'époque furent littéralement bouleversés par l'émergence de cette nouvelle vision du monde comme l'expriment ces vers célèbres que John Donne écrivit en 1611, après avoir eu connaissance des principes de la « révolution copernicienne » :

Citation

> « La philosophie nouvelle rend tout incertain
> L'élément du feu est tout à fait éteint
> Le soleil est perdu et la terre ; et personne aujourd'hui
> Ne peut plus nous dire où chercher celle-ci [...]
> Tout est en morceau, toute cohérence disparue.
> Plus de rapport juste, rien ne s'accorde plus. »

Explications

C'est la même angoisse qu'exprime le libertin de Pascal face au « silence éternel » de ces nouveaux espaces infinis. Le monde n'est plus un cocon ni une maison, il n'est plus habitable. Simple réservoir d'objets formés de matière brute, inanimée et inorganisée, la nature n'a plus aucune signification particulière, plus rien de respectable en soi. Elle n'est plus un modèle auquel s'accorder, un guide pour la vie des hommes. On peut donc s'en servir à volonté, l'instrumentaliser pour s'en rendre comme « maître et possesseur ». L'idée selon laquelle la vie bonne résiderait dans un accord avec elle s'est volatilisée, de sorte que c'est le cœur le plus intime des représentations anciennes, le sens le plus profond qu'elles permettaient de donner à l'existence humaine qui d'un seul coup s'effondre avec l'émergence de cette « philosophie nouvelle » dont parle Donne et qui n'est rien d'autre, bien sûr, que la science moderne. Si le monde n'est plus harmonieux et clos, si le haut et le bas, la droite et la gauche n'indiquent plus des « lieux naturels », des niches où les êtres sont appelés à se loger en fonction de leur nature et de leur finalité propres, il ne dessine plus non plus en tant que tel aucune orientation pour la vie humaine. Désorientés comme jamais, les humains devront trouver en eux-mêmes de nouveaux repères.

Ce que j'en pense

La conception de la nature ayant radicalement changé, conserver un impératif tel que celui qui nous invitait à l'imiter reviendrait désormais à ériger la loi du plus fort en principe éthique, de sorte qu'agir moralement, ce n'est plus suivre l'enseignement de la nature, mais plutôt s'opposer à elle sous tous ses aspects : hors de nous, pour en combattre les effets maléfiques sur l'existence humaine (par exemple les catastrophes naturelles), et en nous, où elle apparaît maintenant sous la forme du règne des intérêts particuliers, des penchants inéluctables à l'égocentrisme, voire à l'égoïsme. Si toute morale est en quelque façon altruiste, tournée vers le souci des autres, ce n'est donc plus sur la nature qu'elle peut se fonder, mais sur Dieu ou sur l'homme, en tant qu'ils apparaissent désormais, non plus de part en part intégrés dans la nature, mais au contraire, comme des êtres extérieurs, voire opposés à elle.

DANS CE CHAPITRE

L'harmonie du monde selon Platon

•

La morale et la politique doivent imiter l'ordre cosmique

•

La cité juste et la république idéale

Chapitre 2

Sagesses anciennes et morales aristocratiques : *La République* de Platon

Commençons par une mise au point. À l'encontre de l'image d'un Platon idéaliste perdu dans son « monde des idées », Platon se situe bien, lui aussi, dans le cadre des grandes cosmologies grecques, des « sagesses du monde » pour reprendre la formule qui sert de titre au livre de Rémi Brague sur la pensée antique. Brague l'explicite d'ailleurs parfaitement en citant un éloquent passage du *Timée*, un dialogue de Platon précisément consacré à la cosmologie :

Citation

> « Le programme de la vie humaine peut se résumer à une imitation du Cosmos. Celui-ci est, selon le *Timée*, fabriqué par un artisan divin qui s'efforce de rendre son œuvre la plus semblable possible au modèle parfait... Pour imiter le Cosmos, encore faut-il le connaître... [*et Brague de citer ce passage du Timée qui illustre son analyse*] : "Le dieu nous a découverts et donné la vue afin qu'ayant observé dans le ciel les révolutions de l'intellect, nous les utilisions en les rapportant aux révolutions de l'intellect en nous.

> Ces révolutions sont en effet apparentées, même si les nôtres sont troublées alors que les autres sont exemptes de trouble. Ce n'est qu'après avoir étudié à fond les mouvements célestes, après avoir acquis le pouvoir de les calculer correctement en conformité avec ce qui se passe dans la nature et avoir imité les mouvements du dieu, mouvements qui n'errent absolument pas, que nous pouvons stabiliser en nous les mouvements qui ne cessent de vagabonder"... La liaison entre le cosmologique et l'anthropologique est de la sorte rétablie... Ce n'est pas l'homme qui assure l'ordre du monde, c'est l'imitation de l'ordre préexistant des réalités non humaines, physiques, qui va aider l'homme à atteindre la plénitude de son humanité. La sagesse sera donc, comme nous le verrons, une imitation du monde. » (*La Sagesse du monde*, *op. cit.*, p. 46-47)

De cette entreprise qui consiste à imiter en nous l'ordre cosmique (c'est ce que j'appelle le « cosmologico-éthique »), à nous mettre pour ainsi dire en harmonie avec l'harmonie de l'univers, vont découler pendant des siècles un certain nombre de caractéristiques des morales et des politiques aristocratiques. Tâchons d'en repérer les principales.

Un monde hiérarchisé : le bon en haut et le mauvais en bas

Explications

Il existe, par nature et dans tous les domaines, des bons et des mauvais, et ce qui est juste, c'est que les bons soient en haut et les mauvais en bas. C'est bien évidemment ce naturalisme philosophique qui justifiera l'esclavage, mais aussi la relégation des femmes dans la sphère, au sens étymologique du terme, « domestique » (du latin *domus*, la maison).

La cité juste, reflet de l'ordre cosmique naturel

Explications

La cité juste n'est pas celle qui exprime la logique démocratique de la « volonté générale » dont nous parlera Rousseau dans son *Contrat social*, mais celle qui imite le mieux possible l'ordre naturel. Si le cosmos a une structure analogue à celle d'un organisme vivant, alors il faut considérer que, dans cette perspective « holistique » (du grec *holos* qui signifie le « tout »), les individus ne sont pas des êtres autonomes, indépendant de la totalité à laquelle ils appartiennent, mais au contraire les « membres » d'un « corps social » (les métaphores biologiques prenant tout leur sens dans la perspective d'un cosmologico-éthique aristocratique). Il est donc nécessaire, si l'on veut que la cité soit juste, de placer les plus doués par nature aux commandes et les moins talentueux par nature dans les soutes : de même que, dans un organisme vivant, chaque membre et chaque organe doivent être à leur juste place pour que le tout fonctionne harmonieusement, il faut, dans la cité des hommes, que chacun trouve ce qu'Aristote appelle son « lieu naturel », c'est-à-dire la juste fonction qui lui revient en rapport avec sa nature propre. Dans le cosmos, dans cet ordre naturel commun à tous les êtres, il y a un haut et un bas, avec, entre les deux, toute une hiérarchie naturelle des êtres, des meilleurs dans leur genre jusqu'aux plus médiocres. Dans ces conditions, il est juste et bon que les *aristoi*, les meilleurs, détiennent le pouvoir, *cratos*, tandis que ceux qui sont moins parfaits, les « moyens », doivent prendre place plutôt au milieu, les moins bons se logeant tout aussi naturellement vers le bas.

Une république organisée en trois classes

Explications

Selon Platon, la république idéale doit donc être organisée en trois classes qui dépendent les unes des autres selon une hiérarchie prescrite par la nature. C'est là ce que précise Socrate de manière on ne peut plus claire, dans un passage essentiel de *La République* de Platon[1]. S'interrogeant sur la définition de la justice, Socrate propose en effet à ses interlocuteurs d'accepter l'idée que la cité doit se diviser selon la nature en trois classes : celle des dirigeants qui en conduisent d'en haut la politique, celle des gardiens (des soldats) qui la protègent et font la guerre, mais se situent un cran en dessous, et enfin celle des artisans et des ouvriers, le cas échéant des esclaves, qui font vivre matériellement cet ensemble parfait et qui se trouvent, bien entendu, au bas de l'échelle.

Trois vertus viennent compléter ce tableau : celle qui est requise des chefs est avant tout l'intelligence qui, bien comprise, mène à la sagesse ; pour les gardiens, puisqu'ils sont aussi des soldats, c'est le courage qui doit prévaloir ; et pour tous, mais particulièrement quand même pour les artisans, les esclaves et les ouvriers, il faut ajouter la tempérance, la modération. Socrate apporte encore deux précisions qui nous éclairent sur le sens de cette vision aristocratique de « l'ordre juste » : cette organisation – ce cosmos – doit correspondre dans une analogie parfaite aux trois parties de l'âme (la raison, le courage, l'appétit), mais aussi aux

1. La thèse selon laquelle Socrate, voire Platon lui-même, ne s'intéresse pas à la cosmologie est évidemment fausse : simplement, le cosmos, l'ordre naturel de l'univers, ne se confond nullement avec le « monde sensible » qu'en effet, ils dévalorisent tous deux.

trois grandes divisions du corps (la tête, ce haut du corps où siège l'intelligence ; le diaphragme, logé au milieu, qui est le lieu du courage et du cœur ; et enfin le bas-ventre, partie inférieure dans les deux sens du terme).

Ce que j'en pense

Nous avons là l'exemple même d'une vision indissolublement aristocratique et cosmologique de l'éthique et de la politique, une quintessence du cosmologico-éthique, de l'enracinement de la morale et de la politique dans une certaine représentation de l'ordre naturel du monde. Selon Socrate, qui illustre ici le trait le plus fondamental de cet univers antique, la justice ne consiste en rien d'autre qu'en l'imitation de cet « ordre naturel » (dans le texte grec, c'est encore et toujours le mot *cosmos* qui est employé) – de sorte que l'égalité démocratique à laquelle nous aspirons de nos jours aurait constitué à ses yeux le comble de l'injustice. Le juste, c'est ce qui est « ajusté » à l'ordre cosmique, ce qui est en accord avec lui, en harmonie, donc, avec l'harmonie du monde. La justice n'a dans ces conditions rien à voir ni avec l'obéissance à des commandements divins (comme dans une théocratie), encore moins avec je ne sais quelle organisation qu'exprimerait une majorité d'êtres humains réunis dans une république : la justice n'est rien d'autre que la *justesse*, l'ajustement ou la mise en harmonie de la cité avec la hiérarchie inégalitaire qui prévaut au sein de l'âme et du corps dont Socrate vient d'esquisser la description.

Toujours selon ce même passage emblématique de *La République*, la tâche de l'organisateur suprême de la cité, dont Platon pense qu'il doit être philosophe, consiste avant toute chose à choisir ceux qui sont « aptes par nature » à diriger ou à garder. S'agissant, par exemple, des gardiens, la comparaison suivante ne laisse aucun doute sur ce point : « Crois-tu, demande Socrate à son interlocuteur, que la nature d'un jeune chien de bonne race diffère, s'agissant de la garde, de celle d'un jeune homme bien né ? ». La réponse ne tarde pas : non, bien sûr, si l'on se place dans cet horizon cosmologico-naturaliste. De là le fait que l'injustice suprême consiste dans le désordre, c'est-à-dire dans la révolte contre la nature :

Citation

> « La justice consiste à ne s'approprier que les biens qui nous appartiennent en propre et à n'exercer que la fonction qui est la nôtre... Quand un homme que la nature destine à être artisan ou quelque autre emploi vénal, emporté par le sentiment de sa richesse... tente de s'élever au rang de guerrier ou quand un guerrier se prend pour un chef... cette confusion entraîne la ruine de la cité. »

L'esclavage légitimé

De là, la légitimation de l'esclavage par nature et de ce que l'on appellerait aujourd'hui le « sexisme ». L'égalité démocratique constituant dans cette optique le pire des désordres et, par là même, la pire des injustices, rien ne s'oppose à ce que la cité possède ses esclaves, comme l'affirme clairement ce passage de *La Politique* d'Aristote :

Citation

> « Existe-t-il des êtres pour lesquels il serait à la fois préférable et juste qu'ils soient esclaves ou bien est-ce au contraire faux de sorte que l'esclavage serait toujours contre-nature ? Telle est la question qu'il nous faut maintenant examiner. La réponse n'est pas bien difficile : le raisonnement nous le montre autant que les faits nous l'apprennent. L'autorité et la subordination sont non seulement nécessaires, mais elles sont indispensables. Dès la naissance, une distinction s'opère entre les êtres qui sont voués à commander et ceux qui sont destinés à obéir... Les animaux domestiques ont une meilleure nature que les animaux sauvages, et d'évidence, il est meilleur pour eux d'être gouvernés par l'homme, car leur conservation se trouve ainsi assurée. Même chose entre mâles et femelles, le mâle étant par nature supérieur et la femelle inférieure. Le premier est l'élément dominateur, la seconde l'élément dominé. Il est nécessaire d'appliquer la même règle à l'ensemble de l'espèce humaine de sorte que lorsque les hommes diffèrent entre eux autant qu'une âme diffère d'un corps et un homme d'une brute (et cette condition inférieure est celle de ceux dont le travail consiste dans l'emploi de la force corporelle, ce qui est le meilleur usage qu'on puisse en faire), ceux-là sont par nature des esclaves et il est pour eux préférable de subir l'autorité d'un maître. [...] Est donc esclave par nature celui qui est voué à être la chose d'un autre (et c'est pourquoi il l'est en fait) ; il dispose certes malgré tout d'une part de raison, dans la mesure où la raison est impliquée dans la sensation, mais il ne la possède pas pleinement [...]. Il est donc des cas où par nature certains hommes sont libres et d'autres esclaves, et pour ces derniers, rester en l'esclavage est à la fois bienfaisant et juste. »

Ce que j'en pense

La conclusion d'Aristote nous paraît aujourd'hui scandaleuse. Les commentateurs qui aiment le monde antique ont fait tout ce qu'ils ont pu pour tenter de gommer ce que les propos qu'on vient de lire ont, il faut bien l'avouer, d'abject. Il n'en reste pas moins qu'ils s'inscrivent tout naturellement dans la logique aristocratique du cosmologico-éthique, une logique qui va dominer le monde féodal pendant des siècles. C'est donc avec ce que Lévi-Strauss appelait le « regard ethnologique » qu'il nous faut tenter de comprendre la « tribu » des anciens.

La vertu, une disposition naturelle

À retenir

La vertu n'est pas un devoir-être opposé à une nature égoïste, mais au contraire l'accomplissement d'un penchant naturel. Contrairement à ce qui a lieu dans nos morales républicaines, les valeurs aristocratiques ne se présentent pas sous la forme d'un devoir, d'un impératif qui nous inviterait à lutter contre une nature rétive mais, tout au contraire, comme le prolongement harmonieux d'une nature excellente et généreuse.

Explications

Pour nous, Modernes, l'idée de « vertu », avec ce qu'elle peut avoir parfois d'un peu désuet, est, sans même que nous ayons besoin d'y réfléchir, immédiatement associée, dans une optique méritocratique, à celle d'un effort accompli pour en être digne. Que ce soit dans les familles ou au sein de cette école républicaine naguère encore marquée par les bons points, les bonnets d'âne et les « peut mieux faire ! », on l'associe, sans même avoir besoin d'y penser, à l'idée d'un combat mené contre une nature humaine rétive, toujours plus ou moins encline à l'égoïsme et à la paresse, bref, à la notion d'un *travail* accompli sur soi en vue de nous contraindre à nous cultiver, à travailler, à faire place aux autres, au Bien commun, à l'intérêt général – ce qui n'a rien de *naturel*, les intérêts particuliers étant omniprésents et notre « cher moi », comme dit Freud, étant toujours fort soucieux de ses prérogatives. Le bien moral, qui s'identifie alors à l'altruisme, au souci de l'autre, s'impose à nous le plus souvent (en vérité dès qu'il s'agit de ceux que nous n'aimons pas ou qui nous sont indifférents) sous la forme d'un impératif, comme un idéal difficile à accomplir, comme un « devoir-être » plus que comme un « être », un fait qui irait toujours de soi.

Il en va tout autrement dans la pensée aristocratique des Anciens. Non seulement le bien n'y est pas perçu comme un devoir, comme un idéal ou un impératif qui traduirait une exigence antinaturelle, une sorte de combat contre soi-même, contre sa nature égoïste ou paresseuse, mais la vertu morale se définit au contraire comme l'actualisation de virtualités parfaitement naturelles que les êtres les plus doués, c'est-à-dire les mieux nés, les mieux dotés à la naissance, possèdent en eux « en puissance », dès l'origine sous forme de « dispositions ». Et cette logique aristocratique s'applique à tous les êtres – plantes, animaux, humains, ou même organes d'un corps vivant.

Pour un Grec ancien, un organisme, y compris celui d'un animal, peut être dit « vertueux » dès lors qu'il réunit deux conditions : d'abord être excellent par nature dans son genre, ensuite avoir su faire passer à l'acte ces qualités naturelles qui n'étaient au départ que des virtualités. C'est ainsi qu'Aristote peut parler dans son grand traité de morale, l'*Éthique à Nicomaque,* d'un « cheval » ou d'un « œil vertueux », formules qui n'ont plus guère de sens pour nous et prêteraient même plutôt à rire si nous devions les utiliser encore. En revanche, replacées dans le contexte d'une pensée aristocratique, elles sont tout à fait sensées : un œil « vertueux », par exemple, c'est un œil parfait en ce sens qu'il se trouve *par nature* à égale distance de ces deux défauts opposés que sont la myopie et la presbytie, un œil qui, du coup, peut être dit excellent dans son genre, un « juste milieu » comme dit Aristote, qui est la vertu même aux yeux de l'aristocratie ancienne.

La dévalorisation du travail au profit de l'exercice

La valorisation républicaine de l'effort et du mérite toujours liés directement ou indirectement à la notion de travail marque une rupture radicale avec les visions morales du monde à la fois aristocratiques et eudémonistes (orientées vers le bonheur) qui caractérisaient la pensée antique. Dans l'univers grec, aristocratique, seuls les esclaves étaient voués à ce malheur qu'est l'obligation de travailler, comme le souligne Hannah Arendt dans un texte qui vaut d'être cité dans son entier tant il fait contraste par rapport à ce que nous pensons aujourd'hui :

Citation

> « Les Anciens, écrit-elle, [...] jugeaient qu'il fallait avoir des esclaves à cause de la nature servile de toutes les occupations qui pourvoyaient aux besoins de la vie. C'est même par ces motifs que l'on défendait et justifiait l'institution de l'esclavage. Travailler, c'était l'asservissement à la nécessité, et cet asservissement était inhérent aux conditions de la vie humaine. Les hommes étant soumis aux nécessités de la vie ne pouvaient se libérer qu'en dominant ceux qu'ils soumettaient de force à la nécessité. La dégradation de l'esclave était un coup du sort, un sort pire que la mort, car il provoquait une métamorphose qui changeait l'homme en un être proche des animaux domestiques [...].
>
> L'institution de l'esclavage dans l'Antiquité, au début au moins, ne fut ni un moyen de se procurer de la main-d'œuvre à bon marché ni un instrument d'exploitation en vue de faire des bénéfices ; ce fut plutôt une tentative pour éliminer des conditions de la vie le travail. Ce que les hommes partagent avec les autres animaux, on ne le considérait pas comme humain. [...] L'*animal laborans* n'est, en effet, qu'une espèce, la plus haute si l'on veut, parmi les espèces animales qui peuplent la terre. » (*Condition de l'homme moderne*)[2]

2. *Condition de l'homme moderne* d'Hannah Arendt, traduit de l'anglais par Georges Fradier, © Éditions Calmann-Lévy, 1961, 1983 et 2018.

Le travail selon Hésiode

Certes, dans *Les Travaux et les Jours*, Hésiode se livre à une véritable apologie du travail qui pourrait surprendre dans un monde aristocratique. Il distingue, dès le début du poème, entre deux types de guerres, l'une effroyable, la guerre des armes qui portent le mort, l'autre bénéfique, celle des travailleurs qui sont entre eux dans une saine émulation pour gagner honnêtement leur vie dans la justice. On pourrait se croire dans une perspective tout à fait républicaine et moderne tant l'éloge du travail est vibrant... à ceci près qu'il apparaît néanmoins dans le poème comme une malédiction ! Car au sein de l'âge d'or, quand les humains étaient encore proches des dieux et qu'ils vivaient dans l'insouciance, nul n'avait besoin de travailler. Comme dans le mythe biblique plus tard, la terre bienveillante pourvoyait à tous leurs besoins sans qu'ils aient le moindre besoin de s'échiner à cultiver les sols. C'est seulement pour punir les humains des crimes commis en leur faveur par Prométhée que Zeus décide d'enterrer dans les profondeurs de la terre les graines qui font pousser les céréales, les légumes et les fruits, et cet acte n'a qu'une seule et unique finalité, celle d'obliger les êtres humains à gagner leur vie à la sueur de leur front, dans l'effort et la souffrance : « La race humaine vivait auparavant sur la terre à l'écart et à l'abri des peines, de la dure fatigue et des maladies douloureuses qui apportent le trépas aux hommes... Le sol fécond produisait de lui-même une abondante et généreuse récolte et eux, dans la joie et la paix, vivaient de leurs champs, au milieu de biens sans nombre... » S'il en va différemment de nos jours, c'est parce que nous sommes sortis de l'âge d'or et « que les dieux ont caché ce qui fait vivre les hommes, sinon, sans effort, tu travaillerais seulement une journée pour récolter de quoi vivre toute une année sans rien faire ! »

Le travail, même s'il peut être enrichissant dans tous les sens du terme pour les hommes d'aujourd'hui puisqu'il est le seul moyen de vivre dans la justice (sinon il faudrait voler le fruit du travail des autres) est donc d'abord et avant tout une punition, une malédiction, à vrai dire un malheur si l'on compare la situation des hommes d'aujourd'hui à celle qui était la leur du temps de Kronos, c'est-à-dire l'âge d'or où rien ne les obligeait encore à quelque labeur que ce soit.

Explications

Pour les Anciens, donc, l'esclave est à la limite plus proche de l'animal que de l'humain. Il est supérieur aux bêtes, certes, mais animal quand même, sa vie ne vaut pas plus que celle d'un cheval ou d'un bœuf, parfois moins s'il n'est pas performant dans les tâches qu'on lui confie. Dans le monde grec, il est impossible à qui travaille de parvenir à la vie bonne en quoi l'aristocrate se définira volontiers, et ce jusqu'à la Révolution française, comme celui qui ne va pas « perdre » sa vie à travailler pour la « gagner ». Il a des « gens » pour cela, des domestiques, des esclaves ou des serfs. Pour des raisons notamment liées au message délivré par la parabole des talents (voir chap. 12), dans les couches lettrées de la société féodale du Moyen Âge, seuls les moines auront l'obligation de travailler – ce qui nous vaudra d'ailleurs de belles inventions dont les noms portent encore la marque de leur origine monacale : la Bénédictine et la Chartreuse, par exemple, mais aussi le champagne, inventé par Dom Pérignon dans l'abbaye d'Hautvillers, les conserves, les confits, etc.

Ce que j'en pense

Pour nous, républicains et démocrates modernes, héritiers du christianisme, le travail, pour pénible et parfois contraire au bonheur qu'il puisse être, est tout sauf une activité animale, tout sauf le signe d'une non-appartenance à l'humanité. Il est au contraire le propre de l'homme, non seulement la condition de sa survie, mais aussi celle de son humanisation, car on se cultive en cultivant. Un homme qui ne travaillerait pas ne serait pas seulement un homme pauvre, mais ce serait un pauvre homme. Voyez comme nous tenons spontanément le chômage comme une calamité et jusqu'à une date récente, nul ne songeait à proposer comme projet de société une oisiveté généralisée : un revenu universel de base.

Peu importe même que le travail soit parfois pénible, ce qui compte aux yeux des modernes artisans de la révolution des Lumières, c'est l'humanisation de l'humain, sa socialisation, la culture de soi qui passe toujours par une somme colossale d'efforts. En d'autres termes, pour un républicain authentique, l'essentiel, c'est la liberté qui s'oppose à ce bonheur facile que procurerait peut-être à très court terme l'oisiveté. L'essentiel, c'est l'émancipation de l'être humain, l'humanisation de l'humain sous toutes ses formes qui sont infiniment plus importantes qu'un paresseux et sans doute très provisoire bien-être. Or rien n'est donné *a priori* dans la facilité, comme en témoigne l'éducation de nos enfants : le hussard de la République ne demande pas à ses élèves de s'amuser en classe, il leur demande de travailler, de faire des efforts, bref, de souffrir un peu s'il le faut pour apprendre et devenir des hommes et des femmes libres, cette liberté dût-elle s'acquérir au détriment de la quête des plaisirs immédiats. Certes, on jouira plus tard, grâce à son travail, d'un certain bien-être, mais c'est une espèce de récompense pour l'obtention de laquelle il aura fallu travailler dur, mettre son aspiration au plaisir très largement de côté, un homme de bien n'étant pas d'abord un homme heureux, mais un homme libre et, si possible, ouvert aux autres, voire utile au progrès de sa nation sinon de l'humanité tout entière.

Comme l'écrit Kant, dans ses *Réflexions sur l'éducation*, de manière particulièrement forte, nos activités laborieuses, loin d'être le signe de la servilité, sont au contraire l'un des traits spécifiques les plus fondamentaux de l'humanité par opposition aux animaux.

Citation

« Il est de la plus haute importance que les enfants apprennent à travailler. L'Homme est le seul animal qui doive travailler [...]. Il faut sans nul doute répondre de manière négative à la question de savoir si le Ciel n'aurait pas pris soin de nous avec plus de bienveillance en nous offrant toutes les choses déjà préparées de telle sorte que nous n'aurions jamais besoin de travailler, car l'Homme a besoin d'occupations, et même d'occupations qui ne vont pas sans une certaine dose de contrainte. S'imaginer que si Adam et Ève n'avaient jamais quitté le Paradis, ils n'auraient rien fait d'autre que d'être assis ensemble à chanter des chants d'Arcadie et à contempler la beauté de la nature est donc tout à fait fallacieux. L'ennui les eût bien vite torturés comme il le fait pour tous les autres Hommes dans une situation semblable. » (*Réflexions sur l'éducation*)

Cela dit, ajoute Kant, si « l'éducation doit comprendre la contrainte, elle ne doit pas pour autant sombrer dans l'esclavage ».

À retenir

Comme dans la parabole des talents (voir chap. 12), ce qui compte moralement, ce n'est pas le capital dont on dispose au départ, mais l'usage qu'on en fait par son travail sur soi comme sur le monde, non pas la nature, mais la liberté d'une volonté active qui transforme le moi et le monde. Conséquence proprement abyssale : le génie le plus grandiose ne « vaut » pas plus que le petit trisomique. D'un point de vue moral, c'est-à-dire du point de vue de la dignité humaine, ils sont *a priori* rigoureusement à *égalité*. C'est ainsi une nouvelle représentation de l'humanité qui fait son entrée en scène : non pas hiérarchisée, mais égalitaire, non pas aristocratique, mais démocratique, non pas divisée en ordres, comme dans la *République* de Platon, mais une et indivisible.

Une vision du monde qui se retrouve dans les arts et les sports

Explications

Dans le monde ancien, l'équité doit bien sûr l'emporter sur l'égalité, et l'équité exige, comme nous l'avons vu, que chacun soit à sa place dans un ordre naturel dont la hiérarchisation est l'une des caractéristiques les plus essentielles. Or, même si l'univers démocratique rejette de manière radicale cette vision du monde qui conduit à la légitimation de l'esclavage et du sexisme, il n'en reste pas moins qu'elle demeure à certains égards présente dans nos représentations contemporaines, non sur le plan moral et politique, bien sûr, mais dans les arts, ou plus encore peut-être dans les sports qui, malgré le souci d'une parfaite égalité dans le respect des règles du jeu, n'en font pas moins droit à l'idée fort inégalitaire d'une hiérarchie naturelle des êtres.

Ce que j'en pense

Quoi qu'on en dise, tout le monde ne peut pas, par la seule vertu de ses efforts et de son travail, parvenir à être un champion du monde de natation, de course à pied ou de tennis. La nature y reprend la place aristocratique qu'elle avait perdue sur le plan moral et politique en raison des dons dont elle gratifie de manière fort inégalitaire et selon son bon plaisir les uns et les autres.

DANS CE CHAPITRE

La théorie de la vérité selon Platon

•

La vérité est une réminiscence

•

La maïeutique comme méthode

Chapitre 3

La théorie platonicienne de la vérité

Pour bien comprendre

Pour commencer, arrêtons-nous un instant sur l'étymologie du mot *théôria* : le mot viendrait du verbe *orao*, qui signifie « je vois », et de *théos*, qui désigne « le divin ». La théorie consisterait donc à « voir le divin », elle résiderait dans la contemplation de la divinité du monde. Évitons d'emblée un malentendu : malgré l'apparence, cette définition de l'activité intellectuelle n'est pas religieuse, en tout cas pas au sens des grandes religions monothéistes. La *théôria*, dans les sagesses du monde dont nous avons parlé dans le premier chapitre, que ce soit chez Platon, Aristote ou chez les stoïciens, c'est la connaissance de l'univers, la contemplation de l'ordre cosmique. Elle repose tout entière sur l'idée que le monde qui nous entoure, le cosmos, est semblable – ou pour le moins analogue – à un gigantesque organisme vivant. Il est magnifique, harmonieux, ordonné, mille fois mieux organisé que toutes les machines humaines, même les plus perfectionnées et c'est en ce sens qu'on peut le dire « divin », non pas au sens d'un dieu transcendant et créateur du monde.

Voilà pourquoi, dans les sagesses du monde, trois mots grecs (qui sont assez compréhensibles en français) peuvent être considérés comme pratiquement synonymes : le *cosmos*, le *theion* (le divin) et le *logos*. Le *logos* n'est pas simplement le langage : le terme renvoie aussi à l'idée d'un ordre « logique », rationnel. Toute la philosophie théorique est ici dominée par l'idée que l'ordre cosmique tout entier est à la fois divin et « logique », rationnel. Divin, parce que la perfection qui le caractérise n'est pas créée, produite par les humains ; mais aussi logique ou rationnel, parce que la *théôria*, par exemple l'astronomie, va montrer que cet ordre du monde est agencé selon l'ordre des causes et des raisons. *Logos*, *cosmos*, *theion* sont donc trois mots qui se renvoient les uns aux autres. C'est aussi dans ce contexte général qu'il faut situer la théorie platonicienne de la vérité, une théorie dont vous allez voir qu'elle va influencer toute l'histoire de la philosophie.

La théorie platonicienne de la vérité

Pour bien comprendre

Pour bien la comprendre, il faut rappeler que Platon l'élabore en réponse à un sophisme, c'est-à-dire un raisonnement spécieux mais qui possède l'apparence du vrai. Ce fameux sophisme est exposé dans un de ses dialogues les plus fameux, le *Ménon*, du nom de l'interlocuteur de Socrate, ce dernier jouant, comme souvent chez Platon, le rôle du personnage principal. Ménon prétendait que l'idée même d'une recherche de la vérité était intrinsèquement contradictoire. De deux choses l'une, en effet : ou bien nous avons déjà la vérité et alors, ce n'est pas la peine de la chercher – et de fait, si nous étions déjà en possession de la vérité, par définition, nous ne la chercherions pas ; ou bien, seconde hypothèse, nous ne la détenons pas encore et, dans ces conditions, nous ne la trouverons jamais. Pourquoi ? Tout simplement parce que parmi tous les lieux communs qui traînent ici ou là dans l'espace public, parmi toutes les opinions « courantes », comme on dit si bien, il faut, pour distinguer celles qui sont vraies de celles qui sont fausses, déjà disposer d'un critère et d'un critère qui soit lui-même vrai !

Pour trouver la vérité, il faut déjà la posséder, comme tente de le montrer Ménon dans ce passage particulièrement clair du dialogue de Platon :

Citation

> « Ménon : Comment t'y prendras-tu, Socrate, pour chercher une réalité dont tu n'as pas la moindre idée de ce en quoi elle consiste ? Et au sein de toutes les choses que tu ignores, comment décider laquelle fera objet de ta recherche ? En supposant même que tu tombes dessus par chance, comment sauras-tu seulement qu'il s'agit bien de cette chose que tu ne connaissais pas ?

Socrate : Je comprends bien ce que tu veux dire, Ménon. Pourtant, il faut que tu comprennes que l'argument selon lequel il n'est pas possible à un homme de chercher ni ce qu'il connaît, ni ce qu'il ne connaît pas, est en réalité un sophisme ! En effet, à t'en croire, il ne peut pas chercher ce qu'il connaît, puisqu'il le connaît et que le connaissant, il n'a nul besoin de le rechercher ; et ce qu'il ne connaît pas, il ne peut pas non plus le chercher, puisqu'il ne sait même pas ce qu'il devrait chercher !

Ménon : Ne crois-tu pas que cet argument est pertinent, Socrate ?

Socrate : Non, je ne le pense pas.

Ménon : Peux-tu m'expliquer pourquoi ?

Socrate : Oui, je vais le faire. [...] Étant donné que l'âme est immortelle et qu'elle renaît plusieurs fois, il est clair qu'elle a déjà vu les choses d'ici-bas comme celles qui sont dans l'Hadès [*le monde de l'invisible*]. Autrement dit, elle a vu toutes les réalités, elle a déjà tout appris de sorte qu'il n'y a rien d'étonnant dans le fait qu'elle soit capable, à propos de la vertu comme à propos d'autres choses, de se remémorer ces réalités dont elle avait autrefois eu une parfaite connaissance. [...] Voilà pourquoi apprendre et chercher sont fondamentalement des activités identiques, à savoir une réminiscence. »

Connaître la vérité, c'est la reconnaître

Le paradoxe mis en avant par Ménon n'est peut-être pas très puissant, mais la réponse de Socrate, elle, est à proprement parler géniale. Commentons brièvement ce texte essentiel. C'est toute la philosophie de Platon, toute sa théorie de la vérité comme réminiscence, qui va être contenue dans la réponse faite par Socrate à Ménon. Elle consiste à dire que si nous pouvons reconnaître la vérité au milieu de toutes les opinions fausses, c'est pour la bonne et simple raison que nous l'avons déjà connue avant notre naissance. Notre rapport à la vérité passe en effet par trois phases, par trois temps :

Explications

Dans un premier temps, avant notre naissance, nous avons été mis sans le savoir en présence de la vérité. C'était avant la « chute », quand l'âme n'était pas encore prisonnière d'un corps sensible, avant qu'elle ne tombe dans ce corps matériel plein de défauts, avant l'incarnation. Vous connaissez peut-être ce jeu de mots que Socrate avance dans ce contexte, à savoir que le corps (en grec, *soma*, qui a donné par exemple « somatique » ou « somatiser » en français) est pour l'âme une prison (en grec, *sema*). Avant que l'âme ne soit « emprisonnée » au moment de la naissance dans cette prison qu'est notre corps sensible plein de défauts, elle voyait les idées dans toute leur splendeur, elle les contemplait, par-delà les apparences, dans toute leur pureté intelligible, non déformées par les cinq sens. Elle pouvait donc voir la vérité « toute nue », dans sa parfaite luminosité.

Mais vient justement le deuxième temps, celui de la chute, de la déchéance, de l'incarnation de l'âme dans la prison du corps : c'est le moment de la naissance, de cette catastrophe que signifie pour nous la venue dans le monde sensible – voyez d'ailleurs les hurlements des nourrissons au moment où ils sortent du ventre de leur mère : le moins qu'on puisse dire est qu'ils n'ont pas l'air particulièrement joyeux. L'âme tombe dans un corps, elle s'incarne dans cette prison sensible et trompeuse : c'est la fameuse descente dans la caverne de Platon. Pourquoi les sens sont-ils dits « trompeurs » par Platon ? Réponse : parce qu'ils nous présentent trop souvent des choses identiques comme étant différentes. Voyez par exemple le cas de l'eau : tantôt elle est dure et glacée, tantôt liquide et chaude, et pourtant, c'est bien de la même eau qu'il s'agit ! Et réfléchissez à ceci : si nous ne disposions pour connaître le monde que de nos sens, si nous n'avions pas l'intelligence, la raison, nous serions sans cesse trompés par eux, car ils contredisent le principe de non-contradiction, qui est le pilier fondamental de la logique, en nous présentant la même eau sous deux aspects différents.

Ce qui nous conduit au troisième temps de cette théorie de la vérité, celui de la « remémoration ». En grec, cela se dit *anamnèse* : il s'agit, comme le dit Socrate à la fin du texte qu'on vient de citer, d'un travail de réminiscence. Après la chute de l'âme dans un corps sensible qui l'emprisonne, l'esprit tente de se remémorer une vérité qu'il a déjà connue mais qu'il a perdue, oubliée au moment de la naissance. La connaissance est donc toujours re-connaissance, le savoir véritable est souvenir, lutte contre l'oubli, idée qui va permettre de résoudre le fameux sophisme initial : si la connaissance est reconnaissance, remémoration d'une vérité perdue, cela explique en effet que, lorsqu'on la retrouvera, fût-ce par hasard, au milieu des opinions courantes, on saura que c'était la vérité. Comme on la connaissait avant, on se contentera en fait de la retrouver.

Ce que j'en pense

On voit ici comment Platon répond au paradoxe sophistique : nous avons connu la vérité, puis vient la chute dans le corps sensible, avant qu'un long et douloureux travail de retour au vrai nous permette de sortir de la caverne et de reconnaître à nouveau les idées vraies. L'allemand l'exprime comme en grec : *kennen*, c'est *erkennen* – connaître, c'est re-connaître, effectuer un travail de remémoration. Dans les dialogues de Platon, c'est cette tâche philosophique que Socrate anime en posant toujours à ses interlocuteurs les questions qui les guident vers la vérité perdue, oubliée. Et c'est aussi en cela qu'il se compare à sa mère, qui était sage-femme. Le travail de l'accouchement se dit en grec *maieutikê* : c'est la « maïeutique », la méthode socratique par excellence, qui consiste à accoucher, non pas les corps des femmes, mais les esprits des hommes – comme il est dit (de manière peu féministe) dans un autre dialogue de Platon, le *Théétète*.

À retenir

La philosophie est donc le contraire du dogmatisme. Son travail n'est pas d'apporter la vérité de l'extérieur, du haut d'un savoir tout constitué et non critiquable, mais de la faire découvrir aux élèves. Le travail de Socrate est un travail qui aide seulement son interlocuteur à la remémoration. Il l'aide à se souvenir d'une vérité qu'il a connue puis oubliée et il le fait, un peu comme un psychanalyste, en lui posant des questions.

La maïeutique selon Socrate

Socrate restera jusqu'à nos jours le modèle du professeur de philosophie qui pousse ses élèves à la réflexion personnelle plus qu'il ne les gave de l'extérieur avec des certitudes, comme on le voit dans ce passage du *Théétète* de Platon.

« SOCRATE : Mon métier, qui consiste à pratiquer des accouchements, s'apparente tout à fait à celui des sages-femmes à ceci près qu'il consiste à faire accoucher des hommes et non des femmes, à prendre soin de leurs âmes en train d'enfanter, mais non de leurs corps. [...] Je suis incapable d'apporter moi-même un savoir déjà tout constitué, ce qu'on m'a souvent reproché. J'interroge les autres, mais je ne réponds moi-même rien à propos de quoi que ce soit parce que j'ai en moi rien de savant. [...] Un démon me contraint d'aider aux accouchements, mais il m'interdit d'engendrer [...]. Mes interlocuteurs n'ont jamais rien appris qui vienne de moi, c'est en eux-mêmes et à partir d'eux-mêmes qu'ils ont appris une foule de belles choses dont ils restent à jamais les propriétaires... »

DANS CE CHAPITRE

Épicure et l'épicurisme
•
Une philosophie utilitariste
•
Une philosophie à contre-courant de son temps
•
La philosophie considérée comme une thérapeutique de l'âme

Chapitre 4

Un exemple de contre-culture dans le monde grec : l'éthique épicurienne

Pour calmer les ardeurs de ceux qui croient que les Romains sont supérieurs aux Grecs parce qu'ils sont plus agréables à lire (je pense l'inverse: les Romains ne font que « suivre » les Grecs), voici ce que Lucrèce, le plus grand disciple d'Épicure, disait de son maître dans son poème intitulé *De la nature des choses* (*De rerum natura*):

Citation

« Toi qui fis jaillir la lumière du fond des ténèbres,
Éclairant le premier les biens de l'existence,
Toi l'honneur de la Grèce, aujourd'hui je te suis
Et je mets mes pas dans les tiens.
Non que je désire rivaliser avec toi,
C'est plutôt par amour que je veux t'imiter.
Comment l'hirondelle pourrait défier les cygnes,

Et que pourrait jamais valoir contre un cheval fougueux
La course d'un cabri sur ses pattes tremblantes ?
Ô père, ô découvreur de l'univers, tu nous prodigues
Tes préceptes paternels et dans tes livres, ô prince,
Pareils à des abeilles dans les vallons en fleur,
Nous butinons tes paroles d'or, toutes d'or,
Et toujours les plus dignes de la vie éternelle. »
(trad. A. Comte-Sponville, dans *Le Miel et l'Absinthe*, Hermann, 2008)[1]

Un utilitarisme qui plaide pour le bonheur dans la frugalité

Explications

D'abord, l'épicurisme est ce que l'on pourrait appeler en termes modernes un « utilitarisme » au sens philosophique que le terme a pris dans la grande tradition anglo-saxonne, c'est-à-dire une sagesse selon laquelle le but ultime et unique de la vie humaine est la recherche du bonheur. Ce dernier est lui-même identifié au plaisir ou, plus exactement, car cette première formulation est trop réductrice, à l'organisation rationnelle de sa vie en vue de l'évitement de toute souffrance. Le but de la philosophie n'est donc pas au premier chef la quête de la vérité ou de l'idée du Bien comme chez Platon, mais celle du bonheur entendu comme absence de trouble et de douleur.

Contrairement à une idée reçue et souvent véhiculée par le langage courant, l'épicurisme n'est pas, mais alors pas du tout, une « doctrine de pourceaux », une philosophie orientée exclusivement vers la quête des plaisirs matériels comme voulaient le faire croire ses adversaires stoïciens. Épicure n'est pas davantage un porc que Machiavel un cynique. C'est presque l'inverse dans les deux cas. Pour ce qui est de l'épicurisme, nous avons affaire à une sagesse de la frugalité et de la simplicité, pour ne pas dire à un ascétisme : ne plus avoir soif, ne plus avoir faim ou froid, ne plus avoir peur, se contenter de peu, viser l'être plus que l'avoir, voilà l'essentiel. Il faut donc éviter à tout prix, selon la belle formule d'Épicure lui-même, les « désirs immenses et creux », autrement dit : les mirages du consumérisme infini.

Ce que j'en pense

Question qui se pose aussitôt : pourquoi accorder tant de valeur à des choses aussi simples ? La réponse n'est évidemment pas sans profondeur : l'idée qui domine l'épicurisme c'est que seules la frugalité et la simplicité de vie permettent au sage

1. © Hermann, www.editions-hermann.fr.

de parvenir à l'absence de trouble, à l'ataraxie, que la course permanente aux avoirs exclut d'entrée de jeu. Mais il y a plus encore : c'est seulement en adoptant ce type de vie que le sage est celui qui parvient à habiter le présent, l'amour de ce qui est là (*amor fati* dira Nietzsche dans le même sens), à l'écart des mirages funestes que sont la nostalgie et l'espérance, le passé et le futur. Le consumérisme nous fait entrer dans la logique mortelle de l'insatisfaction permanente, dans la course au « toujours plus » et par là même, sans qu'on s'en aperçoive, dans la soumission incessante au passé et au futur : on regarde ce qu'on a déjà et comme on ne s'en satisfait jamais, on espère trouver et posséder davantage dans l'avenir. Au contraire, le sage qui aime ce qu'il a et ne court plus après ce qu'il n'a pas, parvient à habiter le présent et c'est à ce prix qu'il pourra donner du sens, de la chair au fameux raisonnement épicurien selon lequel « la mort n'est rien pour nous ».

Contrairement aux sagesses du monde, la pensée d'Épicure tient que l'univers n'est pas un « cosmos ».

Pour les épicuriens, à la différence des stoïciens, le monde n'a rien d'un cosmos divin et harmonieux. L'épicurisme se situe aux antipodes des cosmologies héritées d'Hésiode et Homère pour adopter une physique matérialiste, atomiste et anti-cosmique. Le monde d'Épicure est un univers fait de chaos et de hasard, d'atomes qui s'agglutinent entre eux de façon totalement contingente. L'univers apparaissant dès lors comme un terrain de jeu tout à fait dénué de sens, il ne peut en aucun cas constituer un modèle à imiter sur le plan moral et politique.

Du reste, il n'y a en lui aucun « lieu naturel », nulle place particulière qui serait si peu que ce soit assignée à chacun d'entre nous en fonction de sa nature propre. En ce sens, l'épicurisme se situe tout à fait à contre-courant des grandes cosmologies de son temps, et en particulier, à l'opposé du platonisme, de l'aristotélisme et du stoïcisme, en quoi il fait figure, comme la sophistique à la même époque, de contre-philosophie. Comme le dit à juste titre Rémi Brague dans son livre que nous avons déjà cité, *Les Sagesses du monde*, « dans la tradition épicurienne, le monde est ce sur quoi il ne faut pas compter. La sagesse humaine n'y est pas sagesse du monde. Il faut une sagesse radicalement non cosmique. Chez Épicure, l'accent mis sur l'amitié (*philia*) n'est pas qu'une exhortation à la concorde. Elle implique que l'accord entre les hommes est plus important que la correspondance avec les réalités cosmiques ». Reste que chez Épicure, et en cela il appartient bien quand même à l'univers de la philosophie ancienne, la morale est inséparable d'une physique, d'une vision du monde.

Une éthique inséparable de la physique

Explications

On a parfois cru qu'avec l'épicurisme, l'individualisme contemporain pouvait trouver un ancêtre. Pourtant, il n'en est rien, car même dans le cas de l'épicurisme, le rapport à l'univers transcendant le moi est omniprésent dans les exercices spirituels. Dans le jardin d'Épicure, comme le souligne P. Hadot en critiquant avec raison l'interprétation narcissique que Foucault donne du « souci de soi » ancien, la fameuse pratique de l'examen de conscience « ne peut pas se définir seulement comme une culture de soi, comme un simple rapport de soi à soi, comme un plaisir qu'on trouverait dans son propre moi. L'épicurien n'a pas peur d'avouer qu'il a besoin d'autre chose que lui-même pour satisfaire ses désirs et trouver son plaisir : il lui faut la nourriture corporelle, les plaisirs de l'amour, mais aussi une théorie physique de l'univers pour supprimer la crainte des dieux et de la mort ». Supprimer la crainte des dieux et de la mort ? C'est justement ce que nous propose la philosophie d'Épicure avec son fameux « quadruple remède », le *tetrapharmakos*, qui constitue le cœur du cœur de la pensée épicurienne.

Le quadruple remède ou la philosophie comme thérapeutique de l'âme

Pour vivre dans la sérénité la plus parfaite, dans l'absence de trouble que les épicuriens appellent *ataraxie*, il faut : *a*) se débarrasser de la crainte des dieux, *b*) de la crainte de la mort, *c*) comprendre la différence entre les désirs naturels et les désirs artificiels, et enfin *d*) saisir en quoi les douleurs sont en général passagères et les biens les plus précieux finalement assez faciles à obtenir.

Reprenons.

Ne pas craindre les dieux

À retenir

On notera d'abord qu'à l'encontre d'une opinion parfois reçue, Épicure n'est nullement athée. Simplement, il pense que les dieux immortels n'ont rien à faire de nous. Ils sont parfaitement autonomes, autosuffisants, heureux d'eux-mêmes, comme devrait l'être à son tour le sage s'il les prenait comme modèles, et comme tels, ils n'éprouvent aucun besoin de s'intéresser à nous. L'idée qu'ils pourraient nous récompenser ou nous punir, comme le prétendent en général mythologies et religions, relève de la superstition la plus stupide.

Les mythes qui ne sont que des mythes

Aux yeux d'Épicure, les mythes ne sont que des mythes, des légendes fabuleuses qui n'ont aucune vérité, sinon qu'elles reflètent ce qui se passe déjà dans nos vies, sur cette terre et non dans le ciel.

Lucrèce, *De la nature des choses* : « Tous ces supplices que la tradition place dans les Enfers n'existent en vérité que dans nos vies. Il n'y a point de malheureux Tantale, un roc en suspens sur sa tête, tétanisé d'une vaine angoisse comme le veut la fable. Ce sont plutôt les peurs que les mortels éprouvent dans leurs vies, en particulier leur crainte des dieux et des coups du destin, qui sont vaines.

[...]

Sisyphe existe aussi dans la vie, sous nos yeux, s'acharnant à briguer devant le peuple les faisceaux et les haches cruelles, puis toujours se retirant vaincu et triste. Car rechercher un pouvoir qui n'est que vanité et que l'on n'obtient point, et dans cette quête s'acharner dans la peine et la fatigue, c'est pousser à grand-peine en haut d'une montagne un rocher qui pourtant du sommet toujours roule et regagne aussitôt l'étendue de la plaine. Et puis toujours repaître une âme ingrate de nature, la remplir de bonnes choses sans jamais la satisfaire, à l'instar des saisons dont le retour nous apporte tant de fruits et d'agréments divers sans que jamais pourtant nous soyons comblés par les jouissances de la vie, c'est cela, à ce qu'il me semble, ce qu'on raconte de ces jeunes filles en fleur occupées à verser de l'eau dans une jarre percée qu'aucun effort ne saurait remplir. » (trad. A. Comte-Sponville, dans *Le Miel et l'Absinthe*, Hermann, 2008)

Ne pas avoir peur de la mort

Ce que j'en pense

Ensuite, selon une argumentation que j'ai toujours trouvée pour le moins sophistique, mais qui fit pourtant la fortune de l'épicurisme, la mort, à l'en croire, « n'est rien pour nous ». En effet, quand elle est là, nous n'y sommes plus et tant que nous y sommes, elle, elle n'y est pas. Bon, je vous laisse méditer cet adage et s'il vous convainc, tant mieux pour vous...

« La mort n'est rien pour nous »

Citation

Lucrèce, *De la nature des choses*, Livre troisième : « Il faut avant tout chasser et détruire cette crainte de l'Achéron [*le fleuve des enfers*] qui, pénétrant jusqu'au fond de notre être, empoisonne la vie humaine, colore toute chose de la noirceur de la mort et ne laisse subsister aucun plaisir limpide et pur. » (trad. A. Comte-Sponville, dans *Le Miel et l'Absinthe*, Hermann, 2008)

Épicure, *Lettre à Ménécée* : « Prends l'habitude de penser que la mort n'est rien pour nous. Car tout bien et tout mal résident dans la sensation : or la mort est privation de toute sensibilité. Par conséquent, la connaissance de cette vérité que la mort n'est rien pour nous nous rend capables de jouir de cette vie mortelle, non pas en y ajoutant la perspective d'une durée infinie, mais en nous enlevant le désir de l'immortalité. Car il ne reste plus rien à redouter dans la vie, pour qui a vraiment compris que hors de la vie il n'y a rien de redoutable. On prononce donc de vaines paroles quand on soutient que la mort est à craindre, non pas parce qu'elle sera douloureuse étant réalisée, mais parce qu'il est douloureux de l'attendre. Ce serait en effet une crainte vaine et sans objet que celle qui serait produite par l'attente d'une chose qui ne cause aucun trouble par sa présence.

Ainsi celui de tous les maux qui nous donne le plus d'horreur, la mort, n'est rien pour nous, puisque, tant que nous existons nous-mêmes, la mort n'est pas, et que, quand la mort existe, nous ne sommes plus. Donc la mort n'existe ni pour les vivants ni pour les morts, puisqu'elle n'a rien à faire avec les premiers, et que les seconds ne sont plus. Mais la multitude tantôt fuit la mort comme le pire des maux, tantôt l'appelle comme le terme des maux de la vie. Le sage, au contraire, ne fait pas fi de la vie et il n'a pas peur non plus de ne plus vivre : car la vie ne lui est pas à charge, et il n'estime pas non plus qu'il y ait le moindre mal à ne plus vivre [...] »

Se satisfaire de peu

Ce que j'en pense

Le troisième point, tout aussi discutable à mes yeux, notamment s'agissant du refus de la sexualité, réside dans une distinction cruciale entre les différents types de plaisir. On sait qu'« épicurien », dans le langage ordinaire, non philosophique, renvoie à l'idée d'une culture du plaisir. En réalité, comme je l'ai déjà suggéré, l'épicurisme est avant tout une philosophie de la frugalité. En effet, il ne cultive nullement les plaisirs au sens où nous l'entendons d'ordinaire, les épicuriens étant des sages qui se contentent des satisfactions les plus simples et les plus naturelles.

Le tonneau des Danaïdes : la critique du consumérisme et le primat de l'être sur l'avoir

Remplir le tonneau des Danaïdes est tâche impossible, car il est percé de sorte qu'il se vide sans cesse au fur et à mesure qu'on y verse du liquide. La formule désigne donc une entreprise aussi épuisante qu'absurde, dénuée de sens, car infinie. Elle renvoie à une fameuse légende, racontée notamment par Eschyle dans *Les Suppliantes*, celle des cinquante filles de Danaos, un roi légendaire de Libye. Rappelons-en brièvement le principal fil conducteur.

Danaos craignait son frère Égyptos, et plus encore ses cinquante fils, qui étaient donc les cousins de ses filles, les Danaïdes. Avec l'aide d'Athéna, il fit construire un bateau de cinquante rameurs, il y prit place avec ses filles et ils partirent s'installer à Argos. Mais les Égyptiades, leurs cousins, les rejoignirent et demandèrent leur main à Danaos, qui fut bien obligé d'accepter. Toutefois, le jour des noces, il prit soin d'offrir cinquante poignards à ses filles en leur enjoignant de massacrer leurs maris dès leur première nuit.

Elles obéirent à leur père et trucidèrent leurs cousins, à l'exception de l'aînée d'entre elles, Hypermnestre, qui épargna Lyncée et qui l'aida même à s'enfuir. Plus tard, Lyncée reviendra à Argos et il y régnera aux côtés d'Hypermnestre, puis il vengera ses frères en tuant Danaos ainsi que ses quarante-neuf cousines. C'est alors qu'aux Enfers, elles furent condamnées à remplir éternellement un grand récipient sans fond, qu'on assimila plus tard à un tonneau : tâche aussi épuisante et dénuée de sens que celle de Sisyphe poussant sans fin son rocher.

La signification philosophique de ce mythe a été magistralement dégagée par Lucrèce, dans son poème, le *De natura rerum* (*De la nature des choses*). Selon Lucrèce, en effet, c'est secrètement la peur de la mort qui nous pousse vers le « divertissement », vers la consommation sans fin et les plaisirs artificiels. Les gens riches s'entourent d'objets de valeur, vivent dans des palais luxueux et s'imaginent que parce qu'ils sont protégés des accidents de la vie et entourés de biens durables, ils pourront eux aussi durer. Pourtant, c'est paradoxalement ce consumérisme aussi absurde que la tâche à laquelle les malheureuses Danaïdes furent condamnées qui nous rend en réalité encore plus mortels que jamais en nous précipitant dans la logique funeste de l'addiction. La vie de celui qui s'y trouve plongé ressemble, nous dit Lucrèce, au tonneau des Danaïdes.

Explications

Les épicuriens distinguent en effet trois types de plaisirs :

» les plaisirs naturels et nécessaires (répondre à la faim et à la soif, se protéger du froid et de la chaleur...) ;
» les plaisirs naturels, mais pas nécessaires absolument (la sexualité est sans doute naturelle, mais pas nécessaire, si ce n'est à la reproduction de l'espèce : elle fait donc partie de l'acceptable, mais on peut vivre sans et s'en passer ; la limiter au maximum est peut-être bien la meilleure solution si l'on veut parvenir à l'ataraxie, à l'absence de trouble) ;
» enfin, il existe des désirs non naturels et non nécessaires, ces fameux désirs « immenses et creux » qui nous plongent dans l'artifice, dans ce qu'on appellerait aujourd'hui la société de consommation, dans cette course aux richesses et cette foire aux vanités que l'épicurisme, pour des raisons métaphysiques profondes, récuse totalement.

L'homme riche

L'homme riche, qui cède à la logique de la consommation, est lui aussi dans l'insatisfaction permanente, y compris si l'on se place du seul point de vue du plaisir. Non seulement il est animé par la peur de la mort, mais en outre, celle-ci est paradoxalement renforcée par le type de vie qu'il adopte, la course aux avoirs faisant de lui un perpétuel insatisfait, un perpétuel angoissé. Il est dans l'illusion la plus funeste qui soit, dans la vanité des vanités que stigmatise Lucrèce dans ce passage de son poème que je cite dans la belle traduction qu'en a donnée André Comte-Sponville dans son livre, *Le Miel et l'Absinthe* (Hermann, 2008) :

« Tel s'est précipité hors sa vaste demeure, lassé d'être chez lui, puis soudain y retourne, ne sentant aucun mieux à s'ennuyer dehors. Il presse le pas, court, harcèle sa monture, comme allant au secours de sa maison en flamme. Le seuil à peine atteint, il se met à bâiller, tombe en un lourd sommeil pour y chercher l'oubli, à moins qu'il ne se hâte à nouveau vers la ville. Chacun cherche à se fuir, personne n'y parvient. Et puis l'on tourne en rond, dans le cercle de vivre, où nul plaisir nouveau ne peut plus nous surprendre. Tant que nous n'avons pas l'objet tant convoité, le manque fait son prix. L'avons-nous obtenu, c'est un autre aussitôt que visent nos désirs. »

Éviter les malheurs

Enfin, quatrième trait du quadruple remède, les maux durent rarement, ils sont souvent faciles à éviter, et les plaisirs naturels et nécessaires sont relativement aisés à obtenir. Où l'on mesure à nouveau combien l'image de l'épicurien pourceau est loin de la réalité.

Vivre sans trouble, dans l'ataraxie, comme un dieu ?

Ce que j'en pense

Que faut-il penser de ce projet philosophique qui invite le sage à « vivre comme un dieu », en parfaite autarcie, satisfait de lui-même et, parce qu'il a abandonné la course aux avoirs, capable d'habiter le présent ? Mon ami André Comte-Sponville, qui fut dans sa jeunesse à la fois disciple d'Épicure et de Spinoza, a pris récemment ses distances avec ces deux penseurs et il le fait en des termes qui me conviennent si bien (dans une conférence consacrée à Spinoza prononcée à la Sorbonne à la fin de la décennie 2010) que je lui laisse volontiers la parole en guise de conclusion de ce chapitre :

Citation

> « Souvenez-vous de la fin de la *Lettre à Ménécée* : "Si tu médites mes leçons jour et nuit, explique Épicure, jamais, ni en état de veille ni en songe, tu ne seras sérieusement troublé, mais tu vivras comme un dieu parmi les hommes. Car il ne ressemble en rien à un vivant mortel, l'homme vivant dans les biens immortels." Cela, à 18 ans, m'exaltait presque autant que l'*Éthique* (de Spinoza). Mais qui peut y croire, à l'âge mûr ? Comment un être humain pourrait-il ne "ressembler en rien à un vivant mortel" ? Lequel d'entre nous pourrait se vanter, ou même envisager sans se couvrir de ridicule, de vivre "comme un dieu parmi les hommes" ? Comment penser sérieusement que "l'accroissement de notre connaissance" puisse faire que la partie de notre âme périssant avec le corps "n'ait aucune importance (*nullius sit momenti*) relativement à celle qui demeure" (*Éthique*, V, sc. de la prop. 38) ? Car enfin, la part de nous qui mourra en même temps que notre corps, c'est justement la part que nous sommes (nos désirs, nos souvenirs, nos émotions, nos volontés, notre imagination, notre sensibilité, notre pensée en tant qu'elle est autre chose que la vérité, bref, notre conscience et même notre inconscient), alors que la part de notre âme qui est censée ne pas mourir à la mort du corps (mais comment est-ce possible si "l'âme et le corps sont une seule et même chose" ?), disons ce qu'il y a en nous de connaissance et de vérité peut bien être vécu parfois, mais n'est pas nous. Comment pourrait-elle nous consoler de mourir ou, *a fortiori*, d'avoir perdu ceux que nous aimons ? »[2]

Spinoza et Épicure nous proposent de parvenir, en coïncidant autant qu'il est possible avec le divin, à l'absence totale de trouble, à la sérénité intérieure parfaite, une idée que là encore, l'ami André aimait dans sa jeunesse. Voici maintenant ce qu'il en pense (et je ne puis faire mieux que le citer là encore, tant il dit à la perfection ce que je pense moi-même) :

2. Conférence devant l'Association des Amis de Spinoza, à la Sorbonne. Publication afférente : *Comte-Sponville*, Éditions de l'Herne, 2020.

Citation

« Je trouve que c'est mettre sa propre sérénité ou son propre confort intérieur bien haut et l'émotion ou l'humanité bien bas. Que la sérénité, toutes choses égales par ailleurs, vaille mieux que l'anxiété, nul ne le conteste. Mais parmi ces "toutes choses", égales ou pas, plusieurs (qui ne sont pas des choses mais des vertus) m'importent davantage : l'amour, la justice, le courage, la compassion, la générosité, la simplicité, la douceur, la lucidité, l'humour... Vivre sans trouble ? C'est une ambition que je n'ai plus. Sans émotion ? J'y verrai plutôt une faiblesse... » (*op. cit.*)

Il est toujours difficile, pénible et même triste de devoir critiquer une grande philosophie, et celle d'Épicure, comme celle de Spinoza, en est bien évidemment une. Mais les exigences de la vérité et celles de l'admiration ne sont pas toujours identiques. On peut admirer une grande erreur, on n'est pas obligé pour autant de la partager.

DANS CE CHAPITRE

- La nature divinisée
- Épicure, Marc Aurèle, Sénèque
- Société et actions justes imitent la nature
- L'espérance et l'attachement sont sans issue
- *Carpe diem* et lâcher prise

Chapitre 5

Le stoïcisme, archétype des sagesses anciennes

Comme je l'ai suggéré dans l'introduction de ce livre, la philosophie, selon son étymologie, est « amour » (*philo*), c'est-à-dire « désir » ou « quête » de la sagesse (*sophia*). La sagesse elle-même consiste, du moins aux yeux des Anciens, à vivre dans la sérénité, l'absence de trouble et la liberté d'esprit, et par là même dans le bonheur, autant qu'il est possible pour un mortel. Pour y parvenir, il faut vaincre les peurs que la finitude éveille en nous. La philosophie se conçoit donc à l'origine comme la recherche d'un salut, d'un « sauvetage », mais qui, à la différence de ce qui a lieu dans les religions, ne passe ni par l'aide d'un Dieu, ni par la foi. Le salut philosophique ne s'appuie que sur les seules forces de la lucidité. Il doit passer par la seule raison humaine.

Pour bien comprendre

Si je fais ici ce bref rappel, c'est parce que le stoïcisme permet d'illustrer à la perfection cette définition de la philosophie comme quête du salut sans dieu, par l'Homme et par la raison. Il incarne à merveille ce que fut, dans l'Antiquité grecque et romaine, la conception dominante de la sagesse, la définition de la vie bonne comme vie en harmonie avec l'ordre lui-même harmonieux du « cosmos ».

Une brève remarque, d'abord, sur le mot « stoïcisme » : il vient du grec *stoa*, qui signifie « portique », parce que, tout simplement, le fondateur de l'école, Zénon de Kition (environ 334-262 avant J.-C.), enseignait sous des arcades recouvertes de peintures. Zénon eut pour successeurs Cléanthe d'Assos (vers 331-230) et Chrysippe de Soles (vers 280-208). C'est toutefois à travers les œuvres d'auteurs de l'époque romaine, en particulier Cicéron (106-43), Sénèque (vers 4 av. J.-C.-65 apr. J.-C.), Épictète (vers 50-130) et Marc Aurèle (121-180) que la doctrine stoïcienne nous est le mieux connue. Je vous propose pour plus de clarté de présenter maintenant la pensée stoïcienne en une dizaine de grands traits fondamentaux. Et pour que vous puissiez vous l'approprier par vous-même, je citerai le plus souvent possible des textes des grands penseurs stoïciens qui illustrent chacun de ces traits.

La nature est divine : *cosmos = theïon = logos*

La tâche première de la philosophie est de comprendre le monde. Nous avons évoqué au chapitre précédent l'étymologie du mot *théôria* : *theion orao*, « je vois le divin ». Nous avons dit aussi comment, dans la tradition cosmologique des « sagesses du monde » qui culmine dans le stoïcisme, le divin se confond avec la structure harmonieuse, juste, belle et bonne, de l'univers, avec ce que les Grecs désignent sous le nom de « cosmos ».

À retenir

L'harmonie « divine » qui caractérise le monde n'est donc pas, comme chez les juifs ou les chrétiens, « au-delà » du monde : la structure harmonieuse de l'univers lui est immanente. Le divin peut cependant être considéré comme « transcendant » par rapport aux Hommes, en ce sens qu'il témoigne d'une perfection qui ne leur doit rien. Les êtres humains perçoivent en effet l'ordre harmonieux du cosmos comme une donnée factuelle qu'ils n'ont ni produite ni inventée, mais qui les enveloppe au contraire depuis toujours et de toutes parts. C'est en cela que le monde peut être considéré comme divin, c'est-à-dire tout à la fois comme parfait et extra-humain.

Voici à titre d'illustration ce qu'en dit Chrysippe (cité par Cicéron dans son ouvrage intitulé *De la nature des dieux*) :

Citation

> « "Les choses célestes et celles dont l'ordre est éternellement stable ne peuvent venir de l'homme." Le monde doit être considéré comme sage et la nature, qui relie toutes choses de manière harmonieuse, est sans nul doute

excellente car d'une rationalité parfaite. En ce sens, le monde est un Dieu et l'ensemble du monde est relié par une nature divine. »

Marc Aurèle, dans ses *Pensées*, reprend le même thème :

Citation

> « Toutes les choses sont reliées entre elles par des relations de réciprocité et leur liaison est sacrée de sorte qu'aucune chose n'est étrangère à aucune autre. En effet, tout est coordonné et participe à l'ordre d'un seul et même monde... Un seul Dieu est présent en toutes choses, une seule substance, une seule vérité et une seule loi qui est la Raison commune à tous les êtres intelligents. »

La société juste et l'action juste sont la société et l'action en accord avec la nature (avec le divin cosmos)

Explications

Comment doit-on vivre pour être juste dans ses relations avec autrui comme avec la cité dans laquelle on est appelé à trouver sa place ? La réponse des stoïciens ne fait aucun doute : s'ajointer ou s'ajuster au cosmos, voilà le principe de toute action juste, le principe même de toute morale et de toute politique. La « physique », dont la finalité est avant tout de saisir l'essence ou la structure intime de la totalité du monde, précède donc l'éthique et la politique. C'est le réel lui-même, et non notre jugement sur le réel, qui s'avère être ainsi, en tant que divin, le fondement de valeurs éthiques et politiques qui ne relèvent dès lors pas d'un « devoir-être », comme chez les Modernes, mais sont au contraire « domiciliées dans la nature ».

À retenir

On a donc bien affaire ici encore à ce que j'ai appelé le « cosmologico-éthique », c'est-à-dire à un enracinement de l'éthique, des valeurs morales et politiques, dans une cosmologie.

Citons, là encore, quelques textes stoïciens qui illustrent cette idée :

Citation

> Chrysippe, cité par Plutarque dans *Des contradictions des stoïciens* : « Il n'existe aucun autre moyen, ni un plus adapté si l'on veut parvenir à une juste contemplation des biens et des maux en même temps qu'à la vertu et à la sagesse, que de partir de la nature universelle et du gouvernement du monde. [...] Car c'est à eux qu'on doit relier la contemplation des biens et des maux ; elle n'a pas de meilleur principe duquel partir de sorte que

la physique n'est enseignée que pour déboucher finalement sur les biens et sur les maux. »

Cicéron, *De la nature des dieux* : « Quant à l'Homme, il est né pour contempler [*theorein*] et pour imiter le divin monde [...]. Le monde est vertueux, il est sage, en quoi il est un Dieu. »

Cicéron, *Des fins des biens et des maux*, livre III, XXII : « Celui qui veut vivre en accord avec la nature doit partir d'une contemplation globale du monde et de la providence. Impossible de porter des jugements justes sur les biens et les maux sans connaître le système entier de la nature et de la vie des dieux, ni savoir si la nature humaine est en accord ou non avec tout l'ensemble de la nature. Sans la physique, il est tout à fait impossible de percevoir l'importance (et elle est immense) des anciennes maximes des sages : "Obéis aux circonstances !", "Suis Dieu !", "Connais-toi toi-même !", "Rien de trop !", etc. »

Sénèque, *Lettre à Lucilius* : « Qu'est-ce donc que la raison ? C'est l'imitation de la nature ! »

Épictète, *Entretiens* : « C'est d'elle-même que la nature nous invite à la contemplation, à la prise de conscience, à la façon de parvenir à vivre en harmonie avec. Gardez-vous de mourir sans avoir contemplé toutes ces réalités. »

Pour bien comprendre ces textes, et notamment les passages qui font référence au divin, il faut toujours garder à l'esprit qu'ici, le mot « Dieu » renvoie, non à un être personnel doué d'intentions et de conscience, un souverain extérieur à la nature, mais au contraire à la structure même de la nature, de l'ordre cosmique.

Une critique de l'espérance

Explications

Puisqu'il faut vivre en accord avec la nature, donc dans l'instant présent autant qu'il est possible, l'espérance, qui renvoie toujours au futur, est un obstacle à la sagesse. C'est là une idée dont nous verrons qu'on la retrouve aussi au cœur du bouddhisme (voir chapitre suivant). Ces réalités imaginaires que sont le passé et l'avenir nous empêchent en effet d'aimer le réel tel qu'il est. La vie bonne, c'est la vie sans espérance ni crainte, l'existence qui consent au destin, réconciliée avec le cosmos divin, harmonieux et bon.

Ce que j'en pense

Le sage est celui qui parvient à regretter un peu moins ce qu'il a vécu dans le passé, à espérer un peu moins dans l'avenir afin d'être capable d'aimer le présent. En ce sens, à l'encontre de ce qui sera l'un des piliers du christianisme, l'espérance est aux yeux des stoïciens comme des bouddhistes le pire des maux. Comme le dira encore Spinoza, « il n'est pas d'espoir sans crainte ». Espérer la santé, c'est être malade, espérer la richesse, c'est être pauvre, espérer l'amour, c'est ne pas être aimé, etc. Bref, l'espérance, dans la perspective de ces sagesses anciennes, est une négativité.

Citation

> Sénèque, *Lettres à Lucilius* : « Notre objectif n'est-il pas de vivre en accord avec la nature ?... Je vais partager avec toi cette utile petite leçon du jour. J'ai trouvé chez Hécaton [*il s'agit d'Hécaton de Rhodes, un philosophe stoïcien du Ier siècle avant J.-C., dont on pense qu'il influença Sénèque*] cette idée que la suppression des désirs est un remède efficace contre la peur. "Tu cesseras d'avoir peur, dit-il, quand tu auras cessé d'espérer." Tu me diras peut-être : "Comment peut-on comparer des sentiments aussi différents ?" Mon cher Lucilius, c'est pourtant bien ce qu'on doit faire. Ils ont l'air de diverger, mais en réalité, ils convergent. [...] Derrière l'espoir, il y a toujours la peur, et je ne m'étonne nullement qu'il en aille ainsi. L'espoir et la peur sont tous deux les signes d'une âme qui manque de fermeté, d'une âme qui regarde l'avenir avec angoisse. Tous deux proviennent avant tout du fait qu'au lieu de nous réconcilier avec le présent, nos pensées se projettent vers un futur lointain. Dans ces conditions, la prévoyance, qui est pourtant l'un des dons les plus précieux qui nous soit offert, devient un handicap. Les bêtes sauvages fuient les dangers quand elles les voient. Dès qu'elles les ont évités, elles sont en sécurité. Nous nous torturons avec l'avenir et le passé. »

Une critique de l'attachement

Explications

C'est dans le même esprit que, pour parvenir à la sagesse véritable, il faut être capable d'une attitude de non-attachement à l'égard de ce qui passe, de ce qui est « impermanent » et qui ne dépend pas de nous. C'est là encore une idée qu'on retrouvera dans le bouddhisme. Ce sont en effet nos attachements qui nous condamnent aux tourments de la nostalgie et de l'espérance. La raison qui nous guide et nous invite à vivre conformément à la nature cosmique nous purifie des passions qui troublent la sérénité. Il faut se contenter du présent, savoir savourer l'instant, l'aimer assez pour ne rien désirer d'autre dans l'avenir, ni regretter quoi que ce soit dans le passé – un thème que la psychologie positive ne cesse de remettre au goût du jour mais que les stoïciens exprimaient déjà de manière tout à fait limpide.

Citation

Sénèque, *Lettres à Lucilius*: « Chaque fois qu'un événement contrarie tes attentes, dis-toi ceci: "Les dieux ont mieux jugé que moi." Quand l'âme est ainsi disposée, rien ne peut plus nous troubler, mais on ne parvient à cette disposition de l'âme que si l'on s'est représenté dans toute leur ampleur et avant d'en avoir subi les effets les avanies qui sont inévitablement le lot de toute existence humaine: quand on a des enfants, une femme, des biens, il faut se dire qu'en toute hypothèse on ne les a pas pour toujours et que le jour où on ne les possédera plus, on n'en sera pas pour autant plus malheureux. »

Épictète, *Entretiens*, III: « Quand nous sommes attachés à une chose, le premier et plus important exercice qui puisse nous conduire d'emblée vers le bien consiste à considérer qu'elle n'est pas de celles qu'on ne peut pas nous enlever, qu'il en va pour elle comme d'un vase ou d'une coupe de cristal dont on n'est pas bouleversé parce qu'elle s'est brisée, parce qu'on se souvient de ce qu'elle est. Il en va de même ici: si tu embrasses ton enfant, ton frère ou ton ami, ne te laisse pas aller sans frein à ton imagination [...]. Souviens-toi que c'est un mortel que tu aimes, un être qui n'est pas toi. Il t'a été accordé pour un temps, pas pour toujours, ni sans qu'il puisse t'être un jour enlevé. [...] Quel mal y a-t-il à se murmurer en dedans de soi, quand on embrasse son enfant: "Demain, il mourra..." »

Dès qu'un être est né, il est assez vieux pour mourir. Il faut donc s'abstenir de s'attacher, ce qui ne signifie pas pour autant qu'on doive être insensible ou indifférent. Les stoïciens ont développé une philosophie de l'amitié et ils recommandaient vivement la générosité, le souci des autres, voire la compassion, mais pas l'attachement. C'est évidemment une exigence difficile à mettre en œuvre. Comme ne cesse d'y insister le dalaï-lama dans une perspective proche, le véritable sage, pour ne pas s'attacher, a hautement intérêt à vivre seul – du grec *monos*, qui a donné « moine » et « monastère » en français – s'il ne veut pas céder aux inévitables attachements qu'engendre la vie familiale. Il est bien difficile d'avoir des enfants sans s'attacher à eux. Serait-ce, du reste, vraiment souhaitable? La pratique du non-attachement est difficile à acquérir sans une certaine forme de solitude, sans exercices de sagesse appropriés à la vie monastique, sinon à la vie d'ermite.

Carpe diem (Horace) ou *amor fati* (comme dira Nietzsche)

Le rapport au temps prend alors la forme d'une véritable sacralisation du présent, un présent qui se veut seul réel, puisque seul situé à l'écart de ces deux formes du néant que sont le passé (qui n'est plus) et le futur (qui n'est pas encore). *Carpe diem*, donc !

Pour bien comprendre

Rappelons que la formule est tirée des *Odes* (1, 11, 8), un poème d'Horace rédigé sans doute en l'an 22 (ou 23) avant notre ère. Le vers complet est le suivant : « Carpe diem quam minumum credula postero » (sous-entendu : *diei* = le jour) : ce que l'on peut traduire par : « Cueille le jour [*littéralement, le verbe* carpo *signifie « brouter »*] et sois un minimum préoccupé [credula*: le mot est au féminin car le poème s'adresse à une jeune femme, une certaine Leuconoe*] par le lendemain [*par le jour qui suit*]. »

Explications

Horace, qui s'intéressait à la fois à l'épicurisme et au stoïcisme, reprend là un thème qu'on trouve présent à égalité dans ces deux traditions philosophiques par ailleurs fort opposées entre elles. En fait, ce « présentisme » inspire toute la philosophie grecque. Pourquoi est-il une condition indispensable de la sagesse et de la vie bonne ? La réponse peut être assez simple, et elle est directement liée à ce que nous avons déjà commencé à évoquer à propos de la critique de l'espérance et de l'attachement. Les Grecs pensaient en effet que deux grands maux pèsent sur l'existence humaine : le passé et le futur. Le passé, quand il a été heureux, nous tire en arrière, par un sentiment très puissant que les romantiques exploreront plus tard, la nostalgie – la nostalgie des moments heureux, de l'été dernier, du bon vieux temps, de notre jeunesse, de notre enfance... Mais quand il a été malheureux, il nous tire tout autant en arrière par d'autres passions, celles que Spinoza, le plus ancien des Modernes, les appelait des « passions tristes » : les remords, les regrets, les hontes et les culpabilités qui nous réveillent la nuit. Parvient-on à s'arracher au passé ? On est alors pris par une autre illusion, celle du futur, de l'espérance, de l'idée que « ça ira mieux après ». Comme le dit Sénèque, qui en fait le thème principal de ses fameuses *Lettres à Lucilius*, ces illusions sont funestes : on s'imagine qu'on sera heureux plus tard, quand on aura changé de ceci ou de cela, de chaussures, de coiffure, d'amis, de mari, de femme, de maison, de tout ce que vous voudrez. Mais c'est un mirage, car le passé et le futur ne font en réalité que nous empêcher de vivre au présent. *Carpe diem* ou *amor fati*, les deux formules se rejoignent et se complètent : le sage est celui qui parvient à abandonner les mirages de la nostalgie comme de l'espérance afin d'habiter le seul réel qui soit, le présent.

Lorsqu'Ulysse, à la fin de l'*Odyssée*, retrouve Pénélope, sa femme, Homère nous dit que les dieux « distendent le temps » des retrouvailles dans le lit nuptial afin que les amants puissent passer ensemble une longue et belle nuit d'amour. Combien de temps dure-t-elle ? On ne le saura jamais puisque l'instant est distendu, mais symboliquement, cela signifie que cet instant présent, cet instant où Ulysse cesse enfin d'être dans le passé ou dans le futur, dans la nostalgie d'Ithaque ou dans l'espérance d'Ithaque, n'est plus relativisé par ces deux dimensions funestes du temps. Ce moment présent est ce que Nietzsche appellera joliment « un grain d'éternité ». Le sage est celui qui est capable d'habiter ce présent-là comme s'il était l'éternité.

Citation

Marc Aurèle, *Pensées* : « Voici la morale parfaite : vivre chaque jour comme si c'était le dernier. »

« Tu t'exerceras à vivre dans le seul moment où tu vis, c'est-à-dire dans le présent ; alors, tu pourras passer tout le temps qui te reste à vivre jusqu'à ta mort sans connaître de trouble... » (*op. cit.*)

Sénèque, *Lettres à Lucilius* : « Il faut se débarrasser de ces deux choses : la crainte de l'avenir, le souvenir des maux anciens. Ces derniers ne me concernent plus, quant à l'avenir, il ne me concerne pas encore. »

Marc Aurèle, *Pensées* : « Tout ce que tu souhaites atteindre en pensant qu'il te faudra passer par un long détour, tu peux en réalité l'avoir dès maintenant, si du moins tu ne t'empêches pas toi-même d'y parvenir. Il suffit de laisser de côté le passé, de confier l'avenir à la providence et d'orienter l'action présente vers la piété et la justice... Souviens-toi que nous ne vivons jamais ailleurs que dans le moment présent, dans l'instant. Le reste, c'est le passé, ou un avenir opaque. L'étendue véritable de la vie est donc fort mince. »

Sénèque, *Lettres à Lucilius* : « Les événements du passé ne me concernent plus et l'avenir ne me concerne pas encore... »

En finir avec la nostalgie, donc, mais plus encore avec l'espérance, une passion dont nous avons vu qu'elle réintroduisait en nous une négativité en même temps que la peur de la mort.

Ce que j'en pense

Il y a bien entendu une part de vérité dans cette conception de notre rapport au temps et à la joie. Il existe en effet dans nos vies des moments de grâce, des moments où on oublie enfin le passé et le futur au profit d'un instant d'harmonie avec soi comme avec les autres et avec le monde. Simplement, il me semble, et là je m'écarte assez radicalement de ces sagesses anciennes comme de leur reprise par la psychologie positive, que ces moments sont l'exception, pas la règle, et qu'ils ne doivent surtout pas nous empêcher de travailler à comprendre le passé pour préparer et si possible améliorer l'avenir. Là me semble être l'erreur fondamentale, malgré un point de départ séduisant, de ce présentisme radical.

Anticiper le malheur, vivre au futur antérieur comme condition du *Carpe diem*

Le futur antérieur est le temps idéal pour se préparer à habiter le présent. En voici la formule la plus simple et la plus parlante : « Quand la catastrophe aura lieu, je m'y serai préparé. » C'est dans cet esprit que les stoïciens définissent le sage comme celui qui a pris conscience de l'impermanence de toute chose et qui, pour cette raison même, évite les attachements afin de se préparer chaque jour aux coups malheureux du sort. Celui qui adopte ainsi le point de vue de l'harmonie générale se prépare ainsi à accepter les maux qui affectent nécessairement la condition humaine, tels que la maladie, les deuils, la vieillesse et la mort.

Citation

> Sénèque, *De la tranquillité de l'âme* : « Il n'arrive rien au sage contre son attente [...] car ce qui lui advient lui advient non pas selon ses désirs, mais selon ses prévisions. Or il prévoit toujours bien en avance le fait que des obstacles peuvent toujours contrecarrer ses projets. Du reste, on voit bien que la peine causée par une déception est fort allégée quand on ne s'est pas promis d'avance et à coup sûr la réussite. »
>
> Sénèque, *Lettres à Lucilius* : « N'étant qu'un être humain, je me prépare aux accidents inhérents à la condition humaine. Lorsqu'on s'est représenté un mal à l'avance, son choc s'en trouve bien amorti. [...] Voilà pourquoi le sage apprivoise les maux à venir. [...] Quoi qu'il advienne, il peut dire : "Je m'y attendais." »

En quoi, plus encore peut-être que le présent (mais les deux sont dans cette perspective inséparables), c'est le futur antérieur qui s'avère être le véritable temps de la sagesse.

Philo-sophia : des exercices pratiques, pas des discours

Explications

L'amour de la sagesse (*philo-sophia*) n'est pas encore la sagesse. Pour accéder à celle-ci, il faut des exercices concrets, qui concernent presque tous le rapport au temps, puisqu'il s'agit de se libérer des angoisses de la finitude. Stoïciens et cyniques recommandaient des exercices de sagesse à leurs élèves. On raconte qu'ils les obligeaient, par exemple, à tirer un poisson mort sur la place publique, les jours de marché à Athènes – ou à Rome, du reste. Évidemment, on se moquait du malheureux élève qui tirait son poisson comme un petit chien au bout d'une laisse : il était victime de tous les quolibets possibles et imaginables. Quel était le but de l'exercice ? Il visait à apprendre à l'élève, justement, à se moquer du qu'en-dira-t-on, afin de se *convertir*, c'est-à-dire de détourner son regard des conventions artificielles pour le tourner vers la nature, vers l'ordre cosmique. La finalité de cet exercice était de commencer à porter un œil neuf sur l'ordre cosmique afin de le comprendre (par la *théôria*).

Ce que j'en pense

On mesure ici à quel point cet enseignement était un enseignement pratique. Il s'agissait à proprement parler *d'apprendre à vivre*, et pas simplement d'apprendre à parler ou même à penser. La sagesse était d'abord et avant tout une sagesse pratique, même si elle devait passer, comme je vous l'ai dit, par beaucoup de théorie.

Pour bien comprendre

Diogène Laërce évoque dans le même sens un deuxième exercice. Il raconte que Cratès (le maître de Zénon, l'un des plus grands penseurs de la tradition cynique), qui habitait une grotte assez infâme à Athènes et qui était marié à une femme, Hipparchia, dont on dit qu'elle était très belle, prenait soin de faire l'amour en public avec elle. On dit de lui qu'il était très sale – c'est en tout cas l'image que l'on en a, mais c'est sans doute plus une métaphore ou un symbole qu'une réalité, car bien évidemment, toutes ces biographies sont mythiques : elles ont une signification philosophique, et il ne faut sans doute pas les prendre au pied de la lettre.

On dit que lorsque Cratès faisait l'amour avec Hipparchia, il prenait soin de lever le rideau qui fermait sa caverne afin que tout le monde en profite, ce qui, bien évidemment, « choquait le bourgeois ». C'était du reste le but, puisqu'il s'agissait au fond de leur adresser le message suivant : « Vivez si vous voulez selon les conventions artificielles, moi je vis selon la nature, et faire l'amour avec sa femme n'a rien de scandaleux, n'a rien d'antinaturel, c'est au contraire parfaitement conforme à l'ordre du monde. » Il obéissait donc à une double stratégie qui consistait bien sûr à « choquer le bourgeois » mais aussi à se déprendre soi-même du regard des autres, pour vivre enfin dans la sagesse cosmologique.

Apprendre à lâcher prise en distinguant ce qui dépend de nous et ce qui n'en dépend pas

Pour parvenir au bonheur, à la sérénité, il faut donc apprendre à distinguer ce qui dépend de nous et ce qui n'en dépend pas. C'est le seul moyen de parvenir à lâcher prise face à ce qui nous échappe. Certaines choses dépendent de nous : ce sont celles qui relèvent de notre vie intérieure, par exemple nos jugements de valeur, les appréciations que nous portons sur le monde et sur les autres. Bref, nos aversions, nos goûts et nos dégoûts. Ils relèvent de la vie intérieure et, pour les stoïciens, ils relèvent de notre liberté : on peut choisir d'aimer le monde ou de le détester. On peut choisir de se révolter ou d'accepter. Voilà la liberté que nous accorde la philosophie stoïcienne. Encore faut-il ajouter que ce n'est qu'une liberté intérieure, qui ne peut pas vraiment transformer le monde extérieur puisque celui-ci est complètement déterminé.

Ce que j'en pense

Est-ce contradictoire ? Personnellement, je dois vous l'avouer, je pense que le déterminisme absolu est contradictoire. Je pense que, comme dans le spinozisme, les grands penseurs déterministes ne peuvent jamais s'empêcher de réintroduire de manière subreptice, à vrai dire tout à fait incohérente au regard de leur propre doctrine, un minimum de libre arbitre, ne serait-ce que pour expliquer cette liberté de choix qui nous permet d'opter pour la sagesse ou au contraire de rester dans la vie ordinaire. Nous y reviendrons très en profondeur quand je vous parlerai de Spinoza. Mais notez déjà que, dès l'Antiquité, par exemple chez Plutarque, quantité de critiques touchant cette question sont déjà formulées : une liberté purement intérieure est-elle vraiment une liberté ? Une liberté qui ne peut avoir aucun effet dans le monde a-t-elle encore un sens ? Et du reste, si tout est déterminé par l'enchaînement des causes et des raisons, pourquoi la vie psychique devrait-elle échapper au déterminisme ? Oui, tout cela n'est pas très cohérent, il faut bien l'avouer. Je vous propose malgré tout de faire abstraction de ces difficultés pour essayer de comprendre de l'intérieur la pensée stoïcienne. Car en dépit de ses contradictions, elle reste malgré tout puissante à bien des égards et c'est cela qu'il faut d'abord essayer de comprendre.

C'est là sans doute la thèse la plus célèbre de la philosophie stoïcienne. Voici ce que dit le *Manuel* d'Épictète à ce sujet :

Citation

« Certaines choses dépendent de nous, d'autres n'en dépendent point. Ce qui dépend de nous, ce sont nos jugements, nos inclinations, nos désirs, nos aversions, bref, tout ce qui relève notre âme ; ce qui ne dépend pas de nous, c'est le corps, la fortune, les témoignages de considération, les charges publiques, bref, tout ce qui ne relève pas de notre âme [*œuvre*].

Souviens-toi donc que si tu regardes comme dépendant de ta liberté ce qui par nature est déterminé, et si tu considères comme t'appartenant ce qui ne t'appartient pas, tu seras contrarié, mortifié et troublé de sorte que tu t'en prendras aux dieux comme aux hommes ; mais si tu ne regardes comme t'appartenant que ce qui est à toi, et si tu regardes comme ne t'appartenant pas ce qui, en effet, ne t'appartient pas, rien ni personne ne te contraindra jamais. »

Le sage, comme plus tard chez Spinoza et pour les mêmes raisons, est celui qui a vaincu les passions tristes

Les choses qui dépendent de nous forment la « citadelle intérieure », pour reprendre la formule de Pierre Hadot. Ce *forum* intérieur, c'est le siège de nos pensées, qui seules dépendent de nous. Derrière cette conviction se profile l'idée que même un esclave peut être parfaitement libre (comme c'est, du reste, le cas d'Épictète).

Citation

Sénèque, *Lettres à Lucilius* : « Le destin guide ceux qui lui obéissent et traîne de force ceux qui lui sont rebelles. »

Épictète, *Manuel* : « Ne cherche pas à ce que ce qui arrive arrive comme tu le veux, mais veuille que ce qui arrive arrive comme il arrive, et tu seras heureux. »

Le sage authentique doit donc parvenir à être heureux même dans les épreuves qui, pour l'ignorant, sont les plus insupportables, voire, si l'on en croit Plutarque, dans une salle de torture :

Citation

« On objectera qu'il est préférable de "reposer sur un lit de roses", selon l'expression de Sénèque, plutôt que d'être étendu nu sur un chevalet de torture. Eh bien non, justement ! Car si l'on est plus vertueux en supportant le chevalet et si la constance dans l'épreuve l'emporte sur la frivolité dans les plaisirs, la torture sera pour nous un bien. » (*De la sérénité intérieure*)

Les sentences stoïciennes abondent, qui vont dans ce sens, qui nous invitent à aimer le destin, des conseils que la psychologie positive et les idéologies du bonheur tentent d'actualiser sur un mode évidemment plus *soft*. En effet, si l'on ne cherche pas à améliorer le réel, à changer le monde, si on l'accepte en toutes circonstances tel qui est, même quand il est atroce, on ne risque pas d'être déçu... Dans le même esprit, on lit ceci chez Sénèque, qui franchit encore un cran dans ce qui m'apparaît, je dois l'avouer, comme une formidable aspiration à la servilité : « Réconcilie-toi avec le destin qui fait tout disparaître... Les destins conduisent celui qui accepte et traînent celui qui refuse. » L'être humain, ajoute Sénèque, est comme un petit chien attaché à un chariot : s'il consent à son sort, il marchera en bonne entente avec l'attelage, mais s'il le récuse, rien ne sera changé sinon qu'il sera tiré de force, qu'il aura les pattes en sang et qu'il souffrira le martyr, voilà tout !

La victoire sur la mort

À quoi bon contempler l'ordre du monde ? Pourquoi s'efforcer de s'ajuster au cosmos ?

Explications

L'interrogation ultime du stoïcisme, comme de toute philosophie, est celle qui touche au salut. La philosophie stoïcienne prétend apporter une réponse au défi de la finitude, par-delà les fausses consolations de la procréation et de la gloire. Platon et Aristote avaient évoqué la possibilité pour le sage de conserver un lien avec l'éternité, c'est-à-dire avec le divin ordonnancement cosmique, à travers la médiation de l'intellect et de l'activité contemplative. Les stoïciens ajoutent cette idée que la mort n'est pas un anéantissement mais une transformation, le passage d'un mode d'être à un autre au sein de l'éternel univers dont nous ne sommes jamais qu'un fragment. Il faut, selon la formule d'Épictète, apprendre « à vivre et à mourir comme un dieu », c'est-à-dire comme un être conscient du fait que, mortel en un sens, il n'en est pas moins immortel en un autre en tant que lui-même fragment de l'ordre cosmique éternel.

Voici encore quelques paroles de philosophes qui vont dans ce sens :

Citation

Marc Aurèle, *Pensées* : « Si un Dieu te disait que tu mourrais demain et si pas demain, à tout le moins au plus tard après-demain, si tu n'es pas atteint d'une insigne lâcheté, tu ne ferais pas une grande différence entre mourir le troisième jour au lieu de mourir le second, car ce petit sursis n'aurait guère d'importance. Eh bien, dis-toi qu'il en va de même et que ce n'est pas une grande affaire que de mourir après de longues années... En bref, il faut toujours s'efforcer de se représenter les choses humaines comme éphémères et de peu de prix. Il faut donc passer l'infime durée de vie qui nous est impartie en se conformant à la nature et quitter la vie avec sérénité, comme une olive mûre tombe en rendant grâce au sol qui l'a produite ainsi qu'à l'arbre qui l'a portée. »

Épictète, *Entretien* : « As-tu bien conscience que l'origine de tous les maux pour l'homme, de la bassesse comme de la lâcheté, c'est la crainte de la mort ? Exerce-toi à la surmonter et qu'à cela tendent toutes tes paroles, toutes tes études, toutes tes lectures et tu sauras que c'est le seul moyen pour les humains de se rendre libres. »

Sénèque, *Lettre à Lucilius* : « Nous mourons chaque jour. De fait, chaque jour nous retire une portion de vie [...]. La mort ne réside donc pas seulement dans la dernière heure où nous cessons d'exister, elle ne fait qu'y mettre un terme... »

Épictète, *Entretiens* : « Les feuilles tombent, la figue sèche remplace la figue fraîche, le raisin sec la grappe mûre, voilà, selon toi, des paroles de mauvais augure ! En fait, il n'y a là que la transformation d'états antérieurs en d'autres états. »

Marc Aurèle, *Pensées* : « Tu existes comme partie, mais tu disparaîtras dans le tout qui t'a produit, ou plutôt, c'est par une simple transformation que tu seras recueilli dans sa raison séminale. »

DANS CE CHAPITRE

Un rapprochement entre le bouddhisme et le stoïcisme

•

Le rappel des grands thèmes du bouddhisme

•

Les notions d'impermanence et de non-attachement

Chapitre 6
Bouddhisme et stoïcisme

Le premier philosophe occidental à s'intéresser sérieusement au bouddhisme, à ne pas chercher à le tourner en dérision ou à le caricaturer est sans doute Schopenhauer. Il y voyait avant une sagesse de vie, mais aussi une sagesse de la mort, une doctrine du salut selon laquelle on ne peut se sauver du malheur et de la finitude qu'en les affrontant chaque jour dans sa vie. Comme le dit le dalaï-lama, il faut apprendre à conduire sa vie « comme en mourant mentalement chaque jour ». Nous allons donc rencontrer dans le bouddhisme huit thèmes fondamentaux qui sont pratiquement tous communs avec la sagesse stoïcienne.

L'univers est un cosmos : dans le monde, rien n'est séparé, tout est relié

Comme presque toutes les sagesses anciennes (l'exception majeure est l'épicurisme), le bouddhisme, en cela très proche du stoïcisme, est une cosmologie. C'est par exemple dans cette perspective qu'il nous invite à réfléchir au spectacle qu'offre la mer, cette étendue d'eau au sein de laquelle rien ne peut finalement être séparé de rien, comme le dit Sogyal Rinpoché, dans son maître ouvrage, *Le Livre tibétain de la vie et de la mort*[1] (aux Éditions de la Table ronde, avec une préface du dalaï-lama) :

Citation

« Imaginez une vague à la surface de la mer. Vue sous un certain angle, elle semble avoir une existence distincte, un début et une fin, une naissance et une mort. Perçue sous un autre angle, la vague n'existe pas réellement en elle-même, elle est seulement le comportement de l'eau, "vide" d'une identité séparée, mais "pleine" d'eau. Si vous réfléchissez sérieusement à la vague, vous en venez à réaliser que c'est un phénomène rendu temporairement possible par le vent et l'eau qui dépend d'un ensemble de circonstances en constante fluctuation. Vous vous apercevez également que chaque vague est reliée à toutes les autres. Si vous regardez de près, rien ne possède d'existence intrinsèque. C'est cette absence d'existence indépendante que nous nommons "vacuité". Prenez un arbre : vous aurez tendance à le percevoir, comme la vague, en tant qu'objet clairement défini, ce qui est vrai à un certain niveau. Mais un examen attentif vous montrera qu'en fin de compte, il ne possède pas d'existence indépendante… car il se dissout en un réseau extrêmement subtil de relations s'étendant à l'univers entier : la pluie qui tombe sur les feuilles, le vent qui l'agite, le sol qui le nourrit et le fait vivre, les saisons et le temps, la lumière de la lune, des étoiles et du soleil, tout cela fait partie de l'arbre… C'est ce que nous entendons quand nous disons que les choses sont vides, qu'elles n'ont pas d'existence indépendante. »

Apprendre à vivre au futur antérieur : *Praemeditatio malorum*

Explications

Comme les stoïciens là encore, le dalaï-lama nous invite à réfléchir sans cesse aux souffrances des humains, aux tourments de la naissance, au vieillissement, à la maladie, à la fin de vie. Il faut s'habituer à la souffrance et à la finitude. En raison de sa familiarité avec la mort, le sage sera prêt à l'accepter quand il finira par la rencontrer. Il faut donc penser constamment aux catastrophes susceptibles de survenir, de façon à s'y préparer. Il faut donc s'habituer à vivre au futur antérieur, pratiquer ce que les stoïciens appelaient la *praemeditatio malorum* (« prévoir les maux et s'y attendre ») et se dire sans cesse : « Quand la catastrophe aura eu lieu, je m'y serai préparé. » Il ne faut pas, comme les autruches, enfouir sa tête dans

1. © Éditions de La Table Ronde, 1993.

le sable, éviter à tout prix de songer à la mort ainsi qu'aux divers maux de la vie humaine, mettre la poussière sous le tapis. Non, il faut au contraire faire de la mort un objet constant de méditation de sorte que quand elle surviendra, elle ne nous prendra pas au dépourvu, nous y serons préparés.

C'est dans cet esprit qu'un des meilleurs interprètes du bouddhisme, Sogyal Rinpoché, dans le livre que nous avons déjà évoqué, cite Montaigne dont les propos rejoignent l'inspiration fondamentale des sagesses anciennes d'Orient et d'Occident. Comme elles, Montaigne dénonce la folie de ces foules d'humains qui s'agitent sans jamais réfléchir à l'arrêt qui les attend pourtant tous, ces fous que la mort surprend et abat pour ainsi dire en plein vol. Comme les sages d'Orient encore, il recommande de penser sans cesse à la mort, de l'apprivoiser, afin que, lorsqu'elle survient, on ne soit pas pris au dépourvu :

Citation

> « Il n'est place sur terre où la mort ne nous puisse trouver... Ils vont, ils viennent, ils trottent, ils dansent, de mort nulles nouvelles. Tout cela est beau. Mais aussi quand elle arrive, ou à eux, ou à leurs femmes, enfants et amis, les surprenant à l'improviste et sans défense, quels tourments, quels cris, quelle rage et quel désespoir les accablent...
>
> Pour commencer à lui ôter son plus grand avantage contre nous, prenons une voie toute contraire à la voie commune. Ôtons-lui l'étrangeté, pratiquons-la, accoutumons-la, n'ayons rien si souvent en tête que la mort. [...] Il est incertain où la mort nous attende, attendons-la partout. La préméditation de la mort est préméditation de la liberté. Le savoir mourir nous affranchit de toute sujétion et contrainte. » (Montaigne, *Essais*)

À retenir

D'où le fameux thème que Montaigne reprend aux anciens, et qu'on trouve déjà chez Platon, « que philosopher, c'est apprendre à mourir ».

Penser conjointement l'impermanence et le non-attachement

Un troisième précepte de vie touche conjointement à l'impermanence et au non-attachement, un lien qui est au cœur des « quatre nobles vérités », la première étant justement que le monde est impermanent. La deuxième, c'est que la sagesse suprême, le contraire de la folie, consiste par conséquent à vivre dans le non-attachement, car plus vous vous attachez à un être, quel qu'il soit, plus vous

vous préparez à la souffrance, ce qui est pure folie. Comme chez les stoïciens là encore, le non-attachement ne veut pas dire indifférence, il ne se confond pas avec l'absence de compassion vis-à-vis de ceux qui souffrent.

Explications

Le bouddhisme, comme le stoïcisme, et d'ailleurs pour les mêmes raisons, est une philosophie de la compassion et de la pitié et même, très clairement, une philosophie de l'amitié. Sogyal Rinpoché nous propose ainsi de réfléchir à cette expérience si fréquente dans les couples : c'est souvent au moment d'une séparation (divorce ou mort) que nous prenons conscience de la douleur qui s'associe à la perte. Dans la vie de tous les jours, nous avions oublié combien nous aimions notre conjoint, mais quand il s'en va, quelle qu'en soit la raison, nous sommes dévastés. Alors nous nous accrochons, nous tentons de réparer les choses, mais plus nous voulons posséder, plus nous sommes dans la logique de l'avoir, et plus nous devenons pesants et plus nous faisons fuir l'autre. Nous croyons à tort que pour retenir le bonheur qui s'enfuit...

Citation

« [...] il nous faut tenir l'objet qui selon nous assurera ce bonheur. Nous nous demandons comment il est possible d'apprécier quelque chose si nous ne pouvons le posséder. Combien nous confondons attachement et amour ! Même dans le cadre d'une relation heureuse, l'amour est dénaturé par l'attachement avec son cortège d'insécurité, de possessivité et d'orgueil. Puis, une fois l'amour parti, il ne nous reste plus que les souvenirs de l'amour, les cicatrices de l'attachement. Que pouvons-nous donc faire pour triompher de cet attachement ? Tout simplement en réaliser la nature impermanente. Cette réalisation nous libérera peu à peu de son emprise. Nous aurons alors un aperçu de ce que les maîtres décrivent comme l'attitude juste face au changement : être semblable au ciel qui regarde passer les nuages... Si nous nous efforçons de suivre les conseils du maître et nous libérons peu à peu de l'attachement, une grande compassion se fera jour en nous. » (*Le Livre tibétain de la vie et de la mort, op. cit.*)

Ce que j'en pense

Où l'on voit, là encore, une très grande proximité entre bouddhisme et stoïcisme. Rien d'étonnant, dans ces conditions, à ce que la psychologie positive et les théories du développement personnel qui prétendent aujourd'hui délivrer des leçons de bonheur aux malheureux modernes se tournent à égalité vers ces deux sagesses anciennes.

Seul moyen d'éviter les attachements : entrer dans la vie monacale

Le bouddhisme culmine dans un éloge de la vie monastique : le sage vit, certes, avec d'autres sages, dans un monastère, mais il y séjourne libre de tout lien, dans ce non-attachement que la vie de famille ne permet pas. Voici sur ce thème un passage très significatif extrait d'un livre du dalaï-lama, *La Voie de la liberté* (traduction de Claude Levenson, Calmann-Lévy, 1995) :

Citation

> « À tant se préoccuper de cette vie, on tend à travailler pour ceux qu'on aime bien, nos proches, nos amis, et on s'efforce à ce qu'ils soient heureux. Si d'autres essaient de leur nuire, on leur colle aussitôt l'étiquette d'ennemis. De la sorte, les illusions telles que le désir et la haine croissent comme une rivière en crue d'été. »

Et il ajoute ceci :

Citation

> « Parmi les humains, la vie profane [*le contraire de la vie monastique*] est bourrée de turbulences et de problèmes. Et les laïcs sont impliqués dans toutes sortes d'activités qui ne favorisent guère l'exercice du *dharma* [*l'enseignement du Bouddha, l'exercice de la sagesse*], la vie monastique est beaucoup plus favorable, dit-on, à la pratique en vue d'en finir avec ce cycle [*le cycle du* samsara *et de ses réincarnations perpétuelles qui nous renvoient vers la souffrance*]. Selon Tsong-ka-pa, réfléchir aux difficultés et aux désavantages de la vie laïque, ainsi qu'aux avantages de la vie monacale, renforce l'engagement dans celle-ci, si vous en avez pris la vie. Pour quiconque n'a pas encore choisi ce mode de vie, y réfléchir laisse une très forte empreinte karmique sur l'esprit. » (*op. cit.*)

Déconstruire les illusions du moi

Pour comprendre que la réalité du monde est l'impermanence, que s'attacher est dans ces conditions pure folie, que l'amour véritable ne se situe pas dans la pesanteur de l'attachement, mais dans la légèreté du laisser-être, il est une condition essentielle : il faut apprendre à se débarrasser de l'ego, il faut déconstruire le plus radicalement possible les illusions du moi. Le premier pas vers la sagesse, c'est le « lâcher-prise », comme on dit aujourd'hui, la déconstruction des illusions de cet ego attaché à ses possessions – car c'est toujours lui qui est attaché. Je suis attaché à *mes* enfants, à *ma* maladie, à *ma* souffrance, à *mes* avoirs, à *mes* amis, etc. C'est toujours le moi qui, dans cette histoire, apparaît en premier. Le vecteur le plus profond de l'attachement est donc l'ego : c'est de lui qu'il faut d'abord et avant tout se déprendre. Tant qu'on n'est pas débarrassé des illusions du moi, on est voué à la réincarnation, qui n'a pas le visage riant que lui prêtent ceux qui ne connaissent pas le bouddhisme et qui confondent résurrection et réincarnation.

Se débarrasser des illusions de l'espérance

Explications

L'espérance est de ce point de vue la passion la plus funeste qui soit, car c'est une pure « négativité ». Nous l'avons dit en parlant du stoïcisme : quand je suis malade, et que j'espère être guéri un jour, c'est que je ne jouis pas de ce bien qu'est la santé. Mais pire encore, je ne sais pas quand elle reviendra et, la plupart du temps aussi, il ne dépend pas forcément de moi de la faire advenir. Frustration, ignorance, impuissance : telles sont les caractéristiques de l'espérance, cette passion qui nous empêche d'habiter le présent, de séjourner paisiblement dans l'ici et le maintenant.

Le sage est celui qui ne vit pas dans les regrets, les nostalgies, les culpabilités ; il ne vit pas dans le passé, mais il ne vit pas non plus dans l'espérance, dans le futur. La première chose à faire, une fois qu'on a déconstruit les illusions du moi, c'est donc de se débarrasser des illusions de l'espérance, toujours liées à la crainte. Nous sommes ici à l'opposé du message christique. Jean Paul II a publié un ouvrage intitulé *Entrez dans l'espérance*, le sage bouddhiste, quant à lui, vous dira plutôt : « Surtout, n'y entrez pas ! » Si nous voulons parvenir à habiter le présent, à nous débarrasser des illusions de la fuite en avant et de la consommation, si nous voulons parvenir à faire en sorte que l'instant soit un fragment d'éternité, il faut se sortir de la logique de l'espérance.

Un aphorisme hindou du XVe siècle dit la même chose, tout à fait en accord avec la tradition bouddhiste : « Le désespéré est heureux, car l'espoir est la plus grande douleur et le désespoir la plus grande béatitude. »

À retenir

Il faudrait écrire *dés-espoir* avec un trait d'union pour qu'on comprenne bien qu'il ne s'agit évidemment pas de faire l'éloge de la tristesse et du malheur, mais au contraire de la joie qui naît, selon les bouddhistes, de la déprise des illusions de l'espérance et de l'abandon de toute sacralisation de l'ego.

Voyager léger pour mourir légèrement

Nous voici parvenus à la conclusion qu'il faut apprendre à « voyager léger ». Qu'est-ce que cela signifie ?

Explications

Au moment de la mort, celui qui va mourir doit s'être débarrassé de tous les liens qui le rattachent à la vie, qui par conséquent l'angoissent et l'empêchent de partir. S'il faut se défaire de tous les attachements, que ce soit à des biens ou à des personnes, c'est donc aussi pour pouvoir s'en aller le cœur léger, enfin libéré de cette angoisse qui fait courir les croyants en quête de l'immortalité. En d'autres termes, il faut parvenir à privilégier en toutes circonstances l'être sur l'avoir.

Ne pas confondre résurrection et réincarnation

Pour bien comprendre

Dans le christianisme, la résurrection – pensez au fameux épisode de la résurrection de Lazare –, c'est le salut même : nous sommes, telle est la promesse du Christ qui est « la bonne nouvelle » par excellence, sauvés par l'amour. La réincarnation, dans le bouddhisme, n'a en revanche rien à voir avec le salut. C'est même une espèce radicale de punition : elle signifie que, faute de sagesse, on est renvoyé dans le *samsara*, c'est-à-dire dans un océan de souffrances où la série indéfinie des réincarnations nous replonge sans cesse, du moins tant que nous ne parvenons pas à l'éveil, c'est-à-dire à cette déprise du moi qui nous permet de nous fondre enfin dans le cosmos éternel. Celui qui n'a pas réussi à se libérer des illusions de l'ego n'accède pas au *nirvana*, contrairement au sage qui, lui, est enfin sauvé du retour permanent dans le *samsara*.

À retenir

Voilà sans doute, sur un plan philosophique, le message fondamental d'un bouddhisme qui s'oppose à cet égard radicalement aux philosophies du sujet qui, héritage direct du christianisme, vont dominer l'Occident à partir de Descartes. André Comte-Sponville a formulé cette idée avec force : « Le sujet, le moi, n'est pas ce qu'il faut sauver, mais ce dont il faut se sauver. » Autrement dit : le sujet, ou le moi, n'est pas ce qu'il faut libérer, comme nous le pensons dans la philosophie occidentale d'inspiration largement chrétienne : il faut chercher à émanciper les individus, les rendre plus libres, plus autonomes, plus conscients.

On entreprend parfois une analyse pour se libérer des illusions qui vous déterminent et vous empêchent d'être vraiment libres, pour se libérer du poids du passé, de ses difficultés, pour parvenir à penser par soi-même, à être soi, etc. Ici, le moi est ce dont il faut *se* libérer.

Ce que j'en pense

Oserai-je vous avouer que ces grands thèmes du stoïcisme et du bouddhisme ne me convainquent guère ? Pas plus que je ne me jetterai pas à l'eau pour éviter la pluie, je n'abandonnerai l'amour humain et les attachements qu'il implique, pour ne pas être voué à la souffrance. J'ai le sentiment qu'une sagesse de l'amour est possible qui ne passe pas nécessairement par le « non-attachement », encore moins par la vie monastique. Mais c'est une autre histoire et je tenais seulement ici à présenter le plus objectivement possible quelques aspects fondamentaux de ces deux sagesses anciennes.

Partie 2
La philosophie moderne

Dans cette partie

Nous allons voir dans cette deuxième partie comment, avec la naissance de la philosophie moderne, de nouvelles conceptions de la connaissance, de la morale et de la sagesse (de la définition de la vie bonne et du salut) font leur apparition. Bien entendu, il existe, comme nous allons le voir, des différences considérables entre les diverses philosophies modernes : les idées fondamentales de Descartes, Hume ou Kant sont parfois tout à fait opposées entre elles. Reste qu'elles ont malgré tout un point commun qui marque une rupture avec les cosmologies grecques : à la différence de ce qui se passait dans les sagesses du monde, les réponses qu'elles entendent apporter aux différentes questions fondamentales de la philosophie ne s'enracinent plus dans le cosmos, mais dans l'être humain, en quoi on peut dire que la philosophie moderne coïncide pour l'essentiel (le cas de Spinoza étant à certains égards l'exception) avec la naissance de l'humanisme.

DANS CE CHAPITRE

Pic de la Mirandole, fondateur de l'humanisme moderne
•
La Renaissance et l'origine de la philosophie moderne
•
L'humanisme et la liberté contre le matérialisme
•
L'opposition homme/animal grâce à l'éducation, la culture et la politique

Chapitre 7
La naissance de la philosophie moderne

Humanité et animalité

Pour bien comprendre

Contrairement à une idée reçue, et souvent ressassée depuis Hegel et Heidegger, la naissance de la philosophie moderne, c'est-à-dire de l'humanisme ou, pour parler comme Heidegger, de la « métaphysique de la subjectivité », ne commence pas avec Descartes. Elle remonte en réalité à la Renaissance et au débat qui s'instaure alors sur la question de la différence entre humanité et animalité. L'humanisme naissant suppose en effet qu'on précise les qualités spécifiques de l'être humain par rapport à ce qui est au-dessus (les anges) et au-dessous de lui (les animaux). Dans la mesure où la philosophie moderne et humaniste entend valoriser l'être humain par opposition à tous les autres êtres réputés inférieurs ou supérieurs, il faut bien qu'elle tente d'indiquer en quoi l'Homme est la créature la plus admirable qui soit. D'où la prolifération d'ouvrages consacrés à partir de la Renaissance à la différence spécifique entre l'Homme et l'animal.

Il faut dire que cette différence ne va nullement de soi. En effet, pour qu'elle ait un sens sur le plan éthique et spirituel, il faut qu'elle implique un rapport aux valeurs. Or il existe des quantités de différences entre l'être humain et les « autres » animaux qui n'ont aucune signification, ni sur le plan éthique, ni sur le plan spirituel, de sorte qu'elles ne qualifient pas l'être humain comme supérieur moralement. Par exemple, fumer la pipe, fabriquer des boîtes de conserve ou conduire une voiture sont des activités spécifiques aux humains, pour autant, elles n'indiquent rien de grandiose sur le plan moral.

Pic de la Mirandole ou la véritable naissance de la philosophie moderne

Explications

Si l'humanisme postule que rien n'est plus admirable que l'Homme, il ne saurait donc se dispenser de préciser en quoi et pourquoi. Or c'est là justement ce que Pic de la Mirandole se propose de faire, à la fin du XVe siècle, dans son fameux *Discours sur la dignité humaine.* Et pour commencer, aux yeux de Pic, si l'humain est admirable, ce n'est certainement pas, comme le prétendaient les Anciens, en tant que créature intermédiaire entre les bêtes et les anges, car si c'était le cas, il est clair qu'on devrait admirer bien davantage les anges que les Hommes. Voici le texte de Pico, qu'il faut lire soigneusement parce qu'il est tout simplement fondateur de l'humanisme moderne et, avec lui, des philosophies de la subjectivité et de la liberté dont Descartes sera certes un moment clé, mais certainement pas le premier :

Citation

> « Très vénérables pères ! J'ai lu dans les écrits des Arabes qu'Abdallah, le Sarrasin, à qui l'on demandait qui était, sur cette sorte de théâtre qu'est le monde, le spectacle le plus digne d'admiration, répondit qu'il ne voyait rien de plus admirable que l'homme – opinion que rejoint le fameux mot d'Hermès : "C'est un grand miracle, ô Asclépios, que l'homme". Or méditant sur le sens de ces sentences, je n'étais pas satisfait par les nombreux arguments qui sont avancés de toutes parts en faveur de la supériorité de la nature humaine. L'homme, dit-on, est un intermédiaire entre les créatures, familier des supérieures, roi des inférieures [...]. Ces arguments sont certes importants mais point décisifs [...]. Finalement j'ai cru comprendre pourquoi l'homme est le mieux loti des êtres vivants et pour cette raison le plus digne d'admiration [...]. » (*Œuvres philosophiques*, « De la dignité de l'homme », trad. Olivier Boulnois et Guiseppe Tognon, PUF, 1993)

Et la réponse de Pic tient en un mot : liberté ! L'Homme, va-t-il expliquer dans sa réponse en s'inspirant du mythe de Prométhée tel qu'il est exposé dans un dialogue de Platon (*Protagoras*, 320d-322d), est le seul être qui soit doué de libre arbitre, d'une faculté de choix entre le bien et le mal. Voici comment Pic adapte dans son *Discours* le mythe grec aux conditions de son accord avec le christianisme :

Citation

> « Déjà Dieu, le Père, architecte souverain, avait forgé selon les lois de sa sagesse impénétrable l'auguste temple de sa divinité, cette demeure du monde que nous voyons... Mais une fois l'ouvrage terminé, l'artisan désirait qu'il y eût quelqu'un pour admirer la raison d'une telle œuvre, pour en aimer la beauté et en admirer la grandeur. C'est pourquoi, selon le témoignage de Moïse et de Timée, quand toutes choses furent achevées, il songea en dernier lieu à créer l'homme. Mais il n'y avait plus dans les archétypes de quoi forger une nouvelle lignée, ni dans ses trésors de quoi doter ce nouveau fils d'un héritage, ni parmi les séjours du monde entier de lieu où faire siéger ce contemplateur de l'univers. Tout était déjà plein, tout avait été distribué entre les ordres supérieurs, intermédiaires et inférieurs [...]. Le parfait artisan décida finalement qu'à celui à qui il ne pouvait rien donner en propre serait commun tout ce qui avait été le propre de chaque créature. Il prit donc l'homme, cette œuvre à l'image indistincte, et l'ayant placé au milieu du monde, il lui parla ainsi : "Je ne t'ai donné ni place déterminée, ni visage propre, ni don particulier, ô Adam, afin que ta place, ton visage et tes dons, tu les veuilles, les conquières et les possèdes par toi-même. La nature enferme d'autres espèces en des lois par moi établies, mais toi, que ne limite aucune borne, c'est par ton arbitre, entre les mains duquel je t'ai placé, que tu te définiras toi-même [...]". Qui n'admirerait ce caméléon que nous sommes ? Et sinon, qui admirera davantage quoi que ce soit d'autres ? » (*op. cit.*)

Explications

C'est parce que l'homme, contrairement aux animaux qui sont guidés par un programme inscrit dans leur nature, dans « le ventre de leur mère », n'est rien au départ, qu'il va pouvoir devenir tout, inventer librement sa vie, choisir son destin, opter pour tel chemin ou tel autre, soupeser le bien et le mal, bref, vivre comme un être doué de libre arbitre et comme tel capable d'entrer dans le monde des valeurs tant éthiques que spirituelles. Il n'a pas de fourrure, il inventera les vêtements, il n'a pas de griffe, il inventera les armes, il n'a pas de terrier, il inventera les maisons, il n'a pas d'ailes, il inventera les avions, etc., etc. Alors que les chats sont programmés depuis que leur espèce existe à courir après les souris, ou les abeilles à butiner et faire du miel, l'existence de l'être humain, elle, comme le diront plus tard Rousseau, Kant et Sartre dans le même sens que Pic, n'est pas préprogrammée d'entrée de jeu. Et c'est en cela qu'il sera supérieur aux bêtes, qui, si intelligentes et affectueuses qu'elles puissent être, sont malgré tout déterminées de toute éternité par l'instinct naturel commun à leur espèce.

Voilà aussi pourquoi, dans le mythe de Prométhée, Zeus décide de punir celui qui a osé donner le feu et les arts aux humains, leur donnant cette liberté qui les met presque à égalité avec les dieux. Car à la différence des autres espèces vivantes, l'espèce humaine apparaît comme la seule qui soit capable d'*hubris*, de démesure, la seule qui puisse tout à la fois défier les dieux et détruire la nature. Et c'est bien sûr cela que Zeus ne peut voir que d'un mauvais œil, pour ne pas dire d'un œil mauvais si l'on en juge par la cruauté des punitions qu'il inflige à Prométhée ainsi qu'aux humains (je vous renvoie sur ce sujet à ma *Mythologie grecque de A à Z pour les Nuls*). Mais ce sont aussi ces facultés de s'élever au-dessus de la nature, de s'en émanciper par la liberté qui vont faire ce que Pic considère comme le plus admirable en l'Homme et qui va être à l'origine de l'humanisme et de la philosophie moderne.

Philosophies de la liberté contre matérialisme

Bien entendu, s'il est vrai que la philosophie moderne et l'humanisme naissent avec cette conception de l'Homme et de sa liberté dont Pic est le premier représentant, les philosophies matérialistes vont continuer de s'opposer au nom du déterminisme à la notion de libre arbitre. Voilà pourquoi, comme on le voit aujourd'hui encore, le matérialisme tente toujours un double mouvement : d'un côté animaliser l'homme, de l'autre humaniser l'animal afin de mettre en évidence une continuité que les philosophies de la liberté, depuis Pic, ont brisée. C'est dans cet esprit que le matérialisme cherche désespérément des embryons de culture, d'éthique, d'art et même de spiritualité chez les animaux, à commencer par les plus évolués, les grands singes qui semblent il est vrai si proches de nous. Nous allons y revenir à la fin de ce chapitre.

Ce que j'en pense

Pour l'instant, je me contenterai d'un peu de bon sens : je ne vois ni bibliothèques, ni écoles, ni salles de spectacles, ni instruments de musique, ni même institutions politiques chez les animaux, ce qui doit quand même bien avoir une signification en termes de discontinuité entre l'Homme et l'animal : si des embryons de culture et de politique existent parfois chez les bêtes, il s'agit quand même d'embryons et ce n'est pas un hasard : la notion de « pensée élargie », la capacité à se mettre en pensée à la place d'un autre, n'existe pas chez l'animal, or elle est indispensable à l'éducation, à la culture, à la morale et à la politique. Encore une fois, nous y reviendrons, mais pour l'instant, suivons l'itinéraire des philosophies de la liberté en commençant par Rousseau dont vous allez voir qu'il est sur ce sujet l'héritier direct de Pic.

Liberté contre instinct ou comment l'être humain échappe au logiciel de la nature

À retenir

Ce qui, pour Rousseau, comme pour Pic, constitue la véritable différence entre l'humain et l'animal ne tient, contrairement à ce que disaient les Anciens, en particulier Aristote, ni à l'intelligence, ni même au langage et à la sociabilité, mais à la liberté entendue comme faculté de s'émanciper du déterminisme qui règne dans la nature. Lisons ce passage crucial extrait du *Discours sur l'origine de l'inégalité parmi les hommes* :

Citation

> « Je ne vois dans tout animal qu'une machine ingénieuse, à qui la nature a donné des sens pour se remonter elle-même, et pour se garantir, jusqu'à un certain point, de tout ce qui tend à la détruire, ou à la déranger. J'aperçois précisément les mêmes choses dans la machine humaine, avec cette différence que la nature seule fait tout dans les opérations de la bête, au lieu que l'homme concourt aux siennes, en qualité d'agent libre. L'un choisit ou rejette par instinct, et l'autre par un acte de liberté ; ce qui fait que la bête ne peut s'écarter de la règle qui lui est prescrite, même quand il lui serait avantageux de le faire, et que l'homme s'en écarte souvent à son préjudice. C'est ainsi qu'un pigeon mourrait de faim près d'un bassin rempli des meilleures viandes, et un chat sur des tas de fruits ou de grain, quoique l'un et l'autre pût très bien se nourrir de l'aliment qu'il dédaigne, s'il s'était avisé d'en essayer. C'est ainsi que les hommes dissolus se livrent à des excès, qui leur causent la fièvre et la mort, parce que l'esprit déprave les sens, et que la volonté parle encore, quand la nature se tait… La nature commande à tout animal, et la bête obéit. L'homme éprouve la même impression, mais il se reconnaît libre d'acquiescer, ou de résister ; et c'est surtout dans la conscience de cette liberté que se montre la spiritualité de son âme : car la physique explique en quelque manière le mécanisme des sens et la formation des idées ; mais dans la puissance de vouloir ou plutôt de choisir, et dans le sentiment de cette puissance on ne trouve que des actes purement spirituels, dont on n'explique rien par les lois de la mécanique. »

Comme l'a montré Alexis Philonenko dans sa belle introduction aux *Réflexions sur l'éducation* de Kant, seule cette définition de l'homme comme être libre distinct de l'animal permet de comprendre la double historicité qui caractérise sa vie : historicité individuelle, c'est-à-dire éducation, et historicité collective, c'est-à-dire culture et politique.

La double historicité de l'être humain comme preuve de son indépendance par rapport à la nature : éducation, culture et politique

Explications

L'animal, tout entier guidé par la nature, n'a pratiquement pas d'histoire, ni éducation, ni culture, ni politique. Les matérialistes cherchent bien, là encore, des embryons de continuité, mais les embryons qu'ils parviennent toujours plus ou moins à trouver restent ce qu'ils sont : des embryons qui ne trouvent jamais le moyen de se développer pour devenir adultes et avoir une véritable histoire. Les fourmilières ou les termitières, pour ne donner que cet exemple, sont inchangées depuis des milliers d'années, là où les villes humaines sont en perpétuel changement. Même chose sur le plan individuel ou chez les humains, à la différence des animaux, l'éducation reste possible même au grand âge, « tout au long de la vie » comme on dit aujourd'hui. Voici le passage du *Discours* de Rousseau qui explicite, en évoquant la notion de « perfectibilité », cette idée fondatrice des philosophies modernes de la liberté :

Citation

> « Mais, quand les difficultés qui environnent toutes ces questions laisseraient quelque lieu de disputer sur cette différence de l'homme et de l'animal, il y a une autre qualité très spécifique qui les distingue, et sur laquelle il ne peut y avoir de contestation, c'est la faculté de se perfectionner ; faculté qui, à l'aide des circonstances, développe successivement toutes les autres et réside parmi nous tant dans l'espèce que dans l'individu, au lieu qu'un animal est, au bout de quelques mois, ce qu'il sera toute sa vie, et son espèce, au bout de mille ans, ce qu'elle était la première année de ces mille ans... Pourquoi l'homme seul est-il sujet à devenir imbécile ? N'est-ce point qu'il retourne ainsi dans son état primitif, et que, tandis que la bête, qui n'a rien acquis et qui n'a rien non plus à perdre, reste toujours avec son instinct, l'homme reperdant par la vieillesse ou d'autres accidents tout ce que sa perfectibilité lui avait fait acquérir, retombe ainsi plus bas que la bête même ? Il serait triste pour nous d'être forces de convenir que cette faculté distinctive, et

presque illimitée, est la source de tous les malheurs de l'homme ; que c'est elle qui le tire, à force de temps, de cette condition originaire, dans laquelle il coulerait des jours tranquilles et innocents ; que c'est elle qui, faisant éclore avec les siècles ses lumières et ses erreurs, ses vices et ses vertus, le rend à la longue le tyran de lui-même et de la nature. »

Explications

Comme nous le verrons dans un prochain chapitre, on retrouvera la même idée chez Sartre, avec la notion de « mauvaise foi » qui prolonge celle d'imbécillité, l'homme de mauvaise foi étant celui qui ne se contente pas de perdre sa liberté, mais qui la nie pour éviter les soucis qu'elle implique en termes de responsabilité face à son destin. On me permettra, en revanche, de ne pas évoquer ici le cartésianisme, qui réduit l'animal à une machine semblable à un automate, car cette réduction est si fausse, et même si absurde, qu'elle nuit aux philosophies de la liberté comme celles de Pic et de Rousseau qui ne nient nullement, ni l'intelligence animale, ni son affectivité, mais seulement sa liberté, ce qui n'est pas la même chose.

Kant, dans ce passage de ses *Réflexions sur l'éducation*, que je traduis ici, prolonge la pensée de Pic et de Rousseau touchant l'animal :

Citation

« L'homme est la seule créature qui doive être éduquée… Il est très remarquable, quand on observe par exemple les jeunes hirondelles à peine sorties de l'œuf et encore aveugles, qu'elles n'en savent pas moins déjà s'arranger pour faire en sorte que leurs excréments tombent en dehors du nid. Les animaux n'ont donc pas besoin à proprement parler de soins, il leur faut tout au plus leur pâture, être réchauffés et guidés, ou encore une certaine protection. Les animaux ont bien entendu besoin d'être nourris, mais ils n'ont pas besoin à proprement parler de soins. Par soins, en effet, on entend les précautions que prennent les parents afin que les enfants ne fassent pas un usage nuisible de leurs forces. Par exemple, si un animal devait crier dès qu'il vient au monde, comme le font les enfants, alors il serait immanquablement la proie des loups et d'autres animaux sauvages attirés par ses cris. L'éducation par la discipline [*Zucht*] transforme l'animalité en humanité. Par son instinct, un animal est d'entrée de jeu tout façonné : une raison étrangère a déjà pris soin de tout pour lui. Mais l'homme doit faire usage d'une raison qui lui est propre. Il n'a aucun instinct, il doit se faire pour lui-même le plan de sa conduite. Mais comme il n'est pas d'emblée en état de le faire, mais qu'il vient au monde à l'état brut, d'autres doivent le faire à sa place… L'éducation par la discipline est ainsi simplement négative. C'est l'acte par lequel on dépouille l'homme de son animalité. En revanche, l'instruction est la partie positive de l'éducation. »

Kant prend l'exemple des hirondelles, mais on pourrait tout autant donner dans le même sens celui des bébés tortues de mer qui est encore plus frappant : dès leur naissance, elles savent courir vers la mer, y nager, y puiser leur nourriture, sans aucune éducation préalable ni la moindre aide de la part des parents. Bien évidemment, plus un animal se rapproche de l'être humain, plus on voit apparaître des embryons d'éducation – comme c'est le cas chez les grands singes. Kant précise encore cette pensée dans un essai intitulé *Idée d'une histoire universelle au point de vue politique* (je donne ici encore ma traduction), un texte d'autant plus intéressant et significatif qu'il semble presque copié sur celui de Pico :

Citation

> « La nature a voulu que l'homme tire entièrement de lui-même tout ce qui dépasse l'ordonnance mécanique de son existence animale et qu'il ne prenne part à aucune autre félicité ou perfection que celles qu'il s'est lui-même créées, indépendamment de l'instinct, par sa propre raison. La nature, en effet, ne fait rien de superflu et elle n'est pas prodigue dans l'usage des moyens pour atteindre ses fins. En donnant à l'homme la raison ainsi que la liberté du vouloir qui se fonde sur elle, elle indiqua déjà clairement son dessein en ce qui concerne la dotation de l'homme. En effet, il ne devait pas être guidé par l'instinct, ni non plus être instruit et pris en charge par une connaissance innée. Il devait bien plutôt tirer tout de lui-même. La découverte de ses moyens de subsistance, son habillement, sa sécurité et sa défense extérieure (pour lesquelles il ne lui donna ni les cornes du taureau, ni les griffes du lion, ni les crocs du chien, mais seulement les mains), tout divertissement qui peut rendre la vie agréable, même son intelligence et sa prudence, et jusqu'à la bonté de son vouloir, devaient être entièrement son œuvre propre. »

Le plus grand disciple de Rousseau et de Kant, Fichte, dans le même sens que ses prédécesseurs, revient sur la différence entre animalité et humanité dans son œuvre intitulée *Fondements du droit naturel* (là encore, je traduis le texte de Fichte) :

Citation

> « En bref, tous les animaux sont achevés et complets, l'homme est seulement indiqué et esquissé... Tout animal est ce qu'il est, seul l'homme originellement n'est absolument rien. Ce qu'il faut [*soll*] qu'il soit, il doit [*muss*] le devenir. La nature a parachevé toutes ses productions, c'est seulement s'agissant de l'homme qu'elle l'a abandonné à lui-même et que précisément par-là, elle l'a confié à lui-même. L'acculturation [*Bildsamkeit*] est, en tant que telle, le caractère propre de l'humanité... Dès qu'il a quitté le corps de sa mère, la nature l'a abandonné à lui-même, elle l'a pour ainsi dire rejeté. Pline et quelques autres se sont à cause de cela

fort emportés contre la nature et son Créateur. On peut le comprendre d'un point de vue rhétorique, mais nullement d'un point de vue philosophique. Car c'est précisément par là qu'il est démontré que l'homme en tant que tel n'est pas un élève de la nature et qu'il ne doit pas non plus l'être. S'il est un animal, alors il est un animal extraordinairement imparfait, et c'est précisément pour cette raison qu'en fait, il n'est pas un animal. »

Comment le point de vue d'un authentique scientifique valide celui des philosophes de la liberté

Le problème, avec le matérialisme scientiste, c'est que c'est souvent lui le grand naïf, comme le montrent aujourd'hui, dans le sillage des grands philosophes que nous venons de lire, d'authentiques scientifiques quand ils ont l'audace de s'écarter un peu de la vulgate positiviste. Tel est le cas d'un chercheur en éthologie, Michael Tomasello, l'un des plus grands spécialistes au monde des grands singes auquel il a consacré sa vie. Docteur en psychologie de l'université de Géorgie, chercheur à l'Institut Max Planck en Allemagne et professeur honoraire à l'université de Leipzig, ce qu'il nous apprend, faits et arguments non plus philosophiques mais empiriques et scientifiques à l'appui, rompt avec la vulgate matérialiste et confirme l'inspiration qui était celle des philosophies de la liberté. Je vous conseille vivement la lecture de ses travaux, notamment de son petit livre, *Pourquoi nous coopérons* (paru chez Paideia), ou encore l'entretien qu'il a accordé à *Philosophie Magazine* en décembre 2016 où on lit ceci, qui confirme la pensée de Kant et de Rousseau :

Citation

« Pour moi, la question décisive est la suivante : dans une perspective évolutionnaire, en quoi consiste la différence décisive entre la manière dont les singes communiquent les uns avec les autres et celle dont les hommes le font ? [...] Or cette différence tient d'abord dans un comportement gestuel ou plus exactement dans un geste de désignation : un homme attire, en désignant d'un geste, l'attention d'un autre sur un objet que tous deux peuvent ou pourraient voir, disons sur cette chaise, ou sur une pomme, une antilope. C'est cela la situation originelle de l'homme et vous ne l'observerez jamais chez aucun singe ni aucun mammifère... Je dépends de toi et toi de moi. J'aimerais que tu tiennes ton rôle pendant la chasse. C'est la raison pour laquelle je t'indique, par exemple, que tu viens de perdre ta lance. Tiens, regarde, elle est là, par terre, avec un geste pour désigner l'objet... » (M. Tomasello, entretien dans *Philosophie Magazine*, déc. 2016)

Ce que j'en pense

On objectera bien sûr que certains animaux chassent eux aussi en meute, qu'ils coopèrent donc également entre eux. C'est tout à fait juste, mais comme le montre Tomasello, leur coopération reste « individualiste », et ce pour une raison de fond qui rejoint les notions de liberté et de « pensée élargie » chères à Kant, à savoir qu'ils sont incapables de se mettre véritablement à la place d'autrui, ce que le geste de désignation qu'on vient d'évoquer suppose au contraire. Or sans la liberté entendue comme une faculté de s'arracher à soi, à son égocentrisme naturel, il n'est pas de pensée élargie, de capacité à se placer du point de vue d'un autre. Contrairement aux humains, en effet, comme y insiste Tomasello dans le même entretien :

Citation

> « Les chimpanzés ne partagent pas à proprement parler leurs centres d'intérêt avec leurs congénères... Bien sûr, il leur arrive à eux aussi, de temps à autre, de coopérer pendant la chasse. Mais leur comportement de coopération est au bout du compte toujours orienté vers la compétition et individualiste... Pour ce qui concerne leurs objectifs, les chimpanzés ont un comportement tout à fait rationnel, ils comprennent même que leurs congénères poursuivent les mêmes objectifs qu'eux. Mais au bout du compte, la manière dont ils cherchent à satisfaire cet intérêt est purement individualiste... En effet, le chimpanzé ne se demande jamais si ce qu'il perçoit à un instant donné n'est qu'apparence ou réalité, tout simplement parce qu'il ne se demande jamais comment l'autre chimpanzé perçoit le monde à côté de lui. Pour lui, il n'existe jamais que son monde... C'est cette capacité humaine à avoir une attention partagée qui rend tellement particulier le comportement humain vis-à-vis du monde. Si je désigne cette chaise, ou jadis cette antilope, nous la percevons tous les deux. Et chacun, bien sûr, d'une manière différente. Quelque chose de déjà décisif s'est ainsi produit. Car, à partir de ce moment, je conçois aussi et déjà – sans quoi mes gestes de désignation n'auraient strictement aucun sens –, que ma propre perspective sur le monde n'est qu'une perspective parmi d'autres, qu'il existe d'autres perspectives dans ce monde, selon le principe : "Oh ! je vois le monde comme ceci et toi tu le vois comme cela"... » (*op. cit.*)

Explications

Ce que décrit ici Tomasello dans son langage de scientifique de terrain est exactement ce que Kant appelle la « pensée élargie », c'est-à-dire la capacité, proprement et exclusivement humaine, de se mettre à la place de l'autre, capacité qui suppose la liberté entendue au sens de l'arrachement à l'égocentrisme, c'est-à-dire à la nature en nous. En quoi, autre aspect du même constat initial, les animaux, y compris les plus proches de nous, les grands singes, sont incapables de mentir, car comme le dit Tomasello, « dans son mode de vie, personne n'attend de lui qu'il se montre coopératif ».

À retenir

La question du mensonge animal, Tomasello a raison, est décisive, car pour mentir, il faut évidemment imaginer ce que l'autre attend de nous afin de lui faire une offre dans un sens qui correspond à ce qu'il veut entendre, mais qui n'est pas sincère, ce qui suppose bien, par quelque bout qu'on prenne le problème, qu'on soit capable de se mettre en pensée à sa place.

De la pensée élargie, mais aussi de l'amour et de la haine comme passions « libres » et proprement humaines

Ce que j'en pense

Dans *La Sagesse des modernes*, au fil de la discussion que nous avions avec mon camarade André Comte-Sponville qui, en tant que matérialiste, plaidait avec le talent qu'on lui connaît pour une continuité entre le monde humain et le monde animal, j'ai tenté d'établir une distinction entre la question du critère définissant l'appartenance au monde moral de l'humanité d'un côté (cette liberté dont nous venons de parler), et, de l'autre, celle de l'application de ce critère à telle ou telle catégorie d'êtres. Le premier, écrivais-je alors, me semble très définissable :

Citation

> « C'est le critère de la liberté, d'une capacité de distance d'avec la nature qui est le signe, à mes yeux, d'une transcendance sans laquelle la culture et la moralité seraient impossibles. C'est donc la capacité à s'arracher aux caractéristiques habituelles du cycle de la vie. Et cela n'a rien d'illogique ou d'irrationnel, au contraire : sans cette distance, comment pourrions-nous juger moralement le réel ? [...] Le deuxième problème qui se pose est de savoir où passe la frontière : qui bénéficie de cette caractéristique ? Je redis clairement qu'il faut avoir sur ce point une grande humilité devant la science. Je ne peux pas *a priori* déduire où s'applique ce critère. Si les scientifiques qui ont travaillé sur les chimpanzés les plus intelligents, les bonobos, me disent : ce bonobo s'exprime avec son ordinateur, il possède la double articulation du langage, il maîtrise mille mots, il fait des phrases, il est capable de se sacrifier pour sauver ses petits... L'élève-t-on comme un de ses enfants (car ils l'ont fait aussi), il meurt de tristesse quand on le relâche dans la nature. Si le bonobo a ces caractéristiques-là, il faut arrêter de lui faire du mal, c'est tout. » (Robert Laffont, 1998)

Ce que j'en pense

C'était là une prudence qui devrait à mon sens rester de rigueur dès lors qu'on traite de questions empiriques. Au demeurant, et quelle que soit l'issue de ce débat, j'avais déjà la conviction qu'il faudrait enfin cesser d'infliger aux animaux toute forme de souffrance inutile. Pourtant, même en restant sur le plan de la simple observation factuelle, rien n'indique en toute certitude que les grands singes possèdent réellement les caractéristiques que j'évoquais dans ce dialogue. Le grand public, regardant de très loin certains travaux d'éthologie hypermédiatisés avant que d'être analysés avec soin, serait volontiers enclin à les leur attribuer.

Explications

Mais ce qui frappe, en particulier, dans les recherches portant sur l'intelligence et le langage des bonobos, c'est le fait que, bien avant Tomasello mais tout à fait dans le même sens que lui, les meilleurs spécialistes – et ce malgré la sympathie inévitable et légitime que leur inspirent ces animaux – ont eux aussi souligné une différence cruciale, elle-même directement liée à la liberté et à la « gratuité » qu'elle permet dans certains de nos comportements, entre le chimpanzé et l'enfant : à la différence du second, le premier « n'éprouve pas le besoin de partager avec vous sa découverte du monde. Un jeune enfant, avant même de savoir parler, va traîner sa mère vers la fenêtre pour lui montrer tel ou tel objet – pas parce qu'il veut cet objet : simplement pour partager l'excitation de sa découverte avec elle. Cela, je ne l'ai jamais vu faire à un chimpanzé » (David Premack, in *Le Cerveau et la Pensée*, Éditions Sciences humaines, 1999, p. 147).

Comme le souligne, dans le même sens, Jacques Vauclair, le langage des singes même les plus doués pour cet apprentissage, comme la fameuse Kanzi morte il y a quelque temps déjà, ne s'évade pratiquement jamais du contexte des demandes adressées au « maître », à l'exclusion de toute forme de partage désintéressé et réciproque d'une expérience avec autrui : au contraire, « chez l'homme, selon Vauclair, en plus de cette modalité "impérative", les mots sont aussi dotés d'une fonction déclarative qui a pour finalité de commenter le monde et de partager ses connaissances avec autrui » (*ibid.*, p. 157).

Cette limitation dans l'expression est sans doute liée au fait que « contrairement aux humains, il semble que les singes rencontrent en fait de sérieuses difficultés à doter les autres d'intentions ». Bref, quelles que soient leur intelligence et leur capacité, parfois remarquable, à communiquer par un langage abstrait (Kanzi connaissait de nombreux symboles graphiques et comprenait environ 150 mots !), les bonobos ne maîtrisent pas cette relation au sens qui permet non seulement de se faire comprendre, mais surtout de comprendre autrui, de saisir ce qu'il veut dire, de se distancier de soi afin de s'intéresser à lui suffisamment en profondeur pour lui imputer des intentions et prendre plaisir à partager des expériences ou des connaissances avec lui.

À retenir

En clair : faute de décentrement suffisant (faute de cette liberté entendue comme faculté de s'écarter de soi en même temps que du monde dans lequel on est englué), le sens de la réciprocité lui fait défaut. Or pouvoir s'émanciper de la tyrannie du particulier, c'est aussi, d'un même mouvement, se frayer un accès vers l'universel sans lequel on voit mal comment l'idée de moralité, de « Bien commun » ou de respect mutuel aurait un sens.

Ce que j'en pense

Lorsque nous parlons de droits de l'homme, nous incluons dans cet ensemble un certain nombre de devoirs d'assistance envers les autres. Ainsi voit-on, au-delà même de l'action humanitaire, des humains aider les grands singes à survivre lorsque, par exemple, leurs parents ont été tués. Où a-t-on jamais vu la réciproque, sinon dans les mythes d'enfants élevés par des bêtes, dont nous savons aujourd'hui qu'ils relèvent du fantasme ? Y a-t-il sur terre un seul grand singe pour se soucier du sort des exilés, des migrants, des réfugiés, voire de l'humanité en général ? Tout nous invite à en douter.

Voilà pourquoi notamment (mais pas seulement : ce serait oublier la dimension de l'histoire et de la politique), il me semble que parler de « déclaration des droits des animaux » par analogie avec ceux des humains est un non-sens dans les termes comme sur le fond. Contentons-nous, plutôt que de vouloir à tout prix dramatiser les formules, de parler de « devoirs » envers eux, à commencer par celui de ne pas les faire souffrir inutilement, et ce sera déjà un progrès considérable ! Car ils ne pourront jamais être plus, et encore s'exprime-t-on là par simple analogie, que des « citoyens passifs » à la différence des enfants qui ne le resteront pas, des handicapés mentaux sévères, qui pourraient ou auraient pu ne pas l'être, et des vieillards séniles qui ne l'ont pas toujours été. S'ils avaient réellement des droits subjectifs, ils auraient aussi des devoirs, ce qui n'a guère de sens. Ils ont tout au plus des droits « objectifs », comme les monuments naturels ou historiques que l'on protège du vandalisme.

C'est donc nous, en vérité, qui avons des devoirs envers eux et non pas eux qui posséderaient des droits, entendus au sens des droits de l'homme. Par où il me semble que l'humanisme moderne et les philosophies de la liberté qui le thématisent ont raison de situer le propre de l'humain dans cette capacité d'*écart* par rapport à tous les enracinements historico-naturels qu'on appelle liberté.

DANS CE CHAPITRE

Descartes et la méthode du doute radical

•

Les étapes qui permettent de développer le doute cartésien

•

Les formulations du *cogito*

Chapitre 8

Du doute cartésien à l'idée révolutionnaire

Ce qui va caractériser au plus au point la philosophie de Descartes, c'est la méthode du doute radical, l'idée qu'il faut passer toutes les idées reçues de ses parents, de sa nation, de son école, bref, de la tradition d'où qu'elle vienne, au crible de l'esprit critique et du « penser par soi-même ». C'est en ce sens que Descartes est le premier à introduire dans la pensée philosophique l'idée de *tabula rasa*, c'est-à-dire le principe révolutionnaire par excellence – et c'est sans doute pour cette raison que Hegel et Heidegger en ont fait le premier philosophe moderne, bien que, ainsi que nous l'avons vu, cette périodisation soit largement fausse.

Comme le comprendra Tocqueville, et comme il l'explique avec une profondeur rarement égalée dans *La Démocratie en Amérique,* Descartes peut être considéré, à cause de son doute radical, comme le « père philosophique » des jacobins de 1789, à ceci près qu'il n'a pas songé à appliquer le principe révolutionnaire à la politique, sans aucun doute parce que les esprits de son temps n'y étaient pas encore préparés et qu'il aurait pris trop de risques s'il s'était aventuré dans ce domaine. Voici le texte de Tocqueville auquel je fais allusion et qui évoque les raisons pour lesquelles la méthode cartésienne du doute radical ne pouvait s'appliquer à la politique qu'un siècle après lui :

Citation

« Pourquoi Descartes, ne voulant se servir de sa méthode qu'en certaines matières, bien qu'il l'eût mise en état de s'appliquer à toutes, a-t-il déclaré qu'il ne fallait juger par soi-même que les choses de la philosophie et non de la politique ? Comment est-il arrivé qu'au XVIIIe siècle, on ait tiré tout à coup de cette même méthode des applications générales que Descartes et ses prédécesseurs [*Tocqueville pense ici à Luther et à la Réforme protestante*] n'avaient point aperçues ou s'étaient refusés à découvrir ? D'où vient enfin qu'à cette époque, la méthode dont nous parlons est soudainement sortie des écoles pour pénétrer dans la société et devenir la règle commune de l'intelligence et qu'après avoir été populaire chez les Français, elle a été ostensiblement adoptée ou secrètement suivie par tous les peuples d'Europe ? La méthode philosophique dont il est question a pu naître au XVIe siècle, se préciser et se généraliser au XVIIe, mais elle ne pouvait être communément admise dans aucun des deux. Les lois politiques, l'état social, les habitudes d'esprit qui découlent de ces premières causes s'y opposaient. Elle a été découverte à une époque où les hommes commençaient à s'égaliser et à se ressembler. Elle ne pouvait être généralement suivie que dans des siècles où les conditions étaient enfin devenues à peu près pareilles et les hommes presque semblables. La méthode philosophique du XVIIIe siècle [*de même que Tocqueville place la Réforme comme étant, en amont, la propédeutique du doute cartésien, les Lumières en sont, en aval, l'héritage direct*] n'est donc pas seulement française, mais démocratique, ce qui explique pourquoi elle a été si facilement admise dans toute l'Europe dont elle a tant contribué à changer la face. »

Il fallait donc, telle est la conviction de Tocqueville, que la dynamique démocratique de l'égalisation des conditions fît son œuvre, pour que la méthode du doute radical, l'esprit critique des traditions et l'idéal du « penser par soi-même » puissent enfin s'appliquer à la politique – et c'est ce qui advient grandeur nature avec la Révolution française et la grande Déclaration des droits de l'homme.

Pour reconstruire tout l'édifice de la science et de la philosophie : les étapes du doute cartésien

Pour saisir la nature exacte de la méthode cartésienne, il faut bien comprendre que le doute revendiqué par Descartes dans le *Discours de la méthode* comme dans les *Méditations métaphysiques* est, ainsi qu'il le dit lui-même, « hyperbolique », c'est-à-dire volontairement excessif : il s'agit par méthode de ne rien laisser échapper, de n'admettre vraiment aucune idée reçue, même celles qui nous sembleraient les plus évidentes, les plus indiscutables, comme par exemple le fait que le monde existe ou que je suis à ma table en train d'écrire. Il faut par principe tout mettre en doute, tout passer au crible de l'esprit critique, autrement dit, remettre en question toutes les certitudes de la vie quotidienne pour être absolument certain de ne pas laisser passer par inattention quelque préjugé fallacieux.

À retenir

En quoi le doute cartésien ne doit surtout pas être confondu avec le scepticisme traditionnel, et ce pour deux raisons qu'il faut avoir toujours présentes à l'esprit en lisant les *Méditations*.

Un doute provisoire

Explications

En premier lieu, le doute cartésien a pour vocation de ne pas durer, il est d'emblée conçu comme provisoire, comme destiné à être dépassé dès qu'on aura pu trouver une vérité à proprement parler indubitable. Il s'agit donc seulement d'une étape nécessaire pour trouver un « point d'Archimède » permettant de « soulever » la philosophie tout entière. L'évocation, au début de la *Deuxième méditation*, du philosophe grec, le dit du reste sans équivoque :

Citation

> « Archimède, pour tirer le globe terrestre de sa place et le transporter en un autre lieu, ne demandait rien qu'un point qui fut fixe et assuré – c'est le fameux point d'Archimède. Ainsi, j'aurai droit de concevoir de hautes espérances si je suis assez heureux pour trouver seulement une chose qui soit certaine et indubitable. »

Ce point d'ancrage, ce point d'Archimède, se situera donc au moment où une certitude résistera enfin au doute radical, c'est-à-dire, comme on va voir dans un instant, avec la fameuse certitude absolue du *cogito*, du « je pense (donc) je suis », une « évidence » incontestable selon Descartes dont nous verrons plus loin pour quelles raisons elle va recevoir chez lui deux formulations différentes (ce pourquoi je mets le « donc » entre parenthèses).

Un doute universel ontologique

Explications

En second lieu, le doute cartésien se distingue de celui des sceptiques traditionnels en ce qu'il ne porte pas uniquement sur la connaissance. En effet, Descartes, doute « hyperbolique » oblige, va mettre en question jusqu'à l'existence même du monde (ce qu'on appelle le « solipsisme » ou « l'idéalisme radical »). Est-ce que les objets qui sont devant moi existent réellement, ne sont-ils pas des illusions de ma seule conscience ? Est-ce que le monde tout entier est bien réel, ne se réduit-il pas à mes seules représentations ? Comme dans les ouvrages de science-fiction, il se pourrait bien, et même si c'est peu probable, que le doute radical nous invite à faire « comme si » ce n'était pas impossible, que ce que je tiens pour le réel ne soit qu'une illusion, un songe.

Après tout, il nous arrive bien de prendre nos rêves pour la réalité lorsque nous dormons ! Le doute de Descartes n'est donc pas simplement « gnoséologique » (portant sur la connaissance), mais il est aussi « ontologique » : il porte sur l'être même des choses, sur la réalité du monde sensible, en quoi il est à cet égard aussi différent du scepticisme ancien.

Cela étant posé, je vous propose de suivre les différentes étapes au fil desquelles Descartes installe peu à peu un doute de plus en plus radical... jusqu'à ce qu'une évidence vienne lui résister qui pourra servir de ce fameux « point d'Archimède » qu'on vient d'évoquer.

Les sept étapes du doute hyperbolique

L'argument selon lequel on s'est déjà trompé alors qu'on était sûr d'avoir raison

Explications

C'est un argument assez simple, et néanmoins fort, qui tient lieu de *première étape*, à savoir qu'il nous est déjà arrivé un jour ou l'autre, c'est une expérience commune, d'avoir la certitude absolue d'avoir raison, avant qu'on ne se rende compte qu'on s'était en réalité tout à fait trompé. Il est donc toujours possible que nous nous trompions quand nous sommes pourtant certains que nous sommes dans le vrai. À lui seul, ce premier motif serait presque suffisant pour entrer dans une logique de doute radical.

L'argument de la folie

Descartes se demande – c'est une objection qu'il se fait à lui-même pour radicaliser encore son choix méthodique de douter de tout – s'il n'exagère pas, si ce doute radical n'est pas quand même un peu délirant, excessif, dans la mesure où certaines choses paraissent tout de même indubitables :

Citation

> « Par exemple, il est impossible de douter que je suis ici, assis auprès du feu, vêtu d'une robe de chambre, ayant ce papier entre les mains. Et comment nier que ces mains et ce corps soient à moi ? »

Il existe ainsi des certitudes si évidentes qu'il semble aux yeux de la conscience commune tout à fait absurde de les mettre en doute. Celui qui douterait que ses mains sont bien ses mains, que son corps est bien son corps, ou qu'il est assis dans cette pièce, ne serait-il pas semblable à ces insensés qui pensent être en verre ou « qui se croient princes alors qu'ils sont miséreux » ?

Je précise qu'à l'époque de Descartes, c'est une manière courante que de comparer le fou à un homme qui s'imagine être autre qu'il n'est, qui pense par exemple être fait de verre ou être riche quand il n'est qu'un clochard... Douter de tout ne reviendrait-il pas à se comporter comme un de ces fous furieux ? Est-il vraiment raisonnable d'entrer dans cette logique du doute radical ? Un philosophe sérieux doit-il se mettre à imiter ces fous ? La réponse de Descartes est oui, en ce sens que la philosophie est hors du commun, le philosophe, comme le fou, est celui qui remet en question les certitudes les mieux ancrées dans la vie quotidienne. Foucault, commentant ce passage des *Méditations* dans son *Histoire de la folie*, a cru que Descartes excluait la folie au nom de la raison, en quoi il n'a rien compris à Descartes qui, à l'inverse exact de ce que prétendait Foucault sans y avoir réfléchi, compare au contraire folie et philosophie sur ce point précis : toutes deux nous font sortir du sens commun propre à la « quotidienneté ».

L'argument du rêve

Explications

Dans la troisième étape de son raisonnement, Descartes continue donc à prendre le risque de présenter sa propre démarche comme excessive, comme semblable à celle des fous. Pourtant, ces fous, il nous arrive dans un cas au moins de leur ressembler jusque dans la vie quotidienne elle-même : à savoir lorsque nous rêvons. « Combien de fois, écrit Descartes, m'est-il arrivé de songer, la nuit, que j'étais en ce lieu, que j'étais habillé, que j'étais auprès du feu, quoique je fusse tout nu dedans mon lit. » De même qu'il m'est arrivé de me tromper en étant absolument certain que j'avais raison, il m'est arrivé de prendre mes rêves pour la réalité. L'argument du rêve répond à celui de la folie : certes, ceux qui s'imaginent être des princes quand ils ne sont que des miséreux sont des fous, mais ne sommes-nous pas dans la même situation qu'eux lorsque nous rêvons ?

Telle est la troisième étape : on progresse toujours dans la radicalisation du doute, dans la mise en place d'un doute qui apparaît, si je puis dire, de plus en plus certain, toujours dans le but de trouver enfin quelque chose qui lui résistera et qui sera donc en toute certitude le modèle de la vérité.

L'argument du rêve est insuffisant, car même en rêve, les chimères empruntent au réel

Descartes élève une nouvelle objection contre sa propre démarche, une objection qui vise l'argument du rêve et la confusion qu'il induit entre hallucination et réalité.

Explications

Lorsque je rêve de ceci ou de cela, lorsque j'invente des chimères, lorsque je pense à des fantômes, à des monstres, à tous les êtres imaginaires que vous voudrez imaginer, il n'en reste pas moins qu'il s'y trouve forcément des éléments qui viennent quand même de la réalité ! Ces créatures imaginaires ont un corps, des yeux, des mains, un visage. Même dans les chimères, il existe des éléments « adventices », comme dit le vocabulaire de l'époque, c'est-à-dire des éléments empiriques empruntés à un réel qui doit bien par conséquent exister hors de moi-même si je ne le connais pas.

Et même dans le rêve, les mathématiques restent vraies

Et Descartes d'ajouter un argument, plus fort encore, toujours pour tenter de résister au doute et, par contrecoup, de le radicaliser encore davantage.

Explications

L'argument ne porte plus ici sur les éléments empiriques qui, même rêvés et chimériques, doivent forcément provenir de quelque réalité, mais il porte au contraire sur les vérités idéelles, sur les vérités de raison, en l'occurrence, sur les mathématiques : même en rêve, il demeure vrai que la ligne droite est le plus court chemin d'un point à un autre et que 2 et 2 font 4. Les vérités les plus simples des mathématiques demeurent vraies, même dans les songes. Comprenez bien le sens de cette objection : l'argument du rêve ne suffit pas à installer suffisamment le doute, il est donc nécessaire d'aller plus loin encore pour parvenir à le radicaliser tout à fait.

Le Dieu trompeur

Alors, sixième étape de cette *Première méditation*, Descartes propose une nouvelle hypothèse pour asseoir définitivement le doute : celle du Dieu trompeur. Il ne faut pas se tromper, si je puis dire, au sujet de ce Dieu trompeur, qui fut une source importante d'erreurs chez nombre de commentateurs de Descartes un peu trop pressés : il importe de bien distinguer le « Dieu trompeur » d'une autre hypothèse qui va venir plus tard dans le raisonnement de Descartes, celle du « malin génie ».

Explications

Avec le Dieu trompeur, Descartes veut nous dire en substance ceci : j'ai souvent eu l'idée d'un Dieu, éventuellement bon, qui m'aurait créé ; cette idée, après tout, est peut-être vraie (rien ne permet d'en juger, puisque, dans le doute, on ne sait plus distinguer le vrai du faux) ; il serait donc à tout le moins possible qu'il y ait un Dieu et que ce Dieu me trompe parfois pour mon bien, pour éviter que je fasse des bêtises, ou que je croie à des mauvaises choses.

Il faut savoir qu'au XVIIe siècle, cette hypothèse d'un Dieu qui tromperait les hommes par bienveillance, pour que nous ne soyons pas angoissés (comme des parents qui racontent des histoires aux enfants pour les calmer avant de les endormir), est admise par nombre de théologiens : il ne s'agit pas cette fois-ci d'une hypothèse tout à fait fictive, mais d'une référence théologique considérée du temps de Descartes comme assez plausible.

Le malin génie

En revanche, l'hypothèse radicale du « malin génie » qui nous tromperait tout le temps (« malin », au XVIIe siècle, veut encore dire « méchant »), proposée à la fin de cet étrange parcours de doute, est toute différente : il s'agit certes, comme la précédente, d'une hypothèse, mais qui cette fois-ci n'est ni plausible, ni théologiquement recevable. C'est une hypothèse volontairement excessive et fictive, « hyperbolique », qui répond à un pur souci de méthode, et Descartes la présente clairement comme telle, mais comme il constate qu'il a tendance à revenir à ses certitudes habituelles, à ne pas accepter le doute radical, il imagine un malin génie afin de douter enfin définitivement de tout et tout le temps : même si les vérités mathématiques me semblent vraies, fût-ce en rêve, il existe peut-être un esprit malin qui fait en sorte que je pense que 2 et 2 font 4 alors qu'en vérité 2 et 2 font 5 ! Cette ultime hypothèse, qui conclut le dialogue intérieur de la *Première méditation*, instaure enfin un doute sans reste, sans échappatoire possible.

La sortie du doute et les deux formulations du *cogito*

Une fois balayé l'ensemble des préjugés, Descartes va découvrir la première vérité, celle qui, selon lui du moins, résiste au doute : c'est le fameux « je suis, j'existe ». Mais, là encore, la simplicité apparente du propos est trompeuse.

Explications

On trouve en fait deux formulations du *cogito* dans l'œuvre de Descartes. En 1637, dans le *Discours de la méthode*, la première formulation, qui reste encore aujourd'hui la plus connue, est : « Cogito ergo sum », « je pense, *donc* je suis ». Quatre ans plus tard, dans les *Méditations*, Descartes dit tout simplement « Je suis, j'existe ». Le « donc » a disparu et ce n'est évidemment pas un hasard : Descartes se rend compte que ce fameux « donc » pose problème par rapport à la radicalisation du doute dont témoignent les *Méditations*. En effet, si un malin génie nous trompe sur des vérités aussi certaines que 2 + 2 = 4, le « donc », qui implique le principe de raison ou de causalité, pourrait, et même devrait à ce stade du raisonnement, être lui aussi mis en doute.

Voici la première formulation du *cogito* telle qu'on la trouve dans le *Discours de la Méthode* quelques années, donc, avant la version définitive qui sera celle des *Méditations* et que nous allons citer et examiner elle aussi dans un instant.

Descartes y déclare qu'il s'est décidé de rejeter par principe et par méthode comme :

Citation

> « [...] absolument faux tout ce en quoi je pourrais trouver le moindre doute afin de voir s'il ne resterait point, après cela, quelque chose en ma créance qui fût entièrement indubitable. Ainsi, à cause que nos sens nous trompent quelques fois, je voulus supposer qu'il n'y avait aucune chose qui fût telle qu'ils nous la font imaginer... et je rejetais comme fausses toutes les raisons que j'avais prises auparavant pour démonstrations. Et enfin, considérant que toutes les mêmes pensées que nous avons étant éveillés nous peuvent aussi venir, quand nous dormons, sans qu'il y en ait aucune pour lors qui soit vraie, je me résolus de feindre que toutes les choses qui m'étaient jamais entrées en l'esprit n'étaient non plus vraies que les illusions de mes songes. Mais aussitôt après, je pris garde que pendant que je voulais ainsi penser que tout était faux, il fallait nécessairement que moi, qui le pensais, fusse quelque chose. Et remarquant que cette vérité : je pense donc je suis, était si ferme et si assurée que toutes les plus extravagantes suppositions des sceptiques n'étaient pas capables de l'ébranler, je jugeais que je pouvais la recevoir sans scrupule pour le premier principe de la philosophie que je cherchais. »

Explications

Avec la seconde formulation, celle des *Méditations* – « Je suis, j'existe » –, il ne s'agit plus d'un raisonnement, mais d'une espèce d'intuition qu'on peut comprendre de la façon suivante : si quelqu'un, Dieu trompeur ou malin génie, me trompe, c'est bien, de toute évidence, qu'il se trouve quelqu'un à tromper. Derrière cette tromperie, il y a l'existence nécessaire d'un sujet qui est trompé, mais cette première vérité fondamentale est perçue par la conscience du sujet réfléchissant, non par un raisonnement causal (par un « donc »), mais au contraire de manière à proprement parler immédiate, sans la médiation d'une démonstration causale, comme on le voit dans ce passage des *Méditations* qui vient pour ainsi dire corriger le *Discours* :

Citation

> « Je me suis persuadé qu'il n'y avait rien du tout dans le monde, qu'il n'y avait aucun ciel, aucune terre, aucun esprit ni aucun corps. Ne me suis-je donc pas aussi persuadé que je n'étais point ? Non certes ! J'étais sans doute si je me suis persuadé ou seulement si j'ai pensé quelque chose. Mais il y a un je ne sais quel trompeur très puissant et très rusé qui emploie toute son industrie à me tromper toujours. Il n'y a donc point de doute que je suis, s'il me trompe. Et qu'il me trompe tant qu'il voudra, il ne saurait jamais faire que je ne sois rien tant que je penserai être quelque chose. De sorte qu'après y avoir bien pensé, et avoir soigneusement examiné toute chose, enfin il faut conclure et tenir pour constant que cette proposition "je suis, j'existe" est nécessairement vraie toutes les fois que je la prononce et que je la conçois en mon esprit. »

À partir de là, Descartes entend, en réfléchissant sur cette première vérité à ses yeux indubitable, dégager les critères du vrai : cette proposition doit bien en effet les contenir puisqu'elle est évidemment vraie. Il faut maintenant passer de l'intuition certaine à la réflexion qui doit permettre de découvrir les critères certains de toute vérité, critères que Descartes croira pouvoir trouver dans la notion d'évidence « claire et distincte ».

Les critiques de Descartes

Ce que j'en pense

Cette argumentation fondée sur l'évidence supposée « claire et distincte » du *cogito* a bien entendu suscité de nombreuses objections, notamment de la part de Gassendi et des empiristes, mais aussi de Kant ou encore de Husserl. Bien des philosophes ont jugé que cette fameuse « évidence » n'avait rien d'évident. Pour Kant, comme pour Husserl, passer du fait que je puisse être trompé au fait que j'existe hors de ma propre représentation, donc comme sujet « en soi », est un sophisme. De la représentation de moi-même à l'idée qu'il existe une *res cogitans*, une chose en soi extérieure à ma conscience, bref, une substance en quelque sorte cachée sous les représentations, il y a un pas que le raisonnement ne permet pas de franchir. On trouvera cette critique développée dans le passage de la *Critique de la raison pure* qui porte sur les « paralogismes », c'est-à-dire sur les fautes de raisonnement qui pullulent dans la métaphysique classique.

Descartes croit néanmoins avoir trouvé une « évidence » absolue, une certitude indubitable, et il faut bien sûr se demander pourquoi. Le terme « évidence » vient du latin *video* qui veut dire « voir » – c'est d'ailleurs une étymologie analogue à celle du mot « idée » – qui vient du grec *eïdos*, tiré du verbe *orao* qui veut également dire « voir ». L'évidence du « je pense », du *cogito*, appartient donc au registre de la vision. Le sujet cartésien est un sujet transparent à lui-même, un sujet qui prétend se voir tout entier, de part en part, sans inconscient – tout le contraire du sujet « brisé », coupé entre une partie consciente, le sommet de l'iceberg, et des arrière-mondes inconscients, tel que le concevront Schopenhauer, Nietzsche ou Freud.

À retenir

Descartes définit la pensée « comme ce qui est tellement en nous, que nous en sommes immédiatement connaissants », c'est-à-dire conscients : pour lui, il n'y a pas d'inconscient possible. Le sujet est dans un rapport de transparence absolue à lui-même : *video*, je me vois, telle est l'évidence claire et distincte qui échappe selon lui au doute. Il suffira donc d'analyser cette première vérité absolue pour trouver le critère de toutes les autres, et ce dernier résidera comme on l'a compris dans les notions de clarté et de distinction, deux idées qui sembleront aux critiques de Descartes infiniment fragiles et, pour tout dire, elles-mêmes fort douteuses.

DANS CE CHAPITRE

Leibniz, Diderot, Voltaire, Rousseau

•

La question de l'origine du mal

•

L'« optimisme leibnizien » et sa critique par Voltaire

•

Le pessimisme de Rousseau *versus* l'optimisme de Voltaire

•

Les fondements du rationalisme et des théories libérales du marché

Chapitre 9

La question du mal : *La Théodicée* de Leibniz

Comment un Dieu omniscient et tout-puissant peut-il tolérer le mal qui frappe les innocents? Telle est la question que pose encore Diderot dans sa *Lettre sur les aveugles*. Et de fait, parmi toutes les objections qu'on peut faire, non pas aux preuves de l'existence de Dieu, mais à la croyance en son existence quel que soit le chemin qu'on emprunte pour y accéder, qu'elle s'appuie sur de prétendues démonstrations, sur des intuitions ou des sentiments liés à une révélation, c'est bien assurément l'objection du mal qui est la plus puissante. C'est à son propos que le philosophe à mon sens le plus profond du XVIIe siècle, Leibniz, a élaboré sa fameuse *Théodicée* dont tout le XVIIIe siècle philosophique et religieux ne cessera de discuter les thèses. Indépendamment des questions théologiques qu'elle soulève encore aujourd'hui, la réponse de Leibniz à la question de la responsabilité de Dieu face au mal aura une longue et très impressionnante postérité. Elle va en effet devenir non seulement la matrice des théories libérales de la main invisible et du marché, mais aussi celle de la philosophie hégélienne de l'histoire et de sa fameuse théorie de la « ruse de la raison » qu'on retrouvera encore, au moins en partie, chez Marx et Engels.

Les trois visages du mal et la question des innocents

Un professeur de philosophie commence en général son cours sur le mal par rappeler la fameuse distinction que fait Leibniz dans la *Théodicée* entre trois sortes de maux :

Citation

> « On peut prendre le mal métaphysiquement, physiquement et moralement. Le Mal métaphysique consiste dans la simple imperfection, le mal physique dans la souffrance et le mal moral dans le péché. »

Pour bien comprendre

L'imperfection doit s'entendre ici au sens latin du terme : l'homme n'est pas *perfectum* au sens où il n'est pas « complet » : au contraire de Dieu, il est affecté par une série de limitations qui tiennent à son essence même, une finitude aussi bien dans le temps (il est mortel) que dans l'espace (il est limité par un monde opaque et, en ce sens, il n'est pas omniscient). Même chose dans le domaine de l'éthique où il ne cesse de commettre des fautes. La question qui préoccupe alors Leibniz est aussi simple à comprendre que difficile à résoudre. Elle tient en peu de mots : si Dieu existe, d'où vient le mal *(si Deus est, unde malum)* ?

Explications

De deux choses l'une en effet :

- ou bien Dieu est bon, mais alors, il n'est pas, à l'encontre de ce que prétend le christianisme, tout puissant, puisqu'il ne parvient pas, malgré toute sa bonté, à empêcher des innocents d'être injustement frappés par toutes sortes de maux qu'ils n'ont ni provoqués, ni mérités (le cas des aveugles nés soulevé par Diderot étant un exemple typique de cette problématique puisque, par définition, les nouveau-nés n'ont pas encore eu le temps de commettre des péchés) ;
- ou bien Dieu est bien tout-puissant, comme l'affirme la théologie chrétienne, mais alors ce n'est certainement pas un Dieu bon. Il est même clairement mauvais puisqu'il joue avec nous, non comme un père bienveillant qui empêcherait ses enfants de se faire ou d'avoir du mal, mais plutôt comme un enfant vicieux qui arrache les pattes des fourmis ou les ailes des mouches. Quel père de famille, en effet, laisserait ses petits êtres martyrisés par la nature lors d'un tremblement de terre ou une épidémie s'il était en son pouvoir de les sauver ? Certes, on dira que les voies du Seigneur sont impénétrables, mais la réponse par l'obscurité des desseins divins semble un peu facile et, même si l'on veut y croire, le moins qu'on puisse dire est qu'elle nous laisse dans le vague le plus complet…

C'est pour répondre à cette antinomie, tragique d'un point de vue chrétien, que Leibniz va entreprendre de démonter que le mal n'est rien de réel dès lors qu'on se place du point de vue de la totalité de l'univers ainsi que Dieu l'a fait au moment de sa création. Et si le mal n'est qu'une illusion générée par l'ignorance dans laquelle sont plongés la plupart des Hommes en raison de leur point de vue limité sur le réel, Dieu (*théos*) ne pèche pas par manque de justice (*dikè*) – ce qui explique le titre de l'ouvrage de Leibniz.

Le point de vue chrétien

Je vais bien entendu expliquer cette thèse originale, exposer les arguments qui sont ceux de Leibniz et que Spinoza, pour l'essentiel, ne fera que reprendre, mais je voudrais noter d'entrée de jeu qu'habituellement, les chrétiens se tirent de la difficulté par une argumentation qui consiste simplement à invoquer la liberté humaine : c'est parce que l'homme a été créé libre, parce que Dieu, dans sa grande bonté, lui a donné le libre arbitre, c'est-à-dire la possibilité de choisir entre le bien et le mal, que le mal existe : c'est, en quelque sorte, le revers de la médaille, l'autre face de la liberté. Si les hommes n'avaient pas le choix du mal, ils ne seraient pas non plus libres, et ils seraient alors réduits à leur dimension simplement animale.

Faiblesse de la réponse chrétienne ordinaire et réponse de Leibniz

Dans le meilleur des cas, cette argumentation reste beaucoup trop partielle pour être tout simplement au niveau de la question posée. À vrai dire, elle ne touche pas même au vrai sujet, qui est le mal, non pas choisi volontairement ou même provoqué indirectement par les hommes, mais le mal absurde, injuste et injustifié, celui qui n'a été ni voulu ni mérité par personne, celui qui frappe aveuglément les bons comme les méchants, un mal qui ne vient donc pas, même indirectement, de la liberté humaine, mais qui s'abat aussi sur les nourrissons qui n'ont, par définition, pas eu ni le temps ni l'occasion de commettre quelque faute que ce soit : face au cas des handicapés de naissance, comme face aux catastrophes naturelles qui plongent les innocents dans le malheur, la théologie chrétienne s'en tient à l'idée que les voies du Seigneur sont impénétrables – ce qui, encore une fois, ne nous avance guère et « colle » en vérité assez mal avec l'idée d'un Dieu paternel bienveillant.

Ce que j'en pense

Comme on le voit, il fallait bien que la philosophie vienne ici au secours de la religion pour sauver Dieu de l'accusation d'injustice ou d'impuissance, voire de méchanceté. C'est du moins ce que pensait Leibniz et la réponse qu'il entreprend de donner à cette énigme consiste à montrer que le monde, en réalité, est parfait si l'on se place du point de vue de sa totalité, et que ce que nous prenons pour des maux du point de vue fini, limité, qui est celui des petits humains que nous sommes, n'est du point de vue du tout que la condition d'un plus grand bien. C'est là ce que Leibniz, indépendamment des principes philosophiques que nous allons évoquer plus en profondeur dans la suite de ce chapitre, suggère déjà par une métaphore picturale fort éloquente, dans ce passage d'une de ses œuvres majeures (*De l'origine radicale des choses*, paragraphes 12 et 13) :

Citation

> « Considérons une très belle peinture. Cachons-la tout entière, sauf une infime petite partie : que verrons-nous d'autre en elle, malgré l'examen le plus approfondi, ou mieux : d'autant plus qu'on l'examinera de plus près, sinon un amas confus de couleurs sans choix et sans art ? Et cependant, le voile une fois retiré, on considérera tout le tableau d'un centre de perspective convenable, on comprendra que ce qui paraissait appliqué au hasard sur la toile a été pour l'auteur l'œuvre d'un art suprême. »

Explications

En d'autres termes, ce qui apparaît mauvais dans le détail est en réalité bon du point de vue de l'ensemble. Un monde dans lequel Dieu, par exemple, n'aurait créé que des génies serait paradoxalement moins parfait que le nôtre, où il faut bien reconnaître qu'il existe toute une hiérarchie des êtres, du parfait crétin ou du parfait salaud jusqu'au sage et au génie. On pourrait dire, pour mieux faire comprendre la logique de cette théodicée, qu'il en va de l'univers créé par le dieu de Leibniz comme de la biodiversité pour un écologiste : la notion de nuisible n'y a aucune place. Il y faut aussi des guêpes, des vipères et des crapauds, petit animal au demeurant bien inoffensif, qui nous a valu l'un des plus beaux poèmes de Victor Hugo.

Comme pour un biologiste, le meilleur des mondes ou, si l'on veut, l'écosystème le plus riche, est celui qui réunit la biodiversité la plus grande dans le maximum d'harmonie et d'unité, ce qui implique inévitablement une certaine hiérarchie des êtres, non pas au sens moral, mais au sens où le monde doit comprendre toute la diversité, toute l'échelle des vivants, du plus simple au plus évolué, du plus fruste au plus intelligent, du plus faible au plus fort, du plus laid au plus beau, etc. Comme dans tout écosystème, non seulement il n'y a pas de nuisible, pas de mal en soi, mais tous les êtres et tous les événements ont leur place légitime, leur raison d'être, y compris ceux qui nous semblent mauvais quand nous nous plaçons de notre seul point de vue particulier : car sans eux, le monde serait en réalité moins riche, moins divers, donc moins parfait.

À retenir

Le meilleur des mondes n'est donc pas celui où il n'y a pas de mal « pour nous », c'est celui qui comprend le maximum d'être, le maximum de diversité organisée avec le minimum de principes, de lois générales, donc avec le maximum d'ordre, d'unité et d'harmonie. C'est la diversité dans l'unité qui fait la beauté, la bonté et la grandeur du monde, et s'il n'y avait que des êtres intelligents, beaux et bons, le cosmos serait monotone, sans intérêt, car dépourvu de cette pluralité qui fait aussi son charme – argumentation, cela dit au passage, qu'on retrouvera *cum grano salis*, dans le livre de Boris Vian intitulé *Et on tuera tous les affreux*, un ouvrage prophétique qui fait le procès d'un clonage qui viserait à ne conserver que les plus beaux…

Tel est donc aussi le fondement de ce qu'on va appeler tout au long du XVIIIe siècle « l'optimisme leibnizien », la conviction que le monde est fondamentalement bon, et même parfait, comme l'est aussi son créateur. La nature et la divinité (*deus sive natura*, comme dira Spinoza) sont également parfaites et justes. Au XVIIIe siècle, lorsque le débat sur la *Théodicée* rebondira à propos du tremblement de terre de Lisbonne qui, en 1755, fit plusieurs dizaines de milliers de morts, Voltaire se livrera à une critique qui se voudra radicale de l'optimisme leibnizien, critique qui fut suivie par une célèbre réponse de Rousseau qui entreprit de défendre le point de vue de Leibniz contre celui de Voltaire.

La critique voltairienne de l'optimisme leibnizien

Le texte à cet égard le plus célèbre et le plus significatif est sans nul doute le très fameux *Poème sur le désastre de Lisbonne* que Voltaire rédige en 1756 contre l'optimisme leibnizien. J'en rappelle pour mémoire les toutes premières lignes, une œuvre qui, à défaut d'avoir une réelle valeur poétique, résume parfaitement le différend philosophique qui oppose Voltaire à la *Théodicée* de Leibniz :

Citation

> « Ô malheureux mortels ! Ô terre déplorable !
> Ô de tous les mortels assemblage effroyable !
> D'inutiles douleurs éternel entretien !
> Philosophes trompés qui criez : "tout est bien"
> Accourez, contemplez ces ruines affreuses
> Ces débris, ces lambeaux, ces cendres malheureuses

Ces femmes, ces enfants, l'un sur l'autre entassés
Sous ces marbres rompus, ces membres dispersés
Cent mille infortunés que la terre dévore
Qui sanglants, déchirés et palpitants encore
Enterrés sous leurs toits, terminent sans secours
Dans l'horreur des tourments leurs lamentables jours
... Direz-vous "c'est l'effet des éternelles lois
Qui d'un Dieu libre et bon nécessitent le choix"
Direz vous en voyant cet amas de victimes
"Dieu s'est vengé, leur mort est le prix de leurs crimes"
Quels crimes, quelle faute ont commis ces enfants ?
Sur le sein maternel écrasés et sanglants
Lisbonne qui n'est plus eut elle plus de vice
Que Londres, que Paris, plongés dans les délices ? »

Chaque ligne de ce poème vise Leibniz, sa conception de Dieu et son optimisme de la providence. Faut-il dire pour autant de Voltaire qu'il est pessimiste ? Point du tout, car sous la critique de la divinité et de la nature, c'est un formidable optimisme de l'homme et de l'histoire, une foi inébranlable dans les Lumières et l'idée de progrès qui prend place, comme on pouvait le pressentir dès 1736, dans un poème lui aussi célèbre, *Le Mondain*. Voltaire, à l'opposé déjà de Rousseau et des futurs romantiques, y fait l'apologie du monde moderne, du luxe, de la civilité et des bonnes mœurs :

Citation

« Regrettera qui veut le bon vieux temps
Et l'âge d'or et le règne d'Astrée[1]
Et les beaux jours de Saturne et de Rhée
et le jardin de nos premiers parents
Moi je rends grâce à la nature sage
Qui pour mon bien m'a fait naître à cet âge
Tant décrié par nos tristes frondeurs
Ce temps profane est tout fait pour nos mœurs
J'aime le luxe et même la mollesse
Tous les plaisirs, les arts de toute espèce
La propreté, le goût, les ornements
Tout honnête homme a de tels sentiments
Il est bien doux pour mon cœur très immonde de voir ici l'abondance
à la ronde
Mère des arts et des heureux travaux
Nous apporter de la source féconde

1. Allusion à *L'Astrée*, le roman d'Honoré d'Urfé publié en 1607, dont l'action se déroule dans la Gaule des druides, au ve siècle, et qui raconte les amours d'Astrée et de Céladon.

> Et des besoins et des plaisirs nouveaux
> L'or de la terre et les trésors de l'onde
> Leurs habitants et les peuples de l'air
> Tout sert au luxe, aux plaisirs de ce monde
> Ô le bon temps que ce siècle de fer
> Le superflu, chose très nécessaire
> A réuni l'un et l'autre hémisphère
> Voyez-vous pas *[sic!]* ces agiles vaisseaux
> Qui, du Texel, de Londres, de Bordeaux
> S'en vont chercher, par un heureux échange
> De nouveaux biens nés aux sources du Gange
> Tandis qu'au loin, vainqueur des musulmans
> Nos vins de France enivrent les sultans ?
> Quand la nature était dans son enfance
> Nos bons aïeux vivaient dans l'ignorance
> Qu'auraient ils pu connaître ? Ils n'avaient rien... »

Contre son ennemi de toujours, Rousseau va bien sûr prendre la plume afin, non seulement de réhabiliter Leibniz, mais surtout pour faire l'éloge de la nature originelle et de la providence contre le prétendu « progrès » de la civilisation des Lumières, comme on le voit dans son admirable lettre à Voltaire du 18 août 1756, qui réagit au poème sur le désastre de Lisbonne :

Citation

> « Pour revenir, Monsieur, au système que vous attaquez, je crois qu'on ne peut l'examiner convenablement sans distinguer avec soin le mal particulier, dont aucun philosophe n'a jamais nié l'existence, du mal général que nie l'optimisme. Il n'est pas question de savoir si chacun de nous souffre ou non, mais s'il était bon que l'univers fût et si nos maux étaient inévitables dans la constitution de l'univers, et au lieu de "tout est bien", il vaudrait peut-être mieux dire : "le Tout est bien" ou "tout est bien pour le Tout". Alors il est très évident qu'aucun homme ne saurait donner de preuves directes ni pour ni contre car ces preuves dépendent d'une connaissance parfaite du monde et des buts de son Auteur, et cette connaissance est incontestablement au-dessus de la connaissance humaine... Les premiers qui ont gâté la cause de Dieu sont les prêtres et les dévots qui ne souffrent pas que rien ne se fasse selon l'ordre établi mais font toujours intervenir la justice divine des événements purement naturels... Les philosophes, à leur tour, ne me paraissent guère plus raisonnables quand je les vois s'en prendre au Ciel de ce qu'ils ne sont pas impassibles, crier que tout est perdu quand ils ont mal aux dents ou qu'ils sont pauvres ou qu'on les vole et charger Dieu, comme dit Sénèque, de la garde de leur valise... »

Explications

Voltaire a peut-être raison dans cette querelle, mais comme toujours, Rousseau est infiniment plus profond. En authentique philosophe, il comprend, bien avant Popper, mais dans le même sens, que *La Théodicée* de Leibniz est « infalsifiable », qu'il est rigoureusement impossible de démontrer qu'il a tort, ni du reste qu'il a raison, attendu que la doctrine de l'inexistence du mal ne saurait être tranchée par les faits, ni davantage par le raisonnement pur étant donné qu'elle se meut dans une sphère métaphysique où l'expérimentation scientifique n'a plus droit de cité.

Optimisme de la nature et pessimisme de la civilisation

Ce que j'en pense

Ce qui est admirable dans ce débat qui oppose les deux penseurs majeurs du XVIIIe siècle de langue française, c'est qu'on y voit apparaître deux visages du pessimisme et deux visages de l'optimisme. Pour aller à l'essentiel, on peut dire que Voltaire défend, comme le lui reproche Rousseau, un pessimisme de la providence, de la nature et de la divinité, associé à un optimisme du progrès humain, de l'industrie, de la science, du luxe, de l'histoire et des plaisirs terrestres. Bref, c'est un Moderne, un homme des Lumières.

Quant à Rousseau, c'est tout l'inverse : c'est un optimiste de la nature et de la providence, mais un pessimiste radical de l'histoire et de la prétendue « civilisation », et à ce titre, on peut le regarder comme le premier grand théoricien du déclin et de la nostalgie romantique. En quoi il annonce non seulement l'écologie contemporaine, mais avec elle, les théories de la décadence de la modernité si chère au monde intellectuel français depuis maintenant quelques décennies. C'est en ce sens que Rousseau défend la nature, expliquant à Voltaire que ce n'est pas elle qui est responsable du sort des victimes du tremblement de terre, mais la civilisation humaine et son prétendu progrès : ce sont eux, plaide Rousseau, qui, associés aux méfaits de la propriété privée, ont conduit les humains à construire des maisons là où la nature n'avait rien prévu :

Citation

> « Sans quitter votre sujet de Lisbonne, convenez, par exemple, que la nature n'avait point rassemblé là vingt mille maisons de six à sept étages, et que, si les habitants de cette grande ville eussent été dispersés plus également et plus légèrement logés, le dégât eût été beaucoup moindre et peut-être nul. Tout eût fui au premier ébranlement, et on les eût vus le lendemain à vingt lieues de là, tout aussi gais que s'il n'était rien arrivé. Mais il faut rester, s'opiniâtrer autour des masures, s'exposer à de nouvelles secousses, parce

que ce qu'on laisse vaut mieux que ce qu'on peut emporter. Combien de malheureux ont péri dans ce désastre pour vouloir prendre, l'un ses habits, l'autre ses papiers, l'autre son argent ! Ne sait-on pas que la personne de chaque homme est devenue la moindre partie de lui-même, et que ce n'est presque pas la peine de la sauver quand on a perdu tout le reste ? »

Explications

En précurseur du romantisme allemand, Rousseau oppose à Voltaire l'éloge de la nature vierge, de la sobriété, mais aussi celui d'une certaine forme de simplicité, voire de cette « sainte ignorance » qui seule nous préserve des corruptions inhérentes à la civilisation du luxe, du pseudo-progrès et de l'argent, comme on le voit dans ce passage fameux du *Discours sur les sciences et les arts* consacré à glorifier Sparte, la ville des « taiseux », des « laconiques » (la ville de Sparte est située dans la plaine de Laconie), de ces « provinciaux » qui vivent encore dans la vertu, à l'écart des civilités cultivées de cette cité de déréliction qu'est Athènes où l'on se plaît à coucher par écrit, sous le règne de Pisistrate, les poèmes homériques :

Citation

> « Ce fut dans le sein même de la Grèce qu'on vit s'élever cette cité aussi célèbre par son heureuse ignorance que par la sagesse de ses lois, cette république de demi-dieux plutôt que d'hommes tant leurs vertus semblaient supérieures à l'humanité. Ô Sparte ! Opprobre éternel d'une vaine doctrine ! Tandis que les vices conduits par les Beaux-Arts s'introduisaient ensemble dans Athènes, tandis qu'un tyran y rassemblait avec tant de soin les ouvrages du Prince des Poètes [*il s'agit bien sûr de Pisistrate qui fait rédiger par écrit l'*Iliade *et l'*Odyssée], tu chassais de tes murs les arts et les artistes, les sciences et les savants. L'événement marqua cette différence. Athènes devint le séjour de la politesse et du bon goût, le pays des orateurs et des philosophes… »

Explications

En filigrane, c'est bien sûr à un éloge de Lycurgue (dont le nom signifie littéralement : « celui qui tient les loups à l'écart ») que se livre Rousseau. Le grand législateur mythique de Sparte, censé avoir vécu selon Plutarque au IXe siècle avant notre ère, l'emporte à ses yeux de loin sur Pisistrate, le tyran d'Athènes qui fit réunir et éditer les œuvres du « prince des poètes », c'est-à-dire d'Homère. Comme les jeunes Spartiates, Émile n'aura pas ou peu de livres, la culture livresque étant désormais suspecte de corrompre la pureté de l'âme innocente de l'enfant qui devra plutôt observer la nature comme un guide spirituel.

Les fondements philosophiques de *La Théodicée*

Revenons maintenant, afin de la compléter sur un plan proprement philosophique, à la réponse de Leibniz.

Explications

Pour aller au fond, il faut bien voir que son « optimisme » ne relève pas du domaine de l'opinion, de la simple *doxa*, mais qu'il s'organise autour de trois principes métaphysiques fondamentaux qui seuls permettent de laver Dieu de toute accusation. Ce sont eux, en effet, qui vont expliquer selon Leibniz pourquoi Dieu a créé le monde en y intégrant des aspects qui nous paraissent mauvais de notre point de vue limité et ignorant, mais qui en vérité, quand on regarde l'ensemble de la création, sont bons en ce qu'ils contribuent à la perfection globale de l'univers – de sorte que, sans ce que nous prenons pour le mal (les monstres, les imbéciles, les salauds, les criminels, les aveugles nés, les tremblements de terre, les maladies, les morts prématurées, la souffrance des innocents, etc.), le monde serait malgré tout moins parfait qu'il ne l'est.

Voici ces trois principes dont il faut préciser qu'ils fondent au passage le rationalisme absolu qu'on retrouvera développé sous la forme d'un système achevé chez Hegel[2], des principes qui ont, selon Leibniz, présidé à la création du monde par Dieu. Pour Leibniz, en effet, Dieu est un être parfaitement rationnel, il est lui-même soumis aux principes fondamentaux de la logique (c'est là, cela dit au passage, une grande différence avec Descartes qui plaçait Dieu au-dessus des vérités de raison et qui pensait qu'Il aurait pu s'Il l'avait voulu, faire par exemple en sorte que 2 + 2 fissent 5 plutôt que 4…).

À retenir

Le premier principe, le plus fondamental entre tous, c'est le fameux principe de non-contradiction ou principe d'identité. En bonne logique, il définit la sphère des possibles : n'est possible que ce qui n'est pas contradictoire. Par exemple, un cercle carré n'est pas possible, parce que la notion de « carré » contredit l'identité même du cercle, sa définition essentielle, mais en revanche, un cheval ailé est logiquement possible : *a priori*, Dieu aurait très bien pu créer (selon ce que Leibniz appelle sa « volonté antécédente », c'est-à-dire avant de prendre en compte toutes les données du problème posé par la compatibilité de tous les possibles)

2. Pour être complet, il faudrait ajouter encore deux autres principes : le principe de continuité, selon lequel la nature ne fait pas de sauts, et le principe des indiscernables, selon lequel il n'y a pas dans la nature deux êtres parfaitement identiques. Mais ces deux principes se déduisent en réalité directement du troisième principe, le principe du meilleur qui implique tout à la fois un monde sans trou (ce serait contraire à une création qui vise à créer le maximum d'être dans le minimum de principes) et sans duplication (à quoi bon dupliquer des êtres à l'identique ? Ce serait là une création sans raison).

des chevaux ailés comme Pégase. Il n'y aurait là rien de contradictoire en soi et s'il ne l'a pas fait, c'est donc pour d'autres raisons (liées à sa volonté « conséquente » comme nous allons le voir dans un instant, c'est-à-dire la volonté qui prend en compte la totalité des problèmes liés à la diversité du monde en termes de compatibilité entre tous les possibles qui doivent coexister harmonieusement entre eux) – ce qui nous conduit aussitôt au deuxième principe.

À retenir

Il s'agit du fameux « principe de raison suffisante » dont la formulation la plus simple, que l'on doit à Leibniz, est la suivante : rien n'advient sans raison (ou sans cause) suffisante de son existence, *nihil est sine ratione*. En vérité, ce principe n'est qu'une variante du principe de causalité, qui n'est lui-même qu'une modification du principe d'inertie que Descartes formule déjà dans ses ouvrages consacrés à la physique et qui signifie, en substance, qu'un corps, par exemple une boule de billard, ne change ni de direction ni de vitesse tant qu'un autre corps ne vient pas l'obliger à le faire, c'est-à-dire, *tant qu'une cause ne vient pas modifier son état*. Le principe de raison ne régit plus la possibilité logique, mais la possibilité réelle, autrement dit l'existence *vraiment* possible : pour que certains possibles, parmi tous ceux qui sont logés dans l'entendement de Dieu, passent à l'existence, il faut une bonne raison (et, pour continuer notre exemple, il n'y avait manifestement aucune bonne raison de créer des éléphants roses, mais en revanche, il y en avait d'excellentes, nous allons voir pourquoi, de créer des monstres, des aveugles nés et des tremblements de terre...).

La distinction entre la simple possibilité logique, qui est définie par la seule non-contradiction et la possibilité réelle, qui ajoute à la première des raisons d'exister est absolument fondamentale : tout ce qui est possible *logiquement* ne l'est pas *réellement* de sorte que s'il y a *en théorie* une infinité de mondes logiquement possibles, il apparaîtra malgré tout que si l'on tient compte du second principe, un seul et unique monde est *réellement* possible (ce qui, à l'encontre des lectures ordinairement reçues chez les spinozistes, rapproche en fait Leibniz du thème central de Spinoza selon lequel il n'y a qu'un seul monde possible, à savoir le monde réel, qui est parfait, de sorte qu'il n'y a, du point de vue de Dieu, aucune différence réellement possible entre le réel et le possible). Comme Spinoza, Leibniz pourrait sans difficulté déclarer qu'il n'y a aucune différence entre le parfait et le réel, entre la perfection et la réalité, cette dernière étant d'un point de vue global absolument bonne, c'est-à-dire, si l'on se place du point de vue de la totalité, exempte de tout mal.

Vient enfin le « principe du meilleur », principe suprême qui régit en dernière instance le passage à l'existence réelle, c'est-à-dire le choix des « compossibles », le choix des possibles qui sont compatibles entre eux. En fin de parcours (et c'est cela que Leibniz appelle la volonté « conséquente » de Dieu, celle qui tient compte de tous les éléments du problème), la création divine va tendre à faire exister le maximum de possibles susceptibles de s'accorder sous l'égide d'un minimum de principes d'organisation. C'est seulement à cette condition que le monde pourra prendre la forme d'un *système* parfait (ce qui annonce, cela dit au passage, la philosophie de Hegel, Leibniz étant le premier philosophe à donner à sa doctrine le nom de « système » au sens que le terme va prendre dans l'idéalisme allemand).

Le monde est ainsi semblable à un organisme merveilleusement agencé et harmonieux dont les détails ne paraîtront mauvais qu'aux ignorants qui sont privés de la vue d'ensemble qui seule permet d'apprécier la perfection du tout. Le meilleur des mondes sera en ce sens celui qui comprendra le maximum de compossibles avec le minimum de principes d'organisation nécessaires pour y parvenir, celui qui englobera le maximum de diversité (au sens de la diversité biologique si chère à nos écologistes) avec le minimum de causes.

Et en ce sens, comme dit la sagesse des nations, « il faut de tout pour faire un monde », de sorte que l'univers doit comprendre toute la diversité, toute l'échelle des êtres, y compris les aveugles nés, les monstres et les tremblements de terre : sans eux, le monde serait moins riche, moins divers, donc moins parfait. Le meilleur des mondes n'est donc pas celui où il n'y a pas de mal « pour nous ». Par exemple, dit Leibniz, un monde dans lequel il y aurait mille Virgile et aucun imbécile serait paradoxalement moins parfait qu'un monde qui compte, comme celui où nous vivons, des imbéciles autant (ou même plus !) que des génies et, entre les deux, toute la hiérarchie des êtres. C'est la diversité dans l'unité qui fait la perfection de l'univers créé par Dieu.

À retenir

Aussi étonnant que cela puisse paraître à première vue, c'est cette structure métaphysique du monde qui va servir de modèle aux théories libérales du marché et de sa fameuse « main invisible », une conception du monde qu'on retrouvera aussi dans la philosophie hégélienne de l'histoire avec sa fameuse théorie de la « ruse de la raison » qui n'est rien d'autre qu'une application à l'historicité de la théodicée de Leibniz.

La Théodicée, modèle des théories libérales du marché

Comme les théories libérales du marché, la ruse de la raison va reposer sur l'idée que le Bien commun (la perfection de l'ensemble) ne vient nullement des actions vertueuses et désintéressées, mais au contraire de la poursuite la plus égoïste qui soit des intérêts particuliers.

Pour bien comprendre

Cette idée a été développée pour la première fois de manière explicite dans un petit texte fort amusant, *La Fable des abeilles* de Mandeville (1714) (voir aussi chapitre 12), dont le sous-titre, *Vices privés, bénéfices publics*, donne le ton : c'est paradoxalement par la poursuite des objectifs les plus matériels et même les plus vils que se réalise l'intérêt général. Avec un sens de l'humour très britannique, Mandeville imagine une ruche où les abeilles, vicieuses jusqu'au bout des ailes, ne font que poursuivre leurs fins les plus égoïstes. Au passage, il offre un tableau au vitriol de la société anglaise de son temps : les gens « comme il faut », les bons bourgeois, avocats, commerçants, banquiers, ministres et magistrats, en prennent pour leur grade. Ils ne sont, dans la fable, qu'abominables Tartuffes visant exclusivement leurs intérêts les plus étroits sous couvert de moralité. Mais du point de vue de l'ensemble, comme chez Leibniz, cela marche paradoxalement fort bien.

Pour n'en donner qu'un seul exemple, les bourgeois, cupides et avides de luxe, font, malgré leur égoïsme, ou plus exactement grâce à lui, vivre les drapiers, tisserands, marins et serviteurs à foison. Au bout du compte, cette ruche pleine de péchés et d'inégalités est insolemment prospère et, malgré les inégalités (la hiérarchie des êtres chère à Leibniz), finalement tout le monde en profite, y compris les plus pauvres. Les intentions sont immorales, mais le résultat est excellent et, tout bien pesé, on peut le juger comme bon du point de vue d'une éthique utilitariste du bonheur.

Tout se passe donc fort bien dans ce monde où règne un égoïsme généralisé, du moins jusqu'au jour où la plus corrompue et la plus hypocrite des abeilles invoque Jupiter pour faire son intéressante : « Ah, s'écrit-elle, comme ce serait bien si nous étions plus vertueuses ! » Jupiter, exaspéré par tant d'arrogance dans l'hypocrisie, la prend au mot. Il décide de la punir... en exauçant son souhait ! Les méchantes bestioles se transforment d'un coup en sœurs Emmanuelle soucieuses du sort des autres. Et la ruche va bientôt en mourir. Par exemple, au lieu de garder quelques réserves de miel pour l'hibernation, ces saintes-nitouches ont tout donné. Résultat : les larves meurent, mais avec elles aussi, les métiers qui vivaient du luxe et de la richesse des notables. Ce sont aussi les prisons qui se vident, les juges, les avocats, les gardiens et les policiers se retrouvant au chômage, de sorte qu'en fin de parcours tout ce petit monde se retrouve dans la misère la plus noire...

Explications

La fable de Mandeville n'est en fait qu'un avatar de la *Théodicée* de Leibniz dont elle copie la structure en l'appliquant simplement sur le plan économique et social, en quoi, comme je le disais plus haut, elle deviendra la matrice des théories libérales de la « main invisible » mais aussi de la théorie hégélienne de la « ruse de la raison », c'est-à-dire de ces philosophies de l'histoire selon lesquelles le bien se dégage naturellement de la libre poursuite des intérêts privés – l'intervention vertueuse de l'État étant toujours de ce point de vue plus ou moins catastrophique car porteuse d'effets pervers inattendus.

Du point de vue de ces visions libérales de l'économie, le mal, comme dans *La Théodicée*, n'existe pas. Par exemple, les faillites, bien qu'elles mettent des ouvriers au chômage, ne font qu'éliminer les canards boiteux, une élimination qui du point de vue de la totalité, est une bonne chose ou pour mieux dire, comme chez Leibniz, ce que nous prenons pour un mal n'est en réalité que la condition d'un plus grand bien au niveau de la totalité de sorte que ce que nous avons tendance à juger comme mauvais d'un point de vue partiel (par exemple l'égoïsme), est en réalité excellent du point de vue de la totalité (du Bien commun).

Ce que j'en pense

On peut bien entendu critiquer cet optimisme, voire le détester, mais il faut bien voir que pour parvenir à construire contre lui des objections solides, il faut passer par une critique de la métaphysique et de son rationalisme absolu dont le moins qu'on puisse dire est qu'elle ne va pas de soi. Seul Kant parviendra, au XVIIIe siècle, à la mettre en place contre les théodicées de Leibniz, Spinoza et même, par avance de Hegel, ce qui lui permettra d'être le père fondateur des morales républicaines qui se situent à l'opposé des théories libérales du marché et des philosophies de la ruse de la raison. Nous y reviendrons dans la partie consacrée à la philosophie moderne.

DANS CE CHAPITRE

L'argument ontologique

•

La question du libre arbitre et du déterminisme intégral

•

La doctrine spinozienne de la sagesse, de la joie et du salut

•

Le bien, le mal et les passions tristes

•

Une critique de la métaphysique de Spinoza

Chapitre 10

Folie du spinozisme ou comment les promesses rendent les fous heureux

S'il y a un « miracle Spinoza », c'est bien que des gens qui se disent intelligents (et qui le sont parfois) puissent encore croire aux mirages d'une métaphysique dogmatique tout entière appuyée sur ce sophisme enfantin qu'est l'argument ontologique. Il en va à mes yeux du spinozisme comme du marxisme : Marx est génial, mais le communisme a été une catastrophe, Spinoza est un esprit d'une puissance systématique incontestable, le spinozisme n'en est pas moins une catastrophe métaphysique. Je ne le dis ni par plaisir, ni par provocation, mais sur fond d'une argumentation que je vais développer ici, une argumentation à laquelle, en toute sincérité, je ne vois pas ce qu'on peut sérieusement opposer.

« Penser comme un dieu », une sagesse inhumaine

Et pour ne pas être disqualifié d'entrée de jeu par les spinozistes (qui sont souvent, comme l'étaient autrefois les marxistes, en phase avec le dogmatisme de la pensée du maître), je commencerai par citer les propos d'un des meilleurs commentateurs de Spinoza, André Comte-Sponville[1], un penseur qui sait de quoi il parle attendu qu'il fut lui-même non seulement un grand lecteur de l'*Éthique*, mais pendant longtemps un spinoziste fervent. Aujourd'hui, comme vous allez le voir, il se moque de la fameuse « connaissance du troisième genre » et de cette idée spinoziste autant qu'épicurienne selon laquelle le sage authentique serait celui qui parviendrait à « penser comme un dieu », voire, comme le disait Deleuze sans rire dans ses leçons sur Spinoza, à « mourir aussi peu que possible, en tout cas moins que le fou », ce qui, pour tout vous dire, m'a toujours, moi, fait franchement rigoler :

Citation

> « Souvenez-vous, écrit l'ami André, de la fin de la *Lettre à Ménécée* : "Si tu médites mes leçons jour et nuit, explique Épicure, jamais, ni en état de veille ni en songe, tu ne seras sérieusement troublé, mais tu vivras comme un dieu parmi les hommes. Car il ne ressemble en rien à un vivant mortel, l'homme vivant dans les biens immortels." Cela, à 18 ans, m'exaltait presque autant que l'*Éthique*. Mais qui peut y croire, à l'âge mûr ? Comment un être humain pourrait-il "ne ressembler en rien à un vivant mortel" ? Lequel d'entre nous pourrait se vanter, ou même envisager sans se couvrir de ridicule, de vivre "comme un dieu parmi les hommes" ? Comment penser sérieusement que "l'accroissement de notre connaissance puisse faire que la partie de notre âme périssant avec le corps" n'ait "aucune importance (*nullius sit momenti*) relativement à celle qui demeure" (*Éthique*, V, sc. de la prop. 38)... Car enfin, la part de nous qui mourra en même temps que notre corps, c'est justement la part que nous sommes (nos désirs, nos souvenirs, nos émotions, nos volontés, notre imagination, notre sensibilité, notre pensée en tant qu'elle est autre chose que la vérité, bref, notre conscience et même notre inconscient), alors que la part de notre âme qui est censée ne pas mourir à la mort du corps (mais comment est-ce possible si "l'âme et le corps sont une seule et même chose" ?), disons ce qu'il y a en nous de connaissance et de vérité peut bien être vécu parfois, mais n'est pas nous. Comment pourrait-elle nous consoler de mourir ou, *a fortiori*, d'avoir perdu ceux que nous aimons ?... Au fond, ce que je reproche à Spinoza, comme d'ailleurs à

1. Conférence devant l'Association des Amis de Spinoza, à la Sorbonne. Il y prend ses distances avec le spinozisme de sa jeunesse. Publication afférente : *Comte-Sponville*, Éditions de l'Herne, 2020.

> Épicure, c'est d'avoir évacué le tragique, ou plutôt de vouloir l'évacuer, non pas certes de la condition humaine, où sa place est bien marquée, mais de la sagesse – ce qui revient à fantasmer une sagesse inhumaine ou impossible quand seule une sagesse tragique, c'est-à-dire consciente de ses limites et de son propre échec, peut nous convenir. » (*op. cit.*)

Explications

Une sagesse « inhumaine » ? On ne saurait mieux dire tant le fond ultime de la philosophie de Spinoza consiste à inviter l'être humain à se prendre pour ce qu'il n'est pas, à penser du point de vue de l'Être suprême et omniscient, ce qui, comme Kant l'avait compris avant Nietzsche et Heidegger, relève d'un délire métaphysique et n'a, à proprement parler, aucun sens : aucun sens, en effet, puisque, comme nous l'avons vu au chapitre précédent, je ne puis jamais me représenter (« schématiser ») le monde comme le ferait un Dieu doté d'un entendement infini, non limité, un entendement dont Spinoza ne parvient d'ailleurs à poser l'existence qu'à partir de ce sophisme puéril qu'est l'argument ontologique.

Pourtant, comme y insiste André Comte-Sponville, c'est bien à cela que nous invite Spinoza lorsqu'il nous parle de « mourir aussi peu que possible ». Même chose, au fond, même si par d'autres voies, lorsqu'Épicure prétend que « la mort n'est rien pour nous » à condition de « vivre comme un Dieu », ce qui, comme le souligne encore Comte-Sponville, est plus proche du ridicule, voire de l'hôpital psychiatrique, que d'une sagesse possiblement humaine :

Citation

> « Je trouve que c'est mettre sa propre sérénité ou son propre confort intérieur bien haut et l'émotion ou l'humanité bien bas. Que la sérénité, toutes choses égales par ailleurs, vaille mieux que l'anxiété, nul ne le conteste. Mais parmi ces "toutes choses", égales ou pas, plusieurs (qui ne sont pas des choses, mais des vertus) m'importent davantage : l'amour, la justice, le courage, la compassion, la générosité, la simplicité, la douceur, la lucidité, l'humour... Vivre sans trouble ? C'est une ambition que je n'ai plus. Sans émotions ? J'y verrais plutôt une faute ou une dénégation... Pourquoi faudrait-il, pour augmenter notre puissance d'exister et d'agir [...] diminuer en proportion notre puissance, car c'en est une aussi, d'être ému ou troublé, de pâtir et de souffrir ? Pouvoir pâtir ou souffrir pour le corps est une puissance, dont l'absence nous vouerait à la mort, non une faiblesse. Il en va donc de même de notre âme puisque "l'âme et le corps sont une seule et même chose" et c'est pourquoi je ne crois pas, contrairement à Spinoza, que "la puissance de l'âme se définisse par la connaissance seule" (*Éthique*, V, sc. de la prop. 20), ni son impuissance par la seule privation de connaissance (*ibid.*). L'amour et la sexualité, là-dessus, m'en ont plus appris que la lecture de l'*Éthique*. » (*op. cit.*)

Voilà pourquoi Spinoza « donne de la sagesse, donc aussi de la vie humaine, une vision tronquée, trompeuse et illusoire... », car la vie la meilleure n'est ni « la moins mortelle, la moins émue, ni la moins troublée. En un mot : la vie la meilleure est la vie la plus humaine, non la plus divine (*Éthique* IV, sc. prop. 45) ni la plus riche en "connaissance claire et distincte". Bref, force m'est de reconnaître que le "modèle de la nature humaine" que je me propose désormais n'est plus celui de "l'homme libre" spinoziste, celui qui "vivrait suivant le seul commandement de la raison" (*Éthique*, IV, préface et démonstration de la prop. 67) ».

Ce que j'en pense

Voilà, c'est dit ! À la sagesse inhumaine, trompeuse et illusoire de Spinoza, André Comte-Sponville en est venu à préférer celle de Montaigne, cette « sagesse du vent » qu'il trouve si heureusement formulée dans ce passage des *Essais* :

Citation

> « Tant sage qu'il voudra, mais enfin c'est un homme : qu'est-il plus caduc, plus misérable et plus de néant ? La sagesse ne force pas nos conditions naturelles... Mais quoi, nous sommes partout vent. Et le vent encore, plus sagement que nous, s'aime à bruire, à s'agiter et se contente en ses propres offices sans désirer la stabilité, la solidité, qualités non siennes. »

Je vais maintenant vous dire comment, partant non de Montaigne, mais de l'héritage puissant des philosophies de la liberté que j'ai évoqué au début de cette partie, je rejoins par d'autres voies la critique que mon ami André adresse aujourd'hui au spinozisme.

Du point de vue de l'être humain au point de vue de Dieu

L'allégorie du DVD

Pour bien comprendre

Et pour bien me faire comprendre, je commencerai par une allégorie. Imaginez que vous êtes tranquillement dans votre chambre, un soir, et que vous décidez de regarder sur un DVD un film dont on vous a assuré qu'il était épatant. Les épisodes s'enchaînent tant et si bien, avec ce mélange d'événements attendus et de bifurcations imprévisibles, que vous vous laissez prendre au jeu, et ce d'autant plus aisément que les paysages sont sublimes et les acteurs convaincants. Tantôt saisi par l'indignation, tantôt par le rire, l'attente ou la peur, vous vous étonnez de ce que ce film a réussi à évoquer en vous une riche palette d'émotions et de passions humaines.

Sans le savoir, vous êtes entré de plain-pied dans le système de Spinoza. Vous allez maintenant pouvoir en dévider toutes les conséquences, y compris, malgré la simplicité apparente de l'allégorie, les plus sophistiquées pourvu seulement que vous compreniez qu'il y a, sur le film que vous êtes en train de visionner, deux points de vue opposés : d'abord le vôtre, celui d'un être humain fini qui, contrairement à Dieu, n'a rien d'omniscient, un spectateur qui découvre peu à peu l'histoire dans un temps qui est celui de la naïveté. Ignorant tout du scénario, vous ne savez jamais comment les événements vont tourner, si le héros va perdre ou triompher. Tout est encore possible, tout peut arriver : vous êtes alors plongé dans ce que Spinoza considère comme « l'illusion des possibles », la croyance, parfaitement « délirante » (c'est le terme qu'il emploie) en l'idée que les personnages étant libres de leurs choix, il y a plusieurs avenirs qui s'ouvrent devant eux dont aucun n'est prédéterminé.

Cela dit, il existe évidemment un tout autre point de vue sur ce film, à savoir celui du réalisateur ou du spectateur qui l'a déjà vu, le point de vue, donc, de celui qui sait tout, qui connaît déjà la fin de l'histoire, une fin qui en réalité est déjà présente dès l'origine – en quoi le temps de l'innocence et de l'ignorance n'est qu'une illusion liée au regard confus du spectateur naïf. En soi ou en vérité, tout est déjà gravé dès le départ, sinon dans le marbre, du moins dans le plastique du petit disque. Il n'y a donc pas de liberté pour les acteurs, pas de bifurcations possibles dans le récit. Tout est déjà joué, déterminé jusque dans les moindres détails, jusque dans les moindres paroles prononcées par les personnages.

Le libre arbitre est une illusion

Explications

Si l'on traduit maintenant cette allégorie en termes spinozistes, on dira que le point de vue du spectateur innocent est celui de l'être humain qui vit dans ce que Spinoza appelle la connaissance « inadéquate » (la connaissance du « premier genre ») : étant dans l'ignorance de la fin de l'histoire, non seulement il cède sans cesse à l'illusion du libre arbitre et des possibles, mais précisément parce qu'il pense que tout n'est pas joué, il se laisse emporter par des passions : il est choqué par telle scène, ému par telle autre, horrifié ou indigné par une troisième, etc. On dira par contraste que le point de vue de celui qui sait déjà tout et qui se situe à la fin du récit est celui de Dieu ou du sage, du metteur en scène qui possède une connaissance parfaite de l'intrigue (ce que Spinoza appelle la « connaissance du troisième genre »).

Pour le sage spinoziste, donc, la notion d'un libre arbitre défini comme la faculté de choisir entre des possibles, entre des options différentes, relève d'un pur délire. C'est l'illusion par excellence : selon le rationalisme absolu et dogmatique de Spinoza, il ne peut pas y avoir de liberté de choix entre des options possibles, et ce pour la simple et bonne raison qu'il n'existe tout simplement pas de possibles, sinon toujours du point de vue « imaginaire » de l'illusion liée à l'ignorance de la fin du film. Seul le spectateur innocent, l'être humain qui n'est pas encore parvenu à la vraie connaissance, donc pas non plus à la sagesse véritable, peut s'imaginer que des possibilités étant ouvertes, le héros est doté d'une capacité de choisir entre elles librement, une croyance que Spinoza considère comme absurde puisque tout simplement liée au fait que l'ignorant ne connaît ni les causes des événements, ni la fin de l'histoire, bien qu'avec un peu de raisonnement et d'intelligence, il pourrait se douter que cette dernière existe déjà en soi, du point de vue de Dieu, du sage, du cinéaste, de la fin du DVD et de la vérité. Voilà pourquoi Spinoza, qui tient, grâce à un fameux argument, l'argument ontologique, que le point de vue de Dieu est à la fois réel et vrai, tente de démontrer que le libre arbitre relève tout simplement de l'ignorance des causes qui nous déterminent et du délire que cette ignorance suscite en nous.

Comme il le dit dans l'*Éthique* (partie I, prop. 29, appendice) :

Citation

> « Dans la nature, il n'existe rien de contingent, tout y est déterminé par la nécessité de la nature divine à exister et à agir selon une modalité particulière. » (trad. R. Misrahi, PUF, 1993)

Et voici comme il précise sa critique du libre arbitre dans une lettre fameuse (à Schuller) :

Citation

> « Pour rendre cela clair et intelligible, concevons une chose très simple : une pierre, par exemple, reçoit d'une cause extérieure qui la pousse une certaine quantité de mouvement et, l'impulsion de la cause extérieure venant à cesser, elle continuera à se mouvoir nécessairement. Cette persistance de la pierre dans le mouvement est une contrainte... Ce qui est vrai de la pierre, il faut l'entendre de toute chose singulière, quelle que soit la complexité qu'il vous plaise de lui attribuer, si nombreuses que puissent être ses aptitudes, parce que toute chose singulière est nécessairement déterminée par une cause extérieure à exister et à agir d'une certaine manière déterminée. Concevez maintenant, si vous voulez bien, que la pierre, tandis qu'elle continue de se mouvoir, pense et sache qu'elle fait effort, autant qu'elle peut, pour se mouvoir. Cette pierre, assurément, puisqu'elle a conscience de son effort seulement et qu'elle n'est en aucune façon indifférente, croira qu'elle est très libre et qu'elle ne persévère dans son mouvement que parce qu'elle le veut. Telle est cette liberté humaine que tous se vantent de posséder et qui consiste en cela seul que les hommes

ont conscience de leurs appétits et ignorent les causes qui les déterminent. Un enfant croit librement vouloir le lait, un jeune garçon irrité vouloir se venger et, s'il est un poltron, vouloir fuir. Un ivrogne croit dire par un libre décret de son âme ce qu'ensuite, revenu à la sobriété, il aurait voulu taire. De même, un délirant, un bavard et bien d'autres de même farine croient agir par un libre décret de l'âme et non se laisser contraindre. Ce préjugé est naturel, congénital, parmi tous les hommes et ils ne s'en libèrent pas aisément. » (« Lettre 58 à Schuller », *Lettres*, Garnier Flammarion, trad. Charles Appuhn, 1993, p. 304)[2]

Ce que j'en pense

Laissons de côté pour l'instant les invraisemblances qui traversent les comparaisons que prend Spinoza. Par exemple, on voit mal pourquoi une pierre lancée comme un projectile, en admettant même qu'on la dote par hypothèse de la conscience, aurait le sentiment de faire un « effort » alors que, justement, elle n'en fait aucun : l'enfant qu'on pousse sur la balançoire se réjouit précisément du fait qu'il n'a pas le moindre effort à faire pour se balancer. Passons aussi sur le fait que l'homme à jeun et l'ivrogne sont mis sur le même plan, alors que la honte de celui qui a dit des horreurs en état d'ébriété vient à l'évidence du fait qu'il existe une différence notable et très perceptible entre les deux états. Bornons-nous à dégager la conséquence où Spinoza veut en venir, à savoir que, du point de vue de Dieu, c'est-à-dire de la vérité, la liberté est pure illusion, le possible est parfaitement identique au réel, ils sont superposables et ils ne se distinguent que pour l'ignorant qui délire et croit, comme la pierre ou comme l'ivrogne, à la finalité libre de ses actions.

L'homme est soumis à un déterminisme absolu

Comme y insiste sans cesse Spinoza, *et c'est crucial pour fonder sa doctrine de la sagesse, de la joie et du salut*, ce déterminisme absolu ne vaut pas seulement pour toutes nos actions, mais aussi pour toutes les intentions qui les accompagnent et qui sont, sans que l'ignorant qui regarde le film en ait conscience, des effets de son essence (de son « degré de puissance », comme dit Spinoza dans son jargon). Je vous invite à lire et à méditer sérieusement ce qu'écrit Spinoza lui-même à ce propos et vous verrez que je n'invente ni n'exagère rien. Pour comprendre ce qui suit, il vous suffit de vous rappeler que Dieu est à la fois le scénariste, le metteur en scène du film, et celui qui se situe à la fin de l'histoire, qui en connaît donc toutes les finesses depuis l'origine jusqu'au dénouement ultime :

2. Édition originale : *Traité politique – Lettres*, trad. C. Appuhn © Flammarion, 1966.

Citation

« J'ai expliqué la nature de Dieu et ses propriétés, à savoir qu'il existe nécessairement, qu'il est unique, qu'il est agi par la seule nécessité de sa nature, qu'il est la cause libre de toute chose et de quelle façon il l'est, que toutes choses sont en Dieu et dépendent de Lui de telle sorte que sans Lui, elles ne peuvent ni être, ni être conçues, et enfin que toutes choses ont été prédéterminées par Dieu, non certes par la liberté de sa volonté, autrement dit par son bon plaisir absolu, mais par la nature absolue de Dieu, autrement dit, par sa puissance infinie. » (*Éthique*, I, appendice, *op. cit.*)

De sorte que, comme le dit encore Spinoza :

Citation

« les choses singulières ne sont que des affections des attributs de Dieu, autrement dit des modes par lesquels les attributs de Dieu sont exprimés de façon définie et déterminée » (*Éthique*, I, 25, corollaire, *op. cit.*).

Ce pourquoi la notion de libre arbitre, de choix entre des options possibles et ouvertes aux hommes est « délirante » attendu que…

Citation

« dans la nature, il n'y a rien de contingent, mais que toutes choses sont déterminées par la nécessité de la nature divine à exister et à produire leur effet d'une certaine façon » (*Éthique*, I, 29, *op. cit.*).

Explications

Ces propositions, qui mettent en place un déterminisme absolu, une connexion de causes et d'effets sans la moindre faille possible, ne sont pas à prendre à la légère, comme s'il s'agissait d'une thèse parmi d'autres qu'on pourrait admettre ou rejeter sans compromettre l'ensemble de l'édifice, sans rendre tout à fait vaines les conséquences pratiques en termes de sagesse de vie que Spinoza va en tirer tout au long de l'*Éthique*. Le sentiment que nous pourrions avoir dans nos vies le choix entre différentes options, entre voter à droite ou à gauche, appeler le médecin ou pas quand son enfant est malade, partir en voyage ou rester à la maison, aller à la mer ou à la montagne, etc., etc., est selon Spinoza simplement lié à l'ignorance où nous sommes des causes qui nous déterminent déjà de toute éternité du point de vue de Dieu, des causes qui ne sont visibles qu'à la fin du film.

Ce que j'en pense

Pour le dire tout de suite : à l'inverse du spinozisme et en tant qu'héritier des philosophies de la liberté que j'ai exposées plus haut, je pense que ce qui est délirant, ce n'est pas de croire au point de vue de l'Homme, donc au point de vue des possibles et du libre arbitre, mais c'est de parvenir à se convaincre de l'existence d'un Dieu omniscient à l'aide d'une preuve dérisoire, l'absurde argument ontologique inventé de toutes pièces par de malheureux humains pour se rassurer et construire des systèmes théologico-métaphysiques où le dogmatisme le dispute à une véritable haine de la conscience commune…

Aucun mal, seulement une hiérarchie des êtres

Ce que j'en pense

Le problème avec le déterminisme intégral, c'est qu'avec lui, puisque nul n'est plus responsable de ses actes, on en vient non seulement à nier l'existence même du bien et du mal, remplacés comme dit Deleuze par « le bon et le mauvais » comme si l'on parlait d'aliments, mais on risque aussi d'en venir à incriminer Dieu puisque lui, au moins, est bel et bien le responsable de tout ce qui advient dans le monde, donc du criminel qui commet les meurtres et qui fait bel et bien partie du réel dont Spinoza ne cesse de dire qu'il est parfait.

J'avoue que j'aimerais assez assister à la plaidoirie que devrait donner dans ces conditions un avocat spinoziste défendant l'innocence d'un meurtrier antisémite, voire de l'organisateur de crimes contre l'humanité dont on voit mal ce qu'on pourrait bien leur reprocher dès lors qu'ils font partie de la perfection du réel. Du coup, j'y reviens, comment tout ce mal, qui n'a pas l'air d'être aisément réductible à du simple « mauvais », pourrait-il ne pas être imputé à Dieu puisqu'Il en est à 100 % le Créateur, aucune liberté humaine ne pouvant en être tenue pour responsable ?

S'il n'y a ni bien ni mal, alors qui est responsable du mal... ?

Comme l'avait parfaitement compris déjà un contemporain de Spinoza, un certain Blyenbergh, dans la *Lettre XXII* qu'il adresse à l'auteur de l'*Éthique*, un excellent lecteur dont Deleuze fut bien obligé de souligner, fût-ce à regret, la singulière perspicacité[3], la négation spinoziste du mal fait évidemment problème du point de vue de Dieu : si Dieu est responsable de tout ce qui advient dans le monde, si Dieu a tout prédéterminé comme l'affirme sans cesse Spinoza, alors n'est-il pas responsable autant des crimes les plus atroces que des actions les plus admirables, des salauds comme des saints ? L'argumentation de Blyenbergh est si parfaite qu'elle allait exaspérer Spinoza au point qu'il finira par perdre son sang-froid et envoyer tout simplement balader son interlocuteur à défaut d'être capable de répondre sérieusement aux objections imparables qu'il lui adresse.

3. Dans son petit livre sur la philosophie pratique de Spinoza (*Spinoza. Philosophie pratique*, Éd. de Minuit, coll. « Essai », 2003) : « Bien qu'il ne connaisse pas l'*Éthique* [...], Blyenbergh ne cesse de poser des questions essentielles qui vont au cœur du spinozisme, il force Spinoza à multiplier les exemples, à développer des paradoxes, à isoler une très étrange conception du mal » ce qui entraîne Spinoza à « quitter sa propre prudence et à se démasquer ». Bien vu, en effet...

J'invite mon lecteur à lire attentivement cette lettre dont on comprend pourquoi elle devait être insupportable aux yeux des spinozistes, attendu que son argumentation est tout simplement implacable :

Citation

« Vous dites, écrit Blyenbergh, qu'appartient à l'essence d'une chose cela seul que lui concèdent et lui accordent réellement la volonté et la puissance de Dieu... Il suit de là infailliblement qu'au regard de Dieu, je suis aussi parfait dans mes œuvres quand je commets des crimes de tout genre que quand je pratique la vertu et la justice. À mon essence, à ce moment en effet, n'appartient rien de plus que ce qui détermine mon acte car, suivant votre thèse, je ne puis dans mes actes manifester ni plus ni moins de perfection que je n'en ai effectivement reçue, le désir des plaisirs et des crimes appartient à mon essence dans le temps que j'agis et, à ce moment-là, c'est précisément cette essence et non une plus haute que je reçois de la puissance de Dieu. Donc la puissance divine n'exige pas de moi d'autres œuvres que celles-là. Et il me semble ainsi découler de votre thèse que Dieu veut les crimes en même manière que ce que vous décorez du nom de vertu insigne. » (*Lettres*, *op. cit.*)

Le sage n'a pas plus de mérite que le criminel

Si tout est déterminé dans nos vies jusque dans les moindres détails, le sage n'a pas plus de mérite que le criminel. Bien entendu, d'un certain point de vue, celui de la puissance, mais qui n'est nullement moral, le sage est meilleur que le criminel et comme dit Spinoza, le « rat n'est pas un ange », mais tous deux font partie intégrante et surtout nécessaire de la perfection du tout, de sorte que sans le rat et sans le criminel, l'univers serait moins parfait qu'il ne l'est avec eux, comme notre film policier serait moins parfait, et à vrai dire même assez absurde, s'il n'y avait pas de méchants qui s'opposent au héros qui les affronte ! Pour le sage (celui que Spinoza appelle « l'homme à l'âme forte ») qui prétend parvenir à penser le monde en se mettant du point de vue de Dieu, il faut donc bien admettre que tout étant absolument nécessaire et prédéterminé, tout arrivant par des causes, les notions de bien et de mal moral sont pulvérisées, comme le souligne ce passage de l'*Éthique* :

Citation

« L'homme à l'âme forte met au premier plan le fait que tout suit de la nécessité de la nature divine ; aussi considère-t-il que tout ce qu'il pense être un dommage ou un mal, tout ce qui lui paraît immoral, odieux, injuste ou vil, ne lui semble tel que parce qu'il conçoit la réalité d'une façon trouble, confuse et mutilée ; c'est pourquoi il s'efforce de concevoir les choses telles qu'elles sont en elles-mêmes, d'écarter les obstacles à la connaissance vraie tels que la haine, la colère, l'envie, la raillerie, l'orgueil et d'autres affects semblables que nous avons examinés. » (*op. cit.*, IV, proposition 36, scolie)

Le sage est donc celui qui « s'efforce » (?) de lire les passions humaines, de déchiffrer les actions des hommes comme s'il s'agissait de phénomènes naturels déterminés par des causes intangibles. L'homme n'est pas un empire dans un empire, mais un morceau de nature comme un autre, de sorte qu'un génocide ou un meurtre atroce ne sont pas plus un mal au sens moral du terme qu'une catastrophe naturelle. L'idée est développée à de nombreuses reprises par Spinoza, par exemple dans ce passage du *Traité politique* (I, 4) :

Citation

> « M'appliquant à la politique, j'ai mis tous mes soins à ne pas tourner en dérision les actions des hommes, à ne pas pleurer sur elles, à ne pas les détester, mais à en acquérir une connaissance vraie : j'ai aussi considéré les affections humaines telles que l'amour, la haine, la colère, l'envie, l'orgueil, la pitié et les autres mouvements de l'âme, non comme des vices, mais comme des propriétés de la nature humaine : des manières d'être qui lui appartiennent comme le chaud et le froid, la tempête, le tonnerre et tous les météores appartiennent à la nature de l'air. Quels que soient les désagréments que puissent avoir pour nous ces intempéries, elles sont nécessaires, ayant des causes déterminées par lesquelles nous nous appliquons à en connaître la nature, et quand l'âme a la connaissance vraie de ces choses, elle en jouit tout autant que de la connaissance des choses qui donnent à nos sens de l'agrément. » (Garnier-Flammarion, trad. Charles Appuhn, 1993)

Ce serait donc seulement par commodité, mais surtout par incapacité à se placer du point de vue de Dieu, qu'il peut arriver au sage lui-même d'utiliser encore dans la vie courante le vocabulaire du bien et du mal. Mais il vaudrait mieux l'éviter car avec ces catégories fallacieuses de la morale commune et des ignorants, ce sont aussi les notions de possible, de libre arbitre, de l'idéal opposé au réel et du courage qui s'engouffrent dans la porte ainsi entr'ouverte.

Sans liberté de choix, il n'y a ni bien ni mal au sens moral du terme

Ni bien ni mal, mais du bon et du mauvais

Explications

Il suffit en effet d'y réfléchir un peu pour se persuader qu'on ne peut faire un reproche à quelqu'un sur le plan moral que si l'on suppose qu'il a disposé d'une liberté de choix. C'est précisément pour cette raison qu'on ne condamne pas les fous, ceux qui ont perdu la raison. On essaie plutôt de les soigner. C'est aussi dans cet esprit qu'on accorde des circonstances atténuantes quand quelqu'un a agi sous la contrainte, par exemple sous la pression d'un chantage. S'il n'y a pas de bien et de mal, il reste en revanche, disent les spinozistes, du bon et du mauvais pour moi, sinon en soi. Le criminel qui me poignarde ou le moustique qui me pique sont mauvais pour moi, même s'ils ne sont ni l'un ni l'autre responsables de ces actes qui font partie du déterminisme général organisé par Dieu de sorte qu'ils ne sont en rien condamnables sur le plan moral. En quoi le spinozisme, en niant le libre arbitre, est obligé de nier la morale commune, chrétienne et plus tard kantienne, d'en finir, comme d'ailleurs Hegel après lui et pour les mêmes raisons avec la notion de mal moral. Comme y insiste sans cesse Deleuze, il n'y a ni bien ni mal moral chez Spinoza, seulement du bon et du mauvais :

Citation

> « C'est la grande erreur d'Adam d'avoir cru que Dieu lui donnait une loi morale en lui interdisant de goûter au fruit, alors qu'il le protégeait seulement de quelque chose qui lui ferait du mal comme une espèce de poison. Rien de moral dans tout cela. Le bien, par exemple un bon aliment, c'est ce qui se compose avec moi, qui entre dans un rapport favorable avec moi et qui par là même me renforce, le mal, c'est le contraire, c'est ce qui me contrarie au sens où ça ne s'harmonise pas avec moi, où ça me décompose et m'affaiblit. La joie vient du bon et la tristesse du mauvais. » (*Spinoza. Philosophie pratique*, Éd. de Minuit, coll. « Essai », 2003)

À retenir

De là la fameuse sentence de Spinoza selon laquelle « je ne désire pas une chose parce qu'elle est bonne, mais elle est bonne parce que je la désire ». Avec ces trois thèses (le bien et le mal remplacés par le bon et le mauvais, la définition de la joie et de la tristesse, et la place accordée au désir), on a la déconstruction quasi nietzschéenne de la morale, on est déjà « par-delà le bien et le mal ».

Une doctrine « délirante »

Ce que j'en pense

On peut du reste parfaitement accorder à Spinoza que sa définition de la joie et de la tristesse, comme celle du bon et du mauvais sont excellentes… sans que cela oblige en rien à supprimer pour autant la distinction du bien et du mal. Ce qui m'intéresse, même quand je suis en total désaccord avec une idée, une théorie, une philosophie, c'est ce qui me renforce, non pas au sens où je ne prends que ce qui va dans mon sens, mais au contraire au sens où même ce qui me contredit peut me permettre d'aller plus loin, de renforcer la vision de la vérité que j'essaie de construire.

Quand je lisais un grand auteur, c'est à partir de ce que j'avais compris à coup sûr (de ce qui s'était « composé avec mon propre rapport », dirait Deleuze dans son jargon) que je pouvais chercher à comprendre ce que je ne comprenais pas encore, de sorte que, peu à peu, comme un maçon qui ajoute brique sur brique, je finissais par comprendre tout l'ensemble au point que Kant, Hegel, Nietzsche ou Heidegger me devenaient limpides quasiment comme si j'avais écrit moi-même le texte que j'avais sous les yeux. Je finissais par savoir ce qui allait venir après la page que j'avais lue et, en effet, comme un bon aliment qui renforce le corps, une pensée qui renforce l'âme suscitait en moi une joie infinie.

Morale de cette remarque : oui, bien entendu, comme chez tout grand philosophe, il y a du vrai chez Spinoza. Cela explique que certains aient pu l'aimer, mais cela ne justifie pas pour autant qu'on puisse être spinoziste. Car le système d'ensemble, tout grandiose qu'il soit, n'en relève pas moins de la naïveté métaphysique (onto-théologique) la plus désolante, ce qui rend ses thèses fondamentales, à commencer par l'argument ontologique qui sous-tend toute l'*Éthique* et sans lequel ni la définition de la connaissance du troisième genre, ni celle de l'amour intellectuel de Dieu n'auraient la moindre signification, totalement « délirantes », c'est-à-dire sans aucun rapport possible avec la réalité réelle, avec notre expérience humaine située dans l'espace et le temps.

Explications

Cette conséquence du déterminisme divin est inévitable, le problème étant qu'elle en implique une autre, à savoir que le spinozisme ne saurait évidemment pas être présenté comme un guide spirituel ainsi que le font pourtant encore aujourd'hui les disciples. Il est clair en effet que les humains sont destinés de toute éternité par Dieu à être sages, ignorants, stupides, scélérats ou fous, et s'il peut arriver qu'un médiocre ou un méchant s'élève vers la sagesse, ce n'est de toute façon pas non plus par un choix libre, mais là encore, parce que Dieu a organisé les choses pour lui de cette manière-là et pas autrement.

Le spinozisme ne peut en aucun cas servir de « guide spirituel »

Du coup, la philosophie contenue dans l'*Éthique* ne pouvant rien changer au cours du monde, elle ne peut rien changer non plus à nos vies personnelles : il y a sans doute des gens qui la liront et en feront peut-être même leur miel, parce que c'est dans leur essence de le faire, et d'autres pas, et ce pour des raisons tout aussi déterminées de toute éternité, en quoi ni les uns ni les autres ne sont responsables de quoi que ce soit, ni de leur sagesse, ni de leur ignorance, comme le comprend là encore avec une étonnante perspicacité Blyenbergh dans ce passage d'une de ses lettres à Spinoza qu'il faut lire avec la plus grande attention :

Citation

> « Vous dites que les gens intègres servent Dieu et qu'en le servant, ils se rendent constamment plus parfaits, mais je ne vois pas ce que vous entendez par ces mots : "se rendre plus parfaits" ni ce que signifient ceux-ci : "se rendre constamment plus parfaits", car pieux ou impies tiennent de Dieu leurs erreurs… et les uns et les autres accomplissent en même manière la volonté de Dieu conformément au décret divin. Quelle différence peut-il donc y avoir du point de vue de Dieu entre ces deux classes d'hommes ? Et si l'acquisition continue d'une perfection plus grande découle, en effet, non des œuvres, mais de la seule volonté de Dieu, il ne peut donc y avoir de différence entre eux du point de vue de Dieu. Quelles sont donc les raisons qui font que les uns deviennent par leurs œuvres constamment plus parfaits et les autres pires ? Je ne puis trouver dans vos écrits aucune règle suivant laquelle une chose soit dite plus parfaite ou moins parfaite sinon que sa perfection se mesure à l'essence qu'elle possède. Si telle est la mesure, les crimes sont donc au regard de Dieu et pour lui aussi agréables que les œuvres des hommes justes, car Dieu agissant en tant que Dieu veut ces choses de la même manière puisqu'elles découlent également de son décret et ainsi elles sont équivalentes au regard de Dieu. Si la seule mesure de la perfection est ce que vous dites, alors les erreurs ne peuvent être appelées erreurs qu'improprement, car en réalité il n'y a point d'erreurs, il n'y a point de crimes et toute chose existante ne peut comprendre que l'essence que Dieu lui a donnée, essence qui, quelle qu'elle puisse être, enveloppe une perfection. J'avoue que je ne puis percevoir cela clairement et vous m'excuserez de vous demander si l'homme qui tue son semblable plaît à Dieu autant que le distributeur d'aumône. » (*Lettres*, *op. cit.*)

Ce que j'en pense

En bonne logique, *more geometrico* dirait Spinoza, on doit donc en conclure que le sage est bien évidemment comme tout le monde, comme l'ignorant ou comme le scélérat, un produit déterminé de Dieu et non un produit de ses libres choix. Présenter la pensée de Spinoza comme un « guide » qui pourrait nous faire changer, qui pourrait nous aider à aller vers plus de sagesse en *choisissant* la bonne voie, celle de la connaissance plutôt que celle de l'ignorance, relève donc de l'imposture intellectuelle, puisque dans nos vies, que ce soient des vies d'ignorants ou des vies de sages, il n'y a de toute façon aucun choix possible, tout étant déjà réglé par Dieu de toute éternité, y compris le fait que je tombe un jour sur un livre de Spinoza ou sur un épigone, voire un petit gourou qui prétend m'en transmette le contenu afin de changer ma vie. On ne peut pas s'amuser à réintroduire un peu de liberté ici ou là, quelques failles dans l'histoire, quelques bifurcations dans le film, pour faire croire à ses étudiants ou à ses lecteurs que le spinozisme peut être un guide, car c'est justement le fait que tout est absolument prédéterminé, nos actes aussi bien que nos pensées et nos intentions, qui permet de se débarrasser des passions tristes pour parvenir à la joie véritable, à l'*amor fati* ou, comme dit encore Nietzsche dans le même esprit que Spinoza, à « l'innocence du devenir ».

Sans l'hypothèse (délirante) du déterminisme absolu, il ne peut y avoir de victoire sur les passions tristes

Explications

C'est seulement dans la certitude du déterminisme absolu, dans la conviction inébranlable que le libre arbitre n'étant qu'une illusion, Dieu est responsable de tout et moi de rien, que je puis en finir avec les « passions tristes », l'espérance, la peur, la colère ou l'indignation, par exemple, qui sont toutes liées à l'illusion que le monde pourrait et aurait dû être autre qu'il n'est.

Aux yeux de Spinoza, c'est la certitude absolue du déterminisme qui assure pour cette raison la tranquillité d'âme ainsi qu'une joie parfaite associées au salut, c'est-à-dire au sentiment presque « expérimental », comme dit Spinoza, que même si une partie négligeable de moi finit évidemment par mourir (mon corps matériel, qui est mortel et qui finira bien un jour par se fondre dans la nature...), je suis *pour l'essentiel* éternel en tant que je vis dans une vérité qui est elle-même éternelle. Bref, le salut parfait s'atteint par la raison parfaite, par la connaissance du troisième genre et l'amour intellectuel de Dieu (la mise de son esprit en adéquation avec la fin du DVD).

Sans ce rationalisme absolu, le trouble reviendrait immédiatement dans nos âmes en même temps que le sentiment de responsabilité et, avec ce dernier, s'installeraient à nouveau les passions tristes, à commencer par la culpabilité, l'espoir, la crainte et la colère, de sorte que de proche en proche, si l'on renonçait au déterminisme absolu, il ne resterait rien, rigoureusement rien, de la prétendue sagesse spinoziste hors quelques analyses banales à usage des théories actuelles du développement personnel et de la psychologie positive, rien de la sérénité joyeuse dont nous avons vu que Spinoza avoue lui-même n'y parvenir que sur fond de ce « rationalisme théologique » qui en est l'unique, indispensable et irremplaçable condition.

Ce que j'en pense

On comprend bien dans ces conditions pourquoi cet aspect du problème est systématiquement occulté par les spinozistes : leur éventuel rôle de guide, pour ne pas dire de gourou, s'effacerait à jamais si les disciples potentiels comprenaient qu'en toute hypothèse, dans le film de nos vies, tout est déjà joué de toute éternité.

DANS CE CHAPITRE

Le concept kantien de « jugement synthétique »

•

Hume, Locke et les origines de la philosophie anglo-saxonne

•

L'empirisme et la théorie humienne de la causalité

•

La théorie kantienne du schématisme

Chapitre 11

Les théories de la connaissance : criticisme, cartésianisme et empirisme

Dans la *Critique de la raison pure* (1781), la réflexion de Kant sur la connaissance commence par cette étrange question dont les étudiants en philosophie (et parfois leurs professeurs...) ont aujourd'hui beaucoup de mal à comprendre la signification profonde : « Comment des jugements synthétiques *a priori* sont-ils possibles ? » Derrière cette formulation ésotérique se cache en vérité une révolution intellectuelle et scientifique d'une simplicité et pourtant d'une profondeur abyssale, d'une rupture avec le monde ancien sans précédent dans l'histoire de l'humanité.

Pour bien comprendre

Il s'agit en effet pour Kant de rompre de manière absolue et définitive avec les cosmologies anciennes, en particulier avec la physique d'Aristote qui a dominé le Moyen Âge chrétien. La physique de Newton, que Kant admire à juste titre comme étant le premier pilier de la révolution scientifique moderne, est passée par là et l'univers n'est plus un cosmos harmonieux, juste, beau et bon aux yeux des savants, mais plutôt un chaos dénué *a priori* de sens et de valeur, un simple champ de forces et de mouvements qui s'organisent, certes, mais dans le choc, sans harmonie ni signification d'aucune sorte.

Il n'y a dès lors plus rien dans la nature que l'on puisse se borner à « contempler » comme le voulait la *theoria* antique, ni davantage à imiter sur le plan moral. Le *cosmos* s'est effondré et l'on voit mal comment « le silence de ces espaces infinis » qui effraient le libertin de Pascal pourrait servir en quoi que ce soit de modèle éthique pour les êtres humains.

Kant et le concept de « jugements synthétiques »

Explications

De là la question que pose Kant avec cette fameuse affaire de « jugements synthétiques » dont vous allez voir qu'elle est non seulement très aisément compréhensible, mais qu'elle signe la naissance d'une nouvelle théorie de la connaissance scientifique qui va perdurer jusqu'à nos jours. En effet, si le monde, désormais, n'est plus un cosmos mais un chaos, un tissu finalement assez anarchique de forces et de mouvements, il est clair que la connaissance ne peut plus prendre la forme, au sens propre, d'une *theoria.* Il n'est plus rien de *divin* dans la nature que l'esprit humain pourrait se donner pour tâche de contempler et d'admirer. C'est désormais le savant qui, pour ainsi dire de l'extérieur, va devoir introduire de l'ordre et de la rationalité dans un monde qui n'en offre plus guère à première vue. De là, la tâche nouvelle, à proprement parler inouïe, de la science moderne, qui ne réside plus dans la contemplation, mais dans un *travail*, dans une *pratique*, celle de la recherche scientifique, donc dans l'élaboration active, voire dans la *construction* de lois qui permettent de donner du sens à cet univers désormais désenchanté.

Pour bien comprendre

Par exemple, avec le principe de causalité, le savant « moderne » va tenter d'établir des liens « logiques », rationnels, entre certains phénomènes qu'il considère comme des effets et certains autres dans lesquels il parvient, grâce à la méthode expérimentale, à déceler des causes. Vous tenez là la raison pour laquelle la *Critique de la raison pure* s'interroge sur notre capacité à fabriquer des « synthèses », des « jugements synthétiques », c'est-à-dire des lois qui établissent des *liaisons* (étymologiquement, « synthétiser » veut dire « poser ensemble, mettre ensemble ») cohérentes et éclairantes, par exemple des liaisons de cause à effet entre un virus et une maladie, donc entre des phénomènes dont l'ordonnancement n'est plus donné, mais construit par le travail de la recherche scientifique.

Les plus grands interprètes de Kant, Ernst Cassirer et Martin Heidegger, se sont opposés sur le sujet suivant : la *Critique de la raison pure* est-elle une théorie moderne de la connaissance, une épistémologie qui, en gros, correspondrait à la nouvelle physique de Newton, ou bien une *ontologie*, c'est-à-dire une philosophie qui élaborerait une nouvelle conception de l'Être, une nouvelle définition de l'essence la plus intime du réel et de l'univers ? De toute évidence, comme on va le voir dans ce qui suit, elle est les deux, et ce d'un même mouvement.

À la fois, donc, une conception de l'être, de « l'objectivité de l'objet » comme dit Kant, une pensée de l'univers qui en fait un tissu de forces dénué de toute signification et non plus un ordre cosmique, mais aussi une définition de la pensée qui rompt presque en tout point avec la *theoria* grecque – à telle enseigne que l'idée de contemplation, qui est liée au vocabulaire de la vision comme d'ailleurs les mots « idée » ou « évidence », va faire place au vocabulaire du « concept » qui signifie étymologiquement « mettre ensemble », autrement dit « synthétiser », l'association de la cause et de l'effet dans un jugement qu'on pourra dire alors « synthétique » étant le résultat d'un *travail de l'esprit*, d'une *activité* de synthèse, de « connexion » expérimentale par laquelle seul le savant authentique parvient à des lois scientifiques.

Ce que j'en pense

Comme vous voyez, derrière l'interrogation qui ouvre la *Critique de la raison pure*, c'est bien d'une véritable révolution intellectuelle qu'il s'agit dans le domaine de la théorie de la connaissance (de l'épistémologie). Mais pour bien comprendre cette révolution, il importe de voir que Kant ne part pas de rien. Non seulement il a lu et relu Newton, mais, comme il le dit lui-même, c'est Hume, le plus grand théoricien de l'empirisme, qui l'a « tiré de son sommeil dogmatique ». Et de fait, c'est bien déjà dans l'empirisme que la connaissance est pensée comme une « association » d'idées ou d'événements, comme une synthèse ou une liaison de représentations, par exemple comme une loi qui relie des causes et des effets. Pour bien comprendre la révolution kantienne, il faut donc partir de ce que Kant lui-même avait en tête, c'est-à-dire des avancées indéniables, mais aussi les défauts irrémédiables, de la théorie empiriste de la connaissance telle qu'il pouvait la lire notamment dans la doctrine humienne de la causalité.

L'être humain n'est au départ qu'une « page blanche », une statue de cire

Les premiers empiristes, Locke, Berkeley et Hume, sont encore aujourd'hui les maîtres à penser de la philosophie anglo-saxonne. Au point qu'on retrouve une bonne part de leurs interrogations dans ce qu'on appelle la *philosophie analytique* par opposition à la philosophie dite « continentale », cette dernière renvoyant, pour l'essentiel, à la philosophie grecque et allemande et même parfois française. L'empirisme part d'un présupposé fondamental que John Locke a exposé dans son *Essai philosophique sur l'entendement humain*. On le trouve exposé notamment dans la deuxième partie du livre I. Locke y pose ce qu'on peut considérer comme la pierre angulaire de la philosophie empiriste :

Citation

> « Supposons qu'au commencement, l'âme est ce qu'on nomme une page blanche [*a white paper*] vide de tous caractères imprimés, sans aucune idée, quelle qu'elle soit. Comment en vient-elle à avoir des idées ? »

Explications

Telle est la question, en effet : comment, en partant d'une « statue de cire », se demande dans le même sens Condillac (1715-1780), le plus grand théoricien français de ce qu'on appelle encore chez nous le « sensualisme », c'est-à-dire l'empirisme, parvenir à un être conscient et actif intellectuellement ? Condillac, plutôt que la métaphore de la page blanche, adopte celle de la cire, parce que cette dernière va recevoir des caractères, au sens que le mot possède dans l'imprimerie, des caractères, donc, qui s'imprimeront dans de la matière molle. La question fondamentale de la théorie de la connaissance empiriste est alors la suivante : comment, en partant d'une statue de cire, d'une table rase, d'un papier vierge ou d'une page blanche, va-t-on parvenir à un sujet humain capable d'avoir des idées, de construire des doctrines scientifiques et de réfléchir ? Bref, comment passe-t-on de cette passivité initiale à l'activité de l'esprit ? Si, pour reprendre les termes de John Locke, cette âme n'est au départ qu'un *white paper*, « d'où puise-t-elle les matériaux qui sont comme le fond de tous les raisonnements et de toutes les connaissances ? ».

À cela, Locke répond d'un mot : « l'expérience ». Pour les empiristes, tout commence avec l'expérience et tout s'y réduit, contrairement à Kant qui affirmera, comme nous allons le voir plus loin dans ce chapitre, que si « tout commence avec l'expérience, tout n'en vient pas pour autant », attendu que nous disposons, pour effectuer des liaisons – par exemples causales, entre des phénomènes –, de catégories, c'est-à-dire de « connecteurs » (en l'occurrence le principe de causalité) qui sont logés pour ainsi dire *a priori* dans notre esprit.

Nous allons y revenir, mais pour l'instant, continuons à comprendre la théorie de la connaissance empiriste et reprenons son interrogation fondamentale : comment expliquer qu'un esprit parfaitement passif au départ gagne de l'activité, acquière la capacité de réfléchir, d'élaborer des théories et des lois scientifiques ? Comment passe-t-on de la passivité de la statue de cire qui, comme l'écrit Condillac, est « odeur de rose » si l'on pose une rose à côté d'elle, parce qu'elle est envahie par les sensations, comment passe-t-on de cet esprit qui est une terre vierge à un esprit actif ?

La réponse de Hume dans sa théorie de la causalité

Le principe d'inertie

On rappellera pour commencer que c'est avec le principe d'inertie formulé par Descartes que le principe de causalité apparaît comme un des problèmes majeurs de la philosophie et de la science modernes. Le principe d'inertie est en effet celui selon lequel un corps en mouvement ne change ni de vitesse ni de direction sans qu'une cause extérieure (un autre corps) vienne expliquer ce changement. C'est donc par lui que la notion de cause efficiente s'introduit dans la réflexion sur la science moderne. C'est d'ailleurs à partir de ce principe que Leibniz formulera son fameux « principe de raison suffisante » selon lequel *nihil est sine ratione*, rien dans le monde n'advient sans raison, rien n'advient sans cause.

Explications

L'idée fondamentale de l'empirisme, c'est que le raisonnement causal fonctionne en vérité par *induction*. Autrement dit, dans les sciences expérimentales, on commence toujours par l'observation. Or en observant le monde, le savant constate des répétitions, des séquences d'événements qui se suivent et s'associent entre eux régulièrement : par exemple, l'eau se met toujours à bouillir autour de 100 degrés (si l'on est dans les montagnes, il peut en aller un peu différemment, à cause de la pression de l'air, mais globalement, les observations se suivent et se confirment).

La théorie empiriste de la causalité repose alors sur l'idée d'association (de « synthèse » dira Kant) des représentations : j'associe en l'occurrence la chaleur et le bouillonnement de l'eau. À force de relier le fait qu'il y ait du feu sous la bouilloire à cet autre fait que l'eau se met à bouillir, on finit par associer les deux phénomènes sous l'idée de causalité, on finit par penser que la chaleur est la cause du bouillonnement de l'eau autour de 100 degrés. On procède ainsi à des associations et, à force de répétitions, la notion de causalité va s'insinuer dans l'esprit et susciter l'apparition d'une forme de « croyance » qu'on appelle la science : je vais me convaincre qu'il y a une loi derrière la répétition, une loi telle que l'eau bout toujours à 100 degrés, ce qui me conduit à attendre l'effet dès que j'observe la cause, à « croire » que si la cause est là, l'effet doit suivre.

À retenir

Dans cette perspective, la science n'est donc jamais aux yeux des empiristes qu'une forme de croyance parmi d'autres. J'allume le feu sous la bouilloire et je suis « persuadé » que l'eau va se mettre à bouillir. Et comme c'est toujours ce qui se passe, j'en déduis une loi de causalité. Il ne s'agit pas vraiment d'une certitude puisque j'ignore pourquoi le phénomène se répète, je l'ai simplement observé.

Ce que j'en pense

En quoi l'empirisme conduit inévitablement à une forme de scepticisme : la loi scientifique selon laquelle le feu est la cause de cet effet qu'est le bouillonnement de l'eau ne peut pas sortir du registre de la croyance, la science n'étant alors, selon un paradoxe singulièrement audacieux en plein siècle des Lumières, qu'une forme de religion parmi d'autres. Les disciples allemands de Hume traduiront le terme « croyance » par le mot *fürwahrhalten* qui signifie littéralement « tenir pour vrai ». Alors que les représentants des Lumières françaises ou de l'*Aufklärung* allemande tentent à tout prix de séparer les Lumières, et avec elles au premier chef la science, de la religion et de la superstition, affirmer qu'il existe une religion de la science ne valant guère mieux que les autres croyances est assez original. Position d'autant plus surprenante que le mot « empirisme » laissait *a priori* supposer qu'on allait enfin tenir une théorie de la connaissance adossée à du factuel bien solide.

La théorie de la causalité comme exemple de « jugement synthétique *a priori* » chez Kant

Comme je l'ai dit plus haut, c'est grâce à Hume que Kant se sent obligé de se « réveiller de son sommeil dogmatique », en l'occurrence de reprendre à nouveaux frais la question de la nature de la science, et tout particulièrement du principe de causalité. La théorie de la connaissance qu'il va élaborer dans la *Critique de la raison pure* s'oppose fondamentalement à celle de Hume. Elle lui doit cependant une idée essentielle, celle selon laquelle la science est une « association de représentations » qui consiste à relier différents phénomènes entre eux pour parvenir à des lois objectives. Reste qu'aux yeux de Kant, ces liaisons, quand elles sont opérées convenablement, ne relèvent pas de l'induction, ce qui conduit au scepticisme, mais au contraire d'une connaissance certaine car reposant sur des principes universels et nécessaires *a priori* – ce qu'il appelle les « catégories de l'entendement ».

Des connecteurs qui relient les effets et les causes

Explications

La réponse de Kant part en effet de l'idée que notre esprit, loin d'être une « page blanche » entièrement passive comme le prétendent les empiristes, est au contraire doté de ce que les logiciens appelleraient aujourd'hui des « connecteurs », c'est-à-dire des principes de liaisons des événements situés *a priori* dans la pensée, des principes universels et nécessaires, communs à tous les êtres humains, qui permettent de relier entre eux soit d'autres concepts comme dans la logique formelle, soit des phénomènes réels situés dans l'espace et dans le temps. Or justement, selon Kant, la causalité est un de ces connecteurs, une de ces « fonctions de synthèses » comme il dit, une de ces catégories fondamentales de l'entendement scientifique. Ce connecteur, donc, fonctionne tout autant dans la logique formelle ou dans les démonstrations mathématiques que dans les sciences expérimentales comme la physique et la biologie.

À retenir

Ces connecteurs, ces « catégories de l'entendement », sont donc ce que Kant appelle des « fonctions de synthèse », le mot synthèse étant toujours à entendre ici au sens grec de « poser ensemble », c'est-à-dire associer, relier.

La catégorie de la causalité n'est donc rien d'autre qu'une « fonction de liaison » présente dans tout esprit humain en bonne santé, un moyen de relier soit des concepts entre eux, soit des événements réels puisque c'est elle qui nous permet d'associer un phénomène « cause » à un phénomène « effet ». Pour dire les choses plus simplement encore, on observera que la structure logique des liaisons causales est toujours celle d'un raisonnement hypothétique qui prend la forme d'un « Si... alors » (« si A... alors B »), c'est-à-dire : si la cause est donnée, alors l'effet suit. Nous avons affaire ici à une simple variante du principe de raison suffisante : rien dans le monde n'advient sans raison, tout effet possède une cause, tout est donc explicable par la science pourvu qu'on parvienne à relier convenablement les effets et les causes. Le savant est celui qui s'efforce de relier correctement l'effet, non pas à n'importe quel autre phénomène, mais à une raison qui l'explique et, quand il y parvient, il éprouve la grande satisfaction d'introduire de l'intelligibilité dans le monde – ce qui, cela dit au passage, explique le plaisir quasi esthétique qui préside aux activités orientées vers la connaissance. En quoi, selon Kant, et à la différence des empiristes, le principe de causalité n'est pas, ne peut pas être un principe empirique, simplement tiré de l'observation et de l'induction.

Tout au contraire, c'est un principe *a priori* de la pensée qui précède pour ainsi dire toute observation, lui-même ne nous étant pas donné par l'expérience. C'est un cadre de pensée qui la précède toujours puisqu'il permet de la relier – ce qui explique au passage pourquoi la *Critique de la Raison pure* commence par la question des « jugements synthétiques *a priori* » : il s'agit, comme vous pouvez maintenant le comprendre, d'expliquer comment fonctionnent *a priori* les liaisons que les scientifiques établissent entre des événements pour en rendre raison et découvrir des lois.

Comprendre le monde : l'expérience des lapins

Donnons un exemple réel, attesté dans l'histoire des sciences, de l'activité intellectuelle guidée par le principe *a priori* de la causalité.

Pour bien comprendre

Quand Claude Bernard s'interroge sur la provenance du sucre dans le sang des lapins, il procède comme tout scientifique en cherchant la bonne liaison entre l'effet qu'il constate (la présence de sucre) et la cause qu'il cherche à trouver (d'où vient ce glucose ?). Il procède donc en isolant les différentes variables causales susceptibles d'expliquer cet effet. Il se demande d'abord si ce sucre ne viendrait pas des aliments (première cause possible), par exemple des carottes que mange le lapin. Après tout, il s'agit d'un aliment sucré et l'hypothèse est plausible. À moins, deuxième hypothèse, qu'il ne vienne d'un organe interne au lapin (deuxième variable, deuxième cause possible). Comment choisir entre ces deux explications ?

Claude Bernard isole alors ces deux variables – l'hypothèse des carottes d'un côté, l'hypothèse interne ou organique de l'autre. Comment s'y prend-il ? Il met dans une cage des lapins auxquels il ne donne aucun aliment sucré. Dans ce premier groupe, les malheureux sont à la diète. Dans une autre cage, il place des lapins auxquels il donne des aliments extrêmement sucrés. Ensuite, en leur faisant à tous une prise de sang, il s'apercevra que le taux de sucre est le même, que les lapins soient ou non au régime. D'où le choix de la deuxième hypothèse : le sucre proviendrait du lapin lui-même. Claude Bernard découvre finalement que le sucre est fabriqué par le foie. C'est ce qu'il appellera la « fonction glycogénique » du foie.

Le savant a ainsi procédé en reliant des phénomènes entre eux. En introduisant de la liaison entre les phénomènes grâce à un connecteur logique (la causalité), où l'on voit que ce n'est pas par l'observation, par induction, qu'il a procédé, mais en produisant de l'intelligibilité par son propre travail intellectuel. S'il n'avait pas disposé *a priori* du connecteur de la causalité pour rechercher une liaison entre la cause et l'effet qui ait du sens, qui soit bien faite, il n'aurait du reste jamais eu l'idée de chercher quelque cause que ce soit.

À retenir

Dans le travail scientifique, il ne s'agit donc ni d'induction, ni non plus simplement de « voir » le monde, comme le pensaient les Grecs, de le contempler dans la *théôria*, mais il s'agit d'en produire activement l'intelligibilité à l'aide de connecteurs qui sont situés *a priori* dans notre esprit au sens où ils ne sont pas donnés par l'expérience. Ils sont en quelque sorte inhérents à l'esprit lui-même, ils sont à la science ce que les règles d'un jeu, par exemple le jeu d'échecs, sont aux parties réellement jouées.

La table des catégories de l'entendement

On trouve dans la *Critique de la raison pure* de Kant un passage d'une redoutable difficulté : il s'agit de la fameuse « table des catégories de l'entendement ». Kant y expose ce qu'on pourrait appeler les règles du jeu de la science, règles qui constituent aussi, comme le comprendra Heidegger, une « ontologie », une définition de « l'Être des étants », ou pour parler comme Kant, de « l'objectivité des objets ».

Comment procède-t-il ? Il commence par observer comment fonctionnent la physique de Newton, mais aussi la logique formelle, laquelle consiste toujours à relier des concepts entre eux, à enchaîner des raisonnements. Au fond, on pourrait dire que Kant, comme quelqu'un qui essaierait de comprendre les règles du jeu d'échecs en observant des joueurs et des parties réelles, cherche à découvrir les connecteurs ou les règles *a priori* de ce jeu très sérieux qu'est la science, les principes qui servent à relier entre eux les phénomènes ou les événements pour leur donner du sens.

Reste que c'est avec la théorie du schématisme que cette théorie de la connaissance va trouver son véritable achèvement. Il faut que je vous en dise maintenant quelques mots et comme vous allez le voir, cette théorie, qui est réputée l'une des plus difficiles à comprendre de toute l'histoire de la philosophie, est en réalité aussi simple que géniale... du moins, une fois qu'on l'a comprise.

La théorie du schématisme : la solution kantienne de l'antinomie du cartésianisme et de l'empirisme

Le chapitre de la *Critique* consacré au schématisme est en effet réputé être l'un des plus difficiles à cerner au sein d'un ouvrage qui passe lui-même pour l'un des plus redoutables de toute l'histoire de la philosophie. De fait, il a suscité de nombreuses interprétations contradictoires et des lecteurs de Kant aussi prestigieux que Fichte, Hegel, Cassirer et Heidegger y ont vu à juste titre le centre véritable de la première *Critique*.

À quoi correspond donc cette fameuse théorie du schématisme qui vient couronner la théorie kantienne de la connaissance ? Pour bien la comprendre, il faut voir qu'elle est *d'abord* destinée à dépasser les deux grandes théories de la connaissance qui s'affrontent encore à son époque : l'empirisme et le cartésianisme.

Disons les choses simplement.

Cartésianisme et empirisme d'un côté...

Explications

Pour les cartésiens, il existe en chacun de nous des « idées innées » placées par Dieu dès la naissance dans l'esprit de tout être humain, des vérités qui sont donc communes d'emblée à l'humanité pour la bonne et simple raison qu'elles ont été créées par Dieu et données par lui en partage à tous les Hommes. C'est en ce sens qu'il faut comprendre la fameuse formule de Descartes selon laquelle le « bon sens est la chose du monde la mieux partagée ». C'est ce qui est censé expliquer que les notions scientifiques, par exemple les bases élémentaires des mathématiques, sont à la fois universelles (non relatives à tel ou tel individu, non subjectives) et intemporelles (valables pour toujours, pour tout le monde, en tout temps et en tout lieu) : savoir compter, se représenter que la ligne droite est le plus court chemin d'un point à un autre ou encore que la somme des angles d'un triangle égale 180 degrés sont ainsi, dans cette perspective innéiste, des vérités élémentaires qui échappent au lieu et au temps. Elles accèdent à l'universalité ou, ce qui revient ici au même, à l'objectivité en ce sens qu'elles valent pour tous les êtres humains, indépendamment des particularités subjectives liées aux époques ou aux cultures différentes. Et c'est par cette doctrine des idées innées que la théorie de la connaissance cartésienne entend échapper au scepticisme.

Pour les empiristes, au contraire, prétendre que nos notions communes et nos idées de base sont innées n'a rigoureusement aucun sens : il est évident que toutes nos idées sont à la fois empiriques, tirées de l'expérience, mais qu'elles sont en outre toujours particulières (il n'y a pas d'idées générales) et situées forcément dans le temps (le temps de notre conscience, ce qu'on appelle le « sens interne »). En effet, tous nos états de conscience, toutes nos représentations et toutes nos connaissances proviennent toujours en dernière instance de l'expérience et pour l'essentiel, nos raisonnements, comme nous l'avons vu, se ramènent à l'induction.

Nos connaissances scientifiques n'ont donc jamais rien d'absolu, ni de certain : elles sont relatives à nos expériences, et rien ne dit que ces dernières ne pourraient pas varier. Mais il y a plus : si l'on se place du point de vue de la psychologie qui essaie de comprendre non pas le « pourquoi » mais le « comment » du fonctionnement de l'esprit, l'hypothèse selon laquelle il existerait quelque chose comme des « idées générales », comme des idées générales de triangle, de chien ou de table, se heurte encore à une autre difficulté insurmontable. De tels concepts, en effet, ne sont tout simplement pas *représentables* pour la conscience humaine. Essayez donc de vous représenter un « chien en général » ou un « triangle en général », vous m'en direz des nouvelles !

Chaque fois que j'essaie concrètement de me représenter un triangle ou un chien, c'est en vérité un triangle ou un chien *particulier que j'imagine*, nos images possédant toujours des dimensions et des formes *particulières*. Il n'est donc rien dans ma conscience qui ressemblerait de près ou de loin à une « idée innée », à une image du chien ou du triangle « en général », mais seules existent des images qui, toujours, sont à la fois *particulières* et immergées dans le *temps* de ma pensée, donc subjectives.

Criticisme kantien de l'autre

Par rapport à cette objection, la situation du criticisme kantien est particulièrement délicate : Kant admet en effet la validité de l'argumentation empiriste au niveau psychologique, c'est-à-dire au niveau de la description du fonctionnement concret de l'esprit. Les empiristes, à ses yeux, ont à l'évidence raison contre les cartésiens, du moins sur un point : nos représentations, nos images en l'occurrence, sont toujours *particulières* et toujours *immergées dans le temps* de la conscience (dans le « sens interne »).

Et pourtant, Kant ne veut pas renoncer – ce par quoi il rejoint d'une certaine façon les cartésiens – à l'idée qu'il existe des concepts et des lois scientifiques dont la valeur est à la fois *intemporelle* et *universelle*, des notions objectives qui valent en tout lieu et en tout temps. Si l'on renonçait à cette conviction, c'est en effet au scepticisme et au relativisme que nous serions voués, comme le sont d'ailleurs les empiristes cohérents dont Hume fournit le modèle. Le problème, pour lui, devient dès lors le suivant : comment des concepts *a priori*, des concepts universels et intemporels peuvent-ils être représentés par la conscience empirique qui, elle, est toujours particulière et temporelle, sans perdre leur valeur universelle de vérités valant pour tout le monde, en tout temps et en tout lieu, comme c'est d'évidence le cas pour les vérités mathématiques de base ?

À retenir

La solution de ce problème porte un nom : schématisme. On peut en résumer le principe de la façon suivante : les concepts, les empiristes ont raison sur ce point contre les cartésiens, ne sont pas des représentations générales, des idées innées, mais ils doivent être considérés comme des *schèmes*, c'est-à-dire comme des *méthodes* universelles de construction des images et des lois scientifiques, et ce sont ces méthodes seules qui sont universelles et intemporelles.

Pour bien comprendre

Reprenons l'exemple du triangle pour bien nous faire comprendre : le concept mathématique de triangle, considéré comme schème, n'indique pas une sorte d'image « en général », ce qui en effet n'a aucun sens, les empiristes ont raison sur ce point, mais il définit l'ensemble des règles selon lesquelles il faut que je procède concrètement, avec un compas et un crayon, pour parvenir à tracer une image de triangle sur une feuille de papier ou un tableau. Ce sont ainsi les règles ou les procédures elles-mêmes qui sont pour tout un chacun les mêmes, en tout lieu et en tout temps.

Ce sont elles qui sont universelles, communes à l'humanité, et nullement la figure tracée ou imaginée qui, elle, à l'évidence, restera toujours particulière.

De l'activité intellectuelle comme « travail » du « concept » et non plus comme « vision » des « idées »

Cette théorie du schématisme, dont on appréciera l'élégance, possède plusieurs implications d'ordre général, excédant le cadre de l'épistémologie (de la théorie de la science).

Ce que j'en pense

On remarquera d'abord que, du point de vue de l'histoire de la philosophie, la conception kantienne du concept considéré comme schème représente une véritable révolution. Avec elle, en effet, la connaissance n'est plus pensée essentiellement comme une contemplation, une *theoria*, mais comme une praxis, comme un travail intellectuel. Nous sortons du vocabulaire de la vision qui était encore celui des philosophes depuis les Grecs pour entrer dans celui de l'action : connaître, c'est « synthétiser » ou, comme le dit Kant, « penser, c'est juger », c'est-à-dire relier entre elles les représentations en suivant certaines règles. Les empiristes et les cartésiens pensaient encore en termes « d'idées », d'images mentales générales ou particulières.

Avec Kant, la connaissance ne se définira plus comme « Idée » (terme dont l'étymologie renvoie au registre de la *vision*), mais comme *concept*, *Begriff* (terme dont l'étymologie renvoie à une activité de synthèse, à une pratique, puisqu'il signifie : « mettre ensemble »). On pourrait dire qu'en ce point de la théorie kantienne de la connaissance, la pratique prend le pas sur la théorie de sorte que, désormais, la pensée apparaît comme une *construction*, thème que reprendra l'épistémologie contemporaine qui tient volontiers, selon le fameux mot de Bachelard, que « rien n'est donné, tout est construit » .

À retenir

La portée de cette théorie est immense car elle va introduire une rupture radicale avec la métaphysique classique, en particulier avec le spinozisme : le schématisme nous montre en effet comment un concept abstrait (en l'occurrence une série de procédures et de règles opératoires), pour avoir un sens réel dans notre conscience, pour y être tout simplement représentable, doit déboucher *pratiquement* sur une perception sensible (dans notre exemple, celle de la figure d'un triangle sur un tableau ou une feuille de papier). Or, pour le dire brièvement, la métaphysique est un discours qui, s'élevant au-delà de toute expérience possible, ne peut par définition jamais être relié à une expérience quelconque. Ainsi, par exemple, la connaissance du troisième genre chez Spinoza, qui supposerait qu'on puisse penser le monde en se plaçant du point de vue de Dieu, ou encore la notion de « savoir absolu » chez Hegel, qui n'en est au fond qu'une variante, sont non schématisables, irreprésentables.

Même chose dans les prétendues « preuves » de l'existence de Dieu : nous manions un concept, celui d'un Être suprême, auquel aucune image sensible ne peut jamais correspondre adéquatement. La métaphysique ne peut dès lors jamais se constituer en connaissance véritable. Elle apparaît ainsi à Kant comme un discours non seulement illusoire, mais à proprement parler dénué de sens puisque non schématisable, non représentable par une conscience humaine concrète.

Pour bien comprendre

En d'autres termes : il est impossible de « pratiquer intellectuellement » le discours métaphysique, de lui donner une signification « pour nous » ou, pour reprendre un thème que Kant affectionne : on ne peut se faire aucune image de Dieu (sauf à sombrer dans l'anthropomorphisme le plus plat). Voilà pourquoi, comme nous allons le voir au prochain chapitre, personne n'a jamais réussi à se représenter concrètement ce que pouvait signifier pour un être fini la fameuse « connaissance du troisième genre » dont Spinoza fait pourtant l'apogée de la pensée et de la sagesse. La métaphysique apparaît ainsi comme un langage qui se développe tout entier au mépris des exigences de compréhension et de sens qui sont celles de la conscience réelle de ces êtres finis que sont les humains. Et c'est au nom de ces exigences – nullement par « irrationalisme » – que la raison métaphysique doit être « déconstruite ».

DANS CE CHAPITRE

Kant et la morale républicaine

•

L'héritage de la parabole des talents

•

Le libre arbitre

•

Les notions de Bien commun et d'intérêt particulier

•

L'éthique utilitariste

•

Adam Smith et la théorie des sentiments moraux

Chapitre 12

La naissance des grandes morales laïques : républicanisme kantien et utilitarisme anglais

Si l'on va à l'essentiel, on peut dire qu'il existe dans la philosophie moderne deux grandes morales laïques, des éthiques, donc, qui ne sont plus adossées à ce que nous avons étudié dans nos précédents chapitres à savoir le cosmologico-éthique et le théologico-éthique, mais qui sont au contraire fondées sur la raison, la volonté et les intérêts des êtres humains. La première, bien sûr, c'est la morale républicaine, dont la matrice apparaît pour la première fois au XVIIIe siècle dans la *Critique de la raison pratique* de Kant avant d'être reprise en France par les grands dirigeants de la IIIe République. La seconde, c'est l'utilitarisme qui naît lui aussi au XVIIIe, mais en Angleterre, avant de devenir l'une des visions morales du monde fondatrices d'une grande partie du droit américain.

La morale républicaine

Les deux ouvrages essentiels que Kant consacre à la théorie morale, *Les Fondements de la métaphysique des mœurs* (1785) et *La Critique de la raison pratique* (1788), possèdent des titres plutôt énigmatiques, assez peu compréhensibles pour un lecteur non initié – et même, il faut bien l'avouer, pour nombre de professeurs de philosophie qui ne savent pas toujours en quoi consiste cette « métaphysique des mœurs » dont parle Kant alors qu'il vient, à peine quelques années plus tôt, de renvoyer la métaphysique au domaine de la sophistique et de l'illusion.

À retenir

Disons seulement que la « métaphysique » est ici définie, non point comme le domaine des illusions « dialectiques », mais au contraire comme celui de l'application concrète des principes ou des « fondements » de la morale, donc comme la sphère de la casuistique et de la déontologie. Mais ne nous arrêtons pas pour l'instant à ces difficultés de vocabulaire (je les ai analysées et élucidées dans mon livre sur Kant, pour ceux qui voudraient aller plus loin), et intéressons-nous plutôt au fond des choses, c'est-à-dire à la question de la définition de cette nouvelle morale humaniste et républicaine que ces ouvrages fondamentaux tentent de construire sur les ruines du monde ancien.

Pour bien comprendre

Pour comprendre cette morale républicaine dans laquelle nous baignons tous (ou peu s'en faut) aujourd'hui, y compris ceux qui croient la critiquer sans la comprendre au nom de Spinoza ou de Nietzsche, il faut bien voir qu'elle repose sur deux piliers : d'abord une sécularisation de la parabole des talents sur laquelle je vais revenir dans un instant, ensuite la définition de l'homme comme être libre, capable, à la différence de l'animal, de s'arracher à ce guide qu'est l'instinct naturel pour prendre en main son destin, une idée que nous avons vu apparaître chez Pic de la Mirandole, puis être reprise par Rousseau, Kant et Fichte.

À retenir

C'est dans cette optique que la vertu va se définir par deux traits directement liés à cette anthropologie de la liberté : la liberté entendue d'abord comme pouvoir de s'arracher à la nature va être comprise sur le plan moral comme un pouvoir de s'arracher à notre égoïsme naturel pour prendre en compte les autres, pour entrer dans la sphère de l'altruisme ; en outre, cette liberté va aussi apparaître comme le pouvoir de mettre ses intérêts particuliers entre parenthèses pour prendre en compte le Bien commun, ce que Kant appelle « l'universel ». La morale de Kant sera donc une morale de la liberté pour l'altruisme (le respect de l'autre pris comme fin et pas comme moyen) et le Bien commun (l'intérêt général, l'universel opposé aux intérêts particuliers).

Reprenons.

La sécularisation de la parabole des talents

Explications

À la différence des morales aristocratiques, la morale républicaine que Kant élabore dans ses deux œuvres majeures pose que ce qui fait la dignité d'un être humain ce n'est pas sa nature, ses dons naturels ou ses talents donnés à la naissance, mais sa volonté, c'est-à-dire ses intentions : un enfant trisomique a de ce point de vue autant de valeur morale *a priori* qu'un génie comme Einstein et, du reste, le génie peut s'avérer parfois être un scélérat et le trisomique un gentil. L'argument est fondamental au sens propre du terme, c'est le pilier de la morale républicaine de sorte qu'il est rappelé par Kant dès le tout début des *Fondements de la métaphysique des mœurs* : seule la volonté peut être dite bonne ou mauvaise, les talents naturels pouvant être mis par cette volonté tout aussi aisément au service du mal qu'au service de l'intérêt général et de l'altruisme. Relisons le texte de Kant que je retraduis ici :

Citation

> « L'intelligence, la finesse, la faculté de juger et les autres talents de l'esprit, quelque nom qu'on leur donne, ou bien encore le courage, la capacité de décider, la ténacité dans l'accomplissement des projets sont certainement, en tant que qualités du tempérament, des choses bonnes et souhaitables à bien des égards. Elles n'en peuvent pas moins devenir, le cas échéant, mauvaises et dommageables à l'extrême lorsque la volonté qui doit faire usage de ces dons de la nature et dont la constitution propre se nomme pour cette raison le caractère, n'est pas bonne. Il en va exactement de même des dons qui nous échoient par la fortune. Le pouvoir, la richesse, les honneurs, et même la santé ainsi que tout ce qui relève du bien-être et de la satisfaction de son état, engendrent, sous le nom de bonheur, une confiance en soi qui souvent aussi se transforme en orgueil présomptueux sitôt que fait défaut une bonne volonté capable de rendre juste et de tourner vers des fins universelles l'influence que ces dons de la fortune ont sur l'âme et, avec elle, tout le principe de l'action – sans même mentionner le fait qu'un observateur impartial et doué de raison ne saurait jamais éprouver la moindre satisfaction au spectacle d'un être à qui tout réussirait sans cesse lors même qu'aucun trait de pure et bonne volonté ne viendrait l'embellir – de sorte que la bonne volonté paraît même constituer la condition indispensable de ce qui nous rend dignes d'être heureux.
>
> Certes, quelques-unes de ces qualités peuvent sans nul doute favoriser cette bonne volonté et lui faciliter largement la tâche. Il n'en reste pas moins que sans elle, elles n'ont aucune valeur intrinsèque et absolue mais présupposent au contraire toujours une bonne volonté – ce qui vient limiter la haute estime en laquelle on les tient par ailleurs à juste titre et empêche ainsi qu'on puisse les considérer comme bonnes absolument. La mesure

dans les affections et dans les passions, la maîtrise de soi, la rigueur dans la réflexion ne sont pas seulement bonnes à beaucoup d'égards, mais elles paraissent constituer une partie même de la valeur intrinsèque de la personne. Pourtant (bien que les Anciens leur aient accordé une valeur absolue), il s'en faut de beaucoup qu'on puisse les considérer comme bonnes sans restriction. Car en l'absence des principes d'une bonne volonté, elles peuvent devenir au plus haut point mauvaises : le sang-froid du scélérat ne le rend pas seulement bien plus dangereux, il le rend aussi immédiatement plus détestable à nos yeux que nous ne l'aurions jugé s'il en était dépourvu... »

Explications

Pour les Anciens, du moins pour ceux qui, à l'instar des stoïciens, s'inscrivent dans la grande tradition cosmologique ouverte par Hésiode et poursuivie sur le plan philosophique par Platon et Aristote, la vertu, entendue comme l'excellence ou la perfection dans un genre, n'était pas à l'opposé de la nature. Elle apparaissait tout au contraire comme une actualisation réussie des dispositions naturelles d'un être, un passage, comme dit Aristote, « de la puissance à l'acte ».

À l'exact inverse, elle va tendre chez les Modernes, d'abord dans la morale de Kant puis dans le républicanisme français si puissant dans l'École de la IIIe République, à se définir comme une lutte de la liberté *contre* la naturalité en nous, ce qui va induire un changement radical de notre regard sur le travail. Le travail va en effet cesser d'être l'activité servile qu'il était encore dans le monde aristocratique pour devenir un vecteur de l'épanouissement de soi que l'école républicaine va valoriser davantage encore que le talent. Il n'y a en effet aucun mérite à avoir du talent alors qu'il y en a à travailler pour tenter de s'améliorer et de se perfectionner.

La liberté des Modernes : condition de la possibilité de l'action désintéressée comme de la prise en compte du Bien commun

Explications

Dans ces conditions, l'action vraiment morale sera d'abord et avant tout l'action désintéressée, c'est-à-dire celle qui témoigne de ce propre de l'homme qu'est la liberté entendue comme faculté d'échapper à toute détermination par une essence préalable : alors que ma nature – puisque je suis aussi un animal – me pousse, comme toute nature, à l'égoïsme[1] (qui n'est qu'une variante de l'instinct

1. On m'objecte parfois que l'amour et la sympathie sont tout aussi « naturels » que l'égoïsme. À quoi l'on peut répondre, comme l'avait fait Kant face à l'utilitarisme anglais, que l'amour et la sympathie *naturels* ne sont bien entendu que des variantes de l'égoïsme : je me sens souvent mieux, assurément, dans l'amour que dans la haine, et le plus souvent aussi dans la sociabilité quand elle est conforme à mes intérêts.

de conservation pour moi et pour les miens), j'ai aussi, telle est du moins la première hypothèse de la morale républicaine moderne, la possibilité de m'en écarter pour agir de façon désintéressée, altruiste. Sans l'hypothèse de la liberté, cette idée d'action désintéressée n'aurait évidemment aucun sens. Sans cette idée, la moralité disparaîtrait au profit d'une « éthologie » : une simple description neutre, non normative, des comportements relevant *de facto* de ce que l'on désigne comme la moralité – un analogue, si l'on veut, de l'analyse des mœurs des animaux par un zoologue qui conserve toute sa neutralité et ne porte aucun jugement moral sur eux.

Ce que j'en pense

Ce qui est peut-être le plus frappant dans cette nouvelle perspective morale, antinaturaliste et anti-aristocratique, c'est que la valeur éthique du désintéressement s'impose à nous avec une telle évidence que nous ne prenons même plus la peine d'y réfléchir. Si je découvre, par exemple, qu'une personne qui se montre bienveillante et généreuse avec moi le fait dans l'espoir d'obtenir un avantage quelconque qu'elle me dissimule (par exemple mon héritage), il va de soi que la valeur morale attribuée par hypothèse à ses gestes s'évanouit d'un seul coup. Ou encore : je n'attribue aucune valeur morale particulière au chauffeur de taxi qui accepte de me prendre en charge parce que je sais qu'il le fait, et c'est normal, par intérêt. En revanche, je ne puis m'empêcher de remercier comme s'il avait agi « humainement » celui qui, sans intérêt particulier, a l'amabilité de me prendre en stop un jour de grève.

À retenir

Ces exemples et tous ceux que l'on voudra ajouter dans le même sens font signe vers la même idée : vertu et action désintéressée sont inséparables dans l'imaginaire moderne, et c'est seulement sur la base d'une anthropologie telle que celle de Pic et de Rousseau que cette liaison prend sens. Il faut, en effet, pouvoir agir librement, sans être programmé par un code naturel ou historique, pour accéder à la sphère du désintéressement et de la générosité volontaire.

C'est bien évidemment aussi à partir de cette définition de la liberté comme libre arbitre, comme cette possibilité de choix que le spinozisme s'acharne à vouloir nier, que l'accent va être mis sur l'universalité comme idéal de Bien commun et de dépassement des simples intérêts particuliers. Le bien ne se résume plus à mon intérêt privé, à celui de ma famille ou de ma tribu. Bien entendu, il ne les exclut pas, mais il doit aussi prendre en compte les intérêts d'autrui, voire de l'humanité tout entière – un universalisme qui s'exprimera dans la grande Déclaration des droits de l'homme et qui fera l'essence du républicanisme et de la laïcité français.

Explications

Et là encore, le lien avec l'idée de liberté définie comme possibilité d'un « désenglouement », d'une prise de distance avec la nature, est clair : la nature, par définition, est particulière ; je suis homme ou femme (ce qui est déjà une particularité), j'ai tel corps, avec ses goûts, ses passions, ses désirs qui ne sont pas forcément (c'est une litote) altruistes. Si je suivais toujours ma nature animale, il est probable que le Bien commun et l'intérêt général pourraient attendre avant que je daigne seulement considérer leur éventuelle existence (à moins, bien sûr, qu'ils ne recoupent mes intérêts particuliers, par exemple mon confort moral personnel). Mais si je suis libre, si j'ai la faculté de m'écarter des exigences de ma nature, de lui résister si peu que ce soit, alors, dans cet écart même et parce que je me distancie pour ainsi dire de moi, je puis me rapprocher des autres pour entrer en communication avec eux et, pourquoi pas, prendre en compte leurs propres exigences.

À retenir

Liberté, vertu de l'action désintéressée, souci de l'intérêt général : voilà donc, en fin de compte, les maîtres mots qui définissent la morale du devoir – « du devoir » justement, parce qu'elle nous commande parfois, sous la forme d'un impératif, d'un « tu dois ! », une résistance, voire un combat contre la naturalité ou l'animalité en nous. Et même l'hédoniste ne peut nier qu'il faut, dans certains cas, faire preuve de courage et que ce dernier, en son fond, n'est rien d'autre qu'une résistance de la liberté à la nature ! Par où on entre dans la fameuse doctrine kantienne de l'impératif catégorique.

Venons-en maintenant à l'autre grande morale laïque, celle des utilitaristes anglais.

L'éthique utilitariste

Pour bien comprendre

Disons d'emblée qu'elle n'est nullement réductible à la doctrine de l'égoïsme personnel généralisé. Elle se présente au contraire chez tous ses plus grands théoriciens – notamment chez Jeremy Bentham, Stuart Mill ou Henry Sidgwick – comme une morale « universaliste » dont le principe fondamental entre tous pourrait s'énoncer de la façon suivante : une action est bonne quand elle tend à réaliser la plus grande somme de bonheur pour le plus grand nombre de personnes concernées par cette action, mauvaise dans le cas contraire, c'est-à-dire lorsqu'elle tend à augmenter la somme globale des souffrances en ce monde.

C'est du reste dans cette perspective, parce que l'utilitarisme considère, à l'opposé du cartésianisme, que les animaux sont des êtres sensibles et non des machines, qu'ils sont capables d'éprouver du plaisir et de la peine, qu'ils doivent entrer dans la sphère de l'éthique et être protégés, sinon de la même façon que les humains, du moins pour les mêmes raisons qu'eux. Il serait donc tout à fait faux de confondre l'utilitarisme avec un hédonisme égocentrique : c'est bien ici de sommes *globales* de souffrance ou de bonheur qu'il s'agit, et non seulement de l'intérêt plus ou moins bien compris de tel ou tel individu particulier. Il peut par conséquent, dans la perspective de l'utilitarisme, y avoir parfois, comme dans le kantisme, incompatibilité entre mon bonheur personnel et l'intérêt général.

Toute la question (que pose d'ailleurs clairement Sidgwick) est alors de savoir pour quelles raisons je devrais préférer le Bien commun à mes intérêts particuliers. En d'autres termes : comment peut-on passer de l'égoïsme à l'altruisme, des intérêts particuliers à l'intérêt général dans une perspective utilitariste qui ne croit pas une seconde à la notion d'action désintéressée, à la liberté entendue, comme chez Pic, Rousseau, Kant ou plus tard Sartre, par la capacité de s'arracher à la nature et aux intérêts particuliers ? Après tout, si l'être humain n'est, comme l'affirment les utilitaristes, qu'un être d'intérêts, si toute action, y compris l'action morale, est intéressée, au nom de quoi me faudrait-il prendre en compte l'intérêt des autres ?

Passer de l'égoïsme à l'altruisme : la théorie des sentiments moraux

Pour bien comprendre

Dans la perspective utilitariste, j'y insiste une dernière fois pour que l'on mesure bien toute l'ampleur du problème, le désintéressement n'existe pas, il n'a aucune place dans la doctrine d'ensemble où il paraît même irrationnel, tout simplement contraire au principe de raison qui postule que toute action possède sa cause ou sa raison d'être, l'intérêt étant toujours son mobile. Les actions des humains n'ont qu'une seule finalité : la quête du plaisir ou, mieux encore, du bonheur. Comme le disait déjà Pascal, même celui qui va se pendre cherche encore le bonheur (ou à tout le moins, à éviter une souffrance plus grande que celle que lui infligera la mort par pendaison). D'où, derechef, la difficulté : comment fera-t-on pour passer de l'intérêt particulier à l'intérêt général, de mon égoïsme foncier au souci de l'autre, à l'altruisme ? Réponse : par la théorie des sentiments moraux.

Explications

Il revient surtout à Adam Smith, même s'il n'est ni le seul ni le premier (je pense notamment à l'excellent Mandeville et à sa fameuse *Fable des abeilles*) d'avoir développé avec la sophistication la plus grande cette théorie des sentiments, bien que ses linéaments soient déjà présents aussi bien chez Bentham que chez Stuart Mill. L'idée de *sympathie* joue ici le rôle le plus fondamental. Je vous en indique le principe, l'analyse des sentiments moraux, qui renvoie chez Smith au jugement de notre conscience intérieure (à la notion de « spectateur impartial ») étant ensuite plus fine et détaillée. Les grands libéraux utilitaristes sont souvent, comme dans toute tradition empiriste, des psychologues : ils se plaisent à analyser les replis de l'âme, les méandres de l'égoïsme ou les sentiments inavouables comme on le voit déjà dans *La Fable des abeilles* (1714) qui servit de modèle aux théories libérales de la « main invisible ».

D'un point de vue strictement utilitariste, la sympathie (ou compassion : l'étymologie de ces deux mots est analogue en grec et en latin) implique que le bonheur des autres entre tout simplement dans mon bonheur propre. Cela vaut d'abord pour ceux qui nous sont les plus chers : à partir du moment où j'aime mes proches, leur bonheur devient essentiel pour moi de sorte que je ne peux pas être heureux s'ils sont malheureux, s'ils sont dans la maladie ou la misère. Il s'agit d'une simple constatation de fait, empirique, mais qui permet de relier l'intérêt particulier et l'altruisme : j'ai moi aussi intérêt à ce que les autres soient heureux.

À vrai dire, si je suis un être humain digne de ce nom, normalement constitué, ainsi pensent du moins les utilitaristes, je trouve même un intérêt, bien au-delà de mes proches, à ce que l'humanité entière soit autant que possible bien lotie et heureuse. Du reste, dans le monde anglo-saxon, l'éthique utilitariste est presque toujours à l'origine des sociétés philanthropiques dans la mesure où elles estiment que nous avons intérêt à ce que l'humanité vive plutôt dans le bien-être, la paix et même dans la liberté, plutôt que dans le malheur et la misère – la liberté, sans être sacralisée comme elle l'est chez Kant et les républicains, étant malgré tout un élément du bonheur humain. À la limite, voir les autres malheureux, même quand ils ne sont pas des proches, tend à heurter notre compassion naturelle, donc à gâter notre propre bien-être, pour ne pas dire notre confort moral. Il y a certes des gens méchants, mais globalement, l'humanité est plutôt bonne et soucieuse par compassion (sympathie) du bonheur des autres.

À retenir

De ce fait, et là est l'essentiel pour répondre à la question que nous posions plus haut, c'est toujours par un *intérêt particulier* qu'on s'élève au général, c'est par un égoïsme bien compris qu'on devient altruiste et qu'on se soucie du Bien commun. Du reste, même dans le règne animal, nous n'avons pas besoin de supposer la liberté pour expliquer qu'une chatte s'occupe de ses chatons : elle le fait très bien sans s'arracher à sa nature, et si on lui enlève ses bébés à la naissance, elle se mettra à courir en tous sens, manifestement troublée, désorientée : nul besoin, ici, d'invoquer la notion de liberté pour expliquer ce passage de l'intérêt particulier à un certain souci de l'autre. Du moins est-ce ainsi que l'utilitarisme résout le problème.

On mesure ici à quel point l'utilitarisme, bien que lui aussi laïc, s'oppose aux morales républicaines malgré le souci universaliste du Bien commun qui les anime : loin que le passage de l'égoïsme à l'altruisme soit, comme chez Kant, le fait d'une vertu désintéressée, d'une action courageuse qui mobiliserait la liberté entendue comme faculté d'arrachement à ses intérêts naturels, elle résiderait tout à l'inverse pour les utilitaristes dans un sentiment lui-même intéressé par lequel j'intégrerais le souci d'autrui dans la sphère de mon propre ego. Selon cette tradition, l'altruisme ne serait, au contraire de ce que prétendent le christianisme, le judaïsme et le républicanisme, qu'un prolongement de l'égoïsme. Il n'y aurait donc aucune solution de continuité entre les deux termes, un altruiste n'étant qu'un égoïste qui trouve son bonheur dans le bonheur d'autrui ! Nul besoin pour expliquer l'altruisme d'invoquer une quelconque liberté d'arrachement, le souci de soi suffisant dans cette perspective à expliquer celui d'autrui.

La critique de l'utilitarisme chez John Rawls

Ce que j'en pense

Par-delà même cette opposition avec les grandes morales républicaines de la liberté et du potentiel sacrifice de soi, l'utilitarisme s'avère, comme le verra John Rawls dans sa fameuse *Théorie de la justice*, problématique sur le plan juridique et politique. Car le principe du plus grand bonheur pour le plus grand nombre n'implique pas seulement que je me décide moi-même à renoncer parfois à mes propres intérêts (renoncement dont on vient de voir qu'il fallait, dans le cadre de l'utilitarisme et en l'absence de l'idée de liberté comme arrachement à soi, l'expliquer par la logique des sentiments), mais il peut s'accommoder aussi de ce que d'autres me contraignent à le faire au nom du Bien commun. Comme l'a montré Rawls, qui se définissait comme un héritier de Kant, l'utilitarisme ne peut éviter de trébucher sur la difficile question du sacrifice – par où il quitte l'orbite de l'individualisme moderne pour s'apparenter à une nouvelle forme de « holisme », c'est-à-dire à une vision du monde dans laquelle l'intérêt du plus grand nombre primant sur celui de tel ou tel individu particulier, il faut parfois savoir préférer une injustice à un désordre – ce que les morales républicaines ne pourront jamais se résoudre à accepter.

C'est dans cette perspective qu'une grande partie de la réflexion rawlsienne consistera dans une critique radicale, très kantienne, de l'utilitarisme, c'est-à-dire dans l'affirmation de la primauté du juste sur le bien. Comme nous venons de le suggérer, le raisonnement de Rawls part de la question de savoir s'il est moralement licite de préférer parfois, comme y conduit l'utilitarisme, une injustice à un désordre. En effet, l'utilitarisme considère le bonheur comme prioritaire par rapport au juste et à l'injuste. Dans ces conditions, il est parfois légitime, même si c'est regrettable, de sacrifier un individu innocent si cela peut servir à protéger le bien-être du reste de la population. En termes de calcul des plaisirs et des peines, c'est défendable. Pour Rawls, au contraire, le respect des droits de l'homme passe avant la question du bonheur, de sorte qu'un désordre, même désastreux pour l'ensemble d'une communauté, est toujours préférable à une injustice, fût-elle limitée à un seul individu. Le droit passe avant tout et le juste doit précéder en toutes circonstances un bien qu'on identifie seulement au bonheur – en quoi Rawls, à nouveau, rejoint Kant et son fameux *Fiat justicia pereat mundus*, que la justice soit faite, le monde dût-il en périr. Comme l'écrit Rawls dans la *Théorie de la justice* :

Citation

> « À partir du moment où l'on pense que les principes de la justice résultent d'un accord originel conclu dans une situation d'égalité, la question reste posée de savoir si le principe de l'utilitarisme serait dans ces conditions choisi. Il semble d'emblée tout à fait improbable que, dans la réalité, des personnes se considérant elles-mêmes comme égales, ayant droit à exprimer leurs revendications les unes vis-à-vis des autres, consentent à un principe qui pourrait exiger une diminution des perspectives de vie de certains, simplement au nom de la plus grande quantité d'avantages dont jouiraient les autres. » (trad. par C. Audard, Seuil, 1987)[2]

Situation classique pour les amateurs de westerns : le shérif qui empêche la foule en délire de lyncher un innocent, voire un coupable qui n'a pas encore été jugé, et qui est prêt le cas échéant à y laisser sa peau est rawlsien (certes sans le savoir, et avant la lettre). Un utilitariste cohérent serait à la limite prêt à ouvrir les portes de la prison pour livrer le prisonnier à la foule si cela devait éviter une émeute au cours de laquelle il pourrait y avoir des morts, du reste innocents eux aussi (par exemple des enfants qui seraient piétinés par les manifestants)...

2. *Théorie de la justice*, John Rawls, coll. « Empreintes », © Éditions du Seuil, 1987, pour la traduction française, « Points Essais », 2009.

DANS CE CHAPITRE

Les concepts de droits-libertés et droits-créances

•

Marx, Tocqueville, Joseph de Maistre et les fondements philosophiques du droit du travail

•

Naissance de l'idée humanitaire

•

Claude Lefort et l'« humanisme abstrait »

Chapitre 13

Les droits de l'homme et l'humanisme abstrait

Pour bien comprendre

Contrairement à une idée souvent reçue chez certains militants de la laïcité pure et dure, l'universalisme républicain qui fonde la philosophie des droits de l'homme, c'est-à-dire l'idée que l'être humain a des droits indépendamment de ses enracinements communautaires, est un héritage direct du christianisme. C'est là notamment ce qu'avait parfaitement vu Tocqueville dans *La Démocratie en Amérique*. Tocqueville y condamne avec la plus grande fermeté la manière dont les Occidentaux se sont conduits avec les populations indiennes ou africaines. « Le succès des Cherokees, écrit-il, prouve que les Indiens ont la faculté de se civiliser », raison pour laquelle il s'oppose résolument à la pratique de l'esclavage qu'il juge parfaitement ignoble. Or il le fait clairement à partir du lien qu'il établit entre la tradition chrétienne et la grande Déclaration de 1789. Cette charte de notre républicanisme lui apparaît à juste titre comme une sécularisation de l'idée chrétienne d'égalité, l'égalité devant Dieu étant simplement sécularisée sous la forme de l'égalité devant la loi :

Citation

« Le christianisme est une religion d'hommes libres. Dans l'idée chrétienne, tous les hommes naissent libres et égaux… C'est nous, les Européens, qui avons donné un sens déterminé et pratique à cette idée chrétienne que tous les hommes naissent égaux et qui l'avons appliquée aux faits de ce monde. C'est nous qui, en détruisant dans tout le monde le principe des castes, des classes, en retrouvant, comme on l'a dit, les titres du genre humain qui étaient perdus, c'est nous qui, en répandant dans tout l'univers la notion de l'égalité des hommes devant la loi, comme le christianisme avait créé l'idée de l'égalité de tous les hommes devant Dieu, je dis que c'est nous qui sommes les véritables auteurs de l'abolition de l'esclavage. »

De quels droits parlons-nous ?

Explications

Cela étant posé, il existe plusieurs types de droits de l'homme, des droits formels ou « droits-libertés » et des droits sociaux ou « droits-créances », ces derniers apparaissant plus tard, pour l'essentiel autour de la révolution de 1848. Ceux qu'on appelle les droits-libertés constituent au contraire le cœur de la Déclaration de 1789 : il s'agit du droit de propriété, de la liberté de circulation, de la liberté d'expression, d'association, de réunion, de publication, mais aussi du droit à ne pas être arrêté de manière arbitraire, à n'importe quelle heure du jour et de la nuit, sur une simple lettre de cachet (ce qu'on appelle alors la « sûreté »).

Ils supposent que l'individu a des droits en ce sens qu'il mérite d'être respecté *abstraction faite* de ses enracinements dans une communauté quelle qu'elle soit, religieuse, ethnique, culturelle et même nationale. C'est pourquoi Claude Lefort, un philosophe politique qui, bien que venant de la gauche, est devenu l'un des principaux critiques du totalitarisme soviétique, a parlé à leur propos « d'humanisme abstrait », un concept fondamental sur lequel nous allons revenir dans la suite de ce chapitre.

Mais commençons déjà par bien distinguer ces deux types de droits, les droits-libertés et les droits-créances, les premiers appartenant clairement à la tradition du libéralisme politique, tandis que les seconds sont liés à l'émergence des mouvements socialistes et communistes.

Les droits-libertés : humanisme abstrait et libéralisme

Ces droits fondamentaux ne sont pas seulement des droits de l'individu, mais plus profondément, ils sont pensés dès l'origine par les libéraux comme des limites de l'État, comme des bornes légitimes et si possible légales à son intervention dans la vie privée, dans la société civile – en quoi la grande Déclaration de 1789 est bien d'inspiration libérale sur le plan politique.

Pour bien comprendre

Lorsque, le 26 août 1789, les révolutionnaires mettent un point final à la *Déclaration des droits de l'homme et du citoyen* et qu'ils la choisissent parmi plus de cent cinquante projets différents, il faut bien voir que pour les grands penseurs libéraux de l'époque, le sujet essentiel se situe dans la lutte contre l'absolutisme, contre la prétention de l'État monarchique à dominer de part en part la société civile. Le libéralisme qui sous-tend la première génération des droits de l'homme repose sur la conviction que la société civile tient très bien ensemble toute seule, sans avoir besoin de l'intervention permanente et intrusive d'un État absolutiste et de droit divin, sur le modèle de la fameuse « création continuée » de Descartes (l'idée que Dieu maintient le monde en vie à chaque instant et que sans Lui, tout s'effondrerait d'un seul coup). De manière significative, ce sont d'ailleurs ces droits-là que les totalitarismes s'empresseront d'abolir dès qu'ils en auront le pouvoir.

Les droits-créances

La deuxième génération est donc celle des droits-créances (on parlerait aujourd'hui de « droits sociaux », voire de « droits opposables »), dont le premier modèle est alors le droit au travail, mais qui englobe aussi dès 1848 la plupart des autres droits sociaux. Ils sont clairement liés à la naissance de l'idée socialiste, à l'idée antilibérale que l'État a non seulement le droit, mais le devoir d'intervenir dans la société civile, et en particulier dans la sphère de l'économie, pour y introduire par exemple plus de protection sociale et d'égalité, en quoi les droits-créances s'opposent assez diamétralement à la tradition libérale de 1789.

Le droit au travail fera d'emblée débat dans la société française, notamment au sein de l'Assemblée constituante où siège Tocqueville. Le député Mathieu dépose alors un amendement pour qu'on inscrive ce droit dans la Constitution à titre de « créance » que les individus pourront « opposer » à l'État. Tocqueville prononce aussitôt à la Chambre un discours d'une grande profondeur contre le droit au travail.

Explications

Son argument est simple : si ce droit à trouver un emploi n'est pas une plaisanterie, s'il n'est pas purement verbal, si l'État doit vraiment s'engager à fournir du travail aux ouvriers qui sont au chômage, s'il s'agit réellement de ce qu'on appelle aujourd'hui un « droit opposable », alors il faut que l'État devienne propriétaire et qu'il se fasse lui-même industriel et entrepreneur : c'est le seul moyen pour lui d'être certain de pouvoir distribuer des emplois. Or, dans cette hypothèse, poursuit Tocqueville, nous nous acheminons vers le communisme dont l'inscription du droit au travail dans la constitution n'est que le cheval de Troie. En effet, dit-il :

Citation

> « ou bien l'État entreprendra de donner à tous les travailleurs qui se présenteront à lui l'emploi qui leur manque, et alors, il est entraîné peu à peu à se faire industriel ; et comme il est l'entrepreneur d'industries qu'on rencontre partout, le seul qui ne puisse refuser du travail [...], il est invinciblement conduit à se faire le principal, et bientôt, en quelque sorte, l'unique entrepreneur de l'industrie... Or cela, c'est le communisme. Si au contraire, l'État veut échapper à la nécessité fatale dont je viens de parler, s'il veut, non plus par lui-même et par ses propres ressources, donner du travail à tous les ouvriers qui se présentent, mais veiller à ce qu'ils en trouvent toujours chez les particuliers... il est obligé de faire en sorte qu'il n'y ait pas de chômage ; cela le mène forcément à distribuer les travailleurs de manière qu'ils ne se fassent pas concurrence, à régler les salaires, tantôt à modérer la production, tantôt à l'accélérer, en un mot à se faire le grand et unique organisateur du travail... »

... ce qui serait l'idéal du socialisme étatique à la Louis Blanc dont on sait comment les « ateliers nationaux » finirent en catastrophe, tant sur le plan économique que social.

Tocqueville et Marx ne se connaissaient pas, mais dans son petit livre sur *La Lutte de classes en France* (1850), Marx reprend, sans le savoir, mais presque mot pour mot, l'argumentation de son collègue, à ceci près, bien sûr, qu'il en inverse les signes : ce que le libéral juge négatif, le communiste le tient pour admirable. Oui, derrière la revendication des droits-créances, d'un droit opposable à l'État tel que le droit au travail, c'est bien selon Marx comme pour Tocqueville, le communisme qui se profile à l'horizon, l'appropriation par la collectivité de la propriété privée des moyens de production, condition sans laquelle l'État ne saurait s'engager sérieusement à donner du travail aux chômeurs. Marx est donc paradoxalement d'accord avec Tocqueville : l'un et l'autre ont compris que le droit au travail, c'est le loup dans la bergerie, le bras armé du collectivisme.

Pour bien comprendre

Pour bien comprendre ce débat historique, qui resurgira sans cesse dans notre histoire, il faut bien voir que ce qui inquiète les tenants du libéralisme à cette époque n'est pas ce à quoi nous pensons aujourd'hui. Ce n'est pas la création d'un État-providence qui viendrait réguler l'économie et organiser la « charité publique », comme on dit à l'époque, qui inquiète vraiment les libéraux.

À vrai dire, ce qui les préoccupe le plus, c'est, comme je l'ai dit plus haut, la menace d'un retour sans cesse possible à l'absolutisme, ce régime honni auquel la Révolution française tente de mettre fin – d'où l'importance accordée à la conquête de ces fameux droits-libertés, non par sacralisation de l'individu bourgeois, mais parce qu'ils limitent l'intervention abusive et arbitraire de l'État absolu. Tocqueville, dont la pensée s'inscrit dans les pas de celles de Constant et Sieyès, ne voit d'abord et avant tout dans le communisme qu'un archaïsme, un retour en arrière, une manière de rétablir l'absolutisme de l'Ancien Régime, avec ses prérogatives sur la société civile. Dans la mesure où la grandeur de la révolution de 1789 réside à ses yeux dans le fait d'imposer des limites à la mainmise arbitraire de l'État sur la société des individus, le communisme lui apparaît moins comme une entreprise révolutionnaire ouvrant sur l'avenir que comme un idéal réactionnaire, comme un archaïsme, comme une tentative à peine déguisée de *restauration*, au sens politique du terme, de l'ordre ancien.

Où l'on mesure peut-être mieux ce qui, en arrière-fond, sépare radicalement les droits-libertés et les droits-créances. C'est seulement avec le XXe siècle qu'une troisième génération de droits de l'homme fera son apparition, une génération qui va plaider pour l'interventionnisme humanitaire et qui se trouvera d'abord symbolisée par la création de la Croix-Rouge.

La troisième génération des droits de l'homme : la naissance de la Croix-Rouge et de l'humanitaire moderne

La fondation de la Croix-Rouge

Lorsqu'Henry Dunant, avec l'aide de Gustave Moynier, fonde la Croix-Rouge le 29 octobre 1863, il n'a qu'une idée en tête : faire reconnaître enfin par le plus grand nombre d'États possible cette « neutralité » qui lui est devenue si chère depuis son premier contact avec l'ignominie de la guerre.

Le 24 juin 1869, sa voiture a fait halte à Castiglione, à quelques kilomètres du champ de bataille de Solférino où près de quarante mille soldats vont perdre la vie en quelques jours dans des conditions atroces. Dans la petite ville italienne, neuf mille blessés sont entassés dans les rues, au parvis des églises, sur les escaliers des jardins publics et le sang ruisselle comme l'eau un jour de pluie. Dunant passera plusieurs jours sans dormir, essayant d'aider, à vrai dire sans grand résultat.

De retour à Genève, il rédige dans la fièvre un livre qui va faire le tour du monde : *Un souvenir de Solférino*. Les éditions se multiplient et le succès est foudroyant. Je ne saurais trop vous conseiller de lire cet ouvrage porteur d'une belle idée, d'une idée simple qui, pour n'être pas nouvelle aux yeux des philosophes, garde encore toute sa force auprès du grand public : une fois à terre et mis hors de combat par leurs blessures, les soldats cessent d'être des ennemis. Ils redeviennent des hommes, des victimes que plus rien, pas même leur appartenance nationale, ne sépare entre elles.

Telle est à l'origine la signification du « neutralisme » sur lequel la Croix-Rouge va fonder son action : il ne s'agit pas au départ, comme on le lui reprochera tant par la suite, de nier la responsabilité politique de tel ou tel camp, mais d'en faire abstraction dans la seule considération des blessés, des soldats désarmés.

Avec la création de la Croix-Rouge, le droit humanitaire est né, qui sera d'abord, on l'oublie parfois, un chapitre particulier du droit de la guerre. *Inter arma caritas*... Il n'en apporte pas moins une nouveauté cruciale par rapport à ses ancêtres légitimes que sont la charité chrétienne et l'héritage de nos fameux droits de l'homme.

Explications

Entre le bien et le mal, une nouvelle catégorie morale fait en effet son apparition au cœur des nouvelles préoccupations caritatives : celle de l'*indifférence*. C'est ce manque de souci des autres qu'il s'agit désormais de pourchasser sans exclusive, ce qui implique une rupture avec un aspect pourtant essentiel de la Déclaration de 1789 : avec l'humanitaire moderne, la grande Déclaration, dont on oublie souvent qu'elle n'était pas seulement celle des droits de l'homme, mais aussi du citoyen, se voit désormais débarrassée du cadre national, voire nationaliste, qu'impliquait la référence à la citoyenneté, aux membres d'une nation aux contours historiques et géographiques déterminés.

D'un point de vue philosophique, l'idée humanitaire appartient certes à l'héritage universaliste de la grande Déclaration. Elle repose sur l'idée que tout individu possède des droits, abstraction faite de son enracinement dans telle ou telle communauté particulière – ethnique, nationale, religieuse, linguistique ou autre. Mais elle élève ce principe jusqu'à sa limite extrême, jusqu'au point où le cadre national qui lui sert encore de lieu de naissance tend à s'évanouir. Comme l'écrit justement Jean-Christophe Ruffin :

Citation

> « Jusqu'ici, les philanthropes, comme Florence Nightingale, étaient restés prisonniers de leur appartenance nationale : ils avaient milité pour l'amélioration des services de santé des armées, considérant implicitement que c'est à chaque camp de soigner "ses" blessés. Dunant n'a pas ces déformations nationalistes. Il vit, au moins en pensée, dans un monde idéal, et chez les blessés entassés de Solferino, il le trouve. Ce monde de victimes est un monde d'égaux, et pour avoir été frappés par les armes, ces hommes s'en sont délivrés. Ils sont tous devenus neutres. » (*L'Aventure humaine*, Gallimard, coll. « Découverte », 1994, p. 50)

Non seulement l'humanitaire prétendra s'affranchir du cadre national, mais en prenant aujourd'hui la forme d'un « droit d'ingérence », il ira même à l'encontre de son principe suprême : la sacro-sainte souveraineté des États.

Ce que j'en pense

Bien entendu, ce dynamitage du cadre national devait susciter jusqu'à nos jours bien des critiques de la part des nationalistes et des souverainistes de tous horizons, des critiques dont la matrice était déjà présente dès la première génération des droits de l'homme, en particulier dans la tradition romantique et contre-révolutionnaire dont Joseph de Maistre fut en France l'un des tout premiers théoriciens. Mais aussi paradoxal que cela puisse paraître, c'est aussi chez le jeune Marx qu'on va trouver une critique radicale de la grande Déclaration et, à travers elle, de l'humanisme abstrait qui en constitue le soubassement philosophique.

Les critiques des droits de l'homme

On évoque souvent dans la littérature consacrée aux droits de l'homme comme à la critique de la révolution française un fameux passage des *Considérations sur la France* (1797) de Joseph de Maistre. Comme la plupart du temps on se contente de le parodier, je vous en donne ici le texte exact :

Citation

> « Il n'y a point d'homme dans le monde. J'ai vu dans ma vie des Français, des Italiens, des Russes ; je sais même, grâce à Montesquieu, qu'on peut être Persan ; mais quant à l'homme, je déclare ne l'avoir jamais rencontré dans ma vie. S'il existe, c'est bien à mon insu. »

Dans son essai intitulé *La Question juive* (1844), Marx développe paradoxalement une critique très proche de celle de Maistre, une critique qui, elle aussi, dénonce l'individualisme bourgeois, de cet homme égoïste qui prétend se dissocier de la collectivité dans laquelle il vit :

Citation

> « Aucun des prétendus droits de l'homme ne dépasse donc la sphère de l'homme égoïste, c'est-à-dire celle de l'homme membre de la société bourgeoise, autrement dit un individu séparé de la communauté, replié sur lui-même, avant tout préoccupé de son seul intérêt personnel et n'obéissant qu'à son arbitraire privé... Le seul lien qui unisse encore les individus, c'est la nécessité naturelle, le besoin et l'intérêt privés, la conservation de sa propriété et de sa personne égoïste. »

Explications

Aux yeux de Marx, dans la société de lutte des classes et du capitalisme voué à la recherche effrénée du profit, la classe dominante a tout intérêt à faire semblant de croire, comme le prétend la Déclaration des droits de l'homme, que les individus naissent libres et égaux en droits (égalité formelle). Non seulement cette affirmation est une pure fiction (dans la réalité, ce n'est pas l'égalité qui domine, mais les inégalités, y compris de naissance, qui sont criantes), mais surtout, il voit dans l'idéologie des droits de l'homme un moyen insidieux de consacrer la séparation des individus entre eux, de renforcer l'individualisme qui caractérise selon lui la société bourgeoise.

C'est au fond la fameuse idéologie du « renard libre dans le poulailler libre » qui pointe son vilain museau derrière l'apparence sublime du « droit-de-l'hommisme ». Déclarer que les citoyens sont des individus autonomes, c'est contribuer à faire en sorte que les ouvriers restent autant qu'il est possible séparés les uns des autres, de sorte qu'inorganisés, ils affrontent le patronat en ordre dispersé, ce dernier étant dès lors en position de force. Plus les travailleurs seront « atomisés », plus ils seront considérés comme des monades repliées sur elles-mêmes et isolées les unes des autres, plus le propriétaire pourra aisément négocier les salaires et augmenter le temps de travail. À l'inverse, plus ils seront regroupés en syndicats ou en partis politiques, plus les rapports de force leur seront favorables.

À retenir

Conclusion : l'État qui déclare les droits de l'homme et prétend s'en porter garant, n'est pas autre chose que la « superstructure de la classe dominante », l'instrument politique qui permet, avec l'aide de la police, de l'armée, mais aussi des systèmes éducatifs (des « appareils idéologiques d'État », comme dira plus tard Althusser) et les moyens de propagande qui inculquent l'idéologie dominante, de conforter le pouvoir des puissants, de les garantir contre les crises et les révolutions. L'État démocratico-libéral, avec son pluralisme affiché, sa liberté d'opinion, de propriété, de circulation, etc., n'est donc qu'un instrument partiel et partial tout entier au service de la domination.

La critique de la critique des droits de l'homme : la défense de l'humanisme abstrait par Claude Lefort

Claude Lefort, dans la revue *Libre*, une revue de qualité hélas aujourd'hui disparue, publiait en 1980 un article intitulé « Droits de l'homme et politique », tout entier consacré à déconstruire la critique marxienne des droits de l'homme. Voici comment C. Lefort, non sans profondeur, établissait un lien entre les opinions de Marx et celles de Maistre :

Citation

> « Les droits de l'homme étant déclarés, surgit, dit-on, la fiction de l'homme sans détermination. Toute la critique d'inspiration marxiste, mais aussi conservatrice, s'engouffre dans cette fragile citadelle pour la démolir. Joseph de Maistre proclamait ainsi : j'ai rencontré des Italiens, des Russes, des Espagnols, des Anglais, des Français, je ne connais pas l'homme. Et Marx jugeait qu'il n'était d'hommes que concrets, historiquement et socialement déterminés, façonnés par leurs conditions de classe. Avec moins de talent, nombre de nos contemporains continuent de se gausser de l'humanisme abstrait. »

Et citant l'article 10 de la Déclaration selon lequel « nul ne peut être inquiété pour ses opinions, même religieuses, pourvu que leur manifestation ne trouble pas l'ordre public établi par la loi », un passage dans lequel Marx ne voit qu'une concession de la déclaration bourgeoise à l'idéologie religieuse, Lefort ajoute ce commentaire :

Citation

> « Faut-il que Marx soit obsédé par son schéma de la révolution bourgeoise pour ne pas voir que la liberté d'opinion est une liberté de rapports, comme il est dit en l'occurrence, une liberté de communication. »

Donc une ouverture aux autres, tout sauf un repli sur soi, et en outre un formidable progrès dans la liberté par rapport aux abus que dénonçaient les philosophes des Lumières, Voltaire en tête. Lefort en concluait, à juste titre il me semble, que :

Citation

> « L'expansion du marxisme dans l'ensemble de la gauche française a été longtemps de pair avec une dépréciation du droit en général et la condamnation véhémente, ironique ou "scientifique" de la notion bourgeoise des droits de l'homme... Depuis peu, le marxisme change de ton, il se pare d'une phraséologie libérale... Chacun sait d'où est venu le choc : la découverte de l'ampleur du système concentrationnaire en Union soviétique sous l'effet d'un flot d'informations diffusées par les victimes du goulag... Ces droits ne paraissent plus formels, destinées à couvrir un système de domination, on voit s'investir en eux une lutte réelle contre l'oppression... »

Ce que j'en pense

Il fallait vraiment que Marx fût aveuglé par sa volonté acharnée de démontrer que les droits de l'homme ne visaient qu'à empêcher le prolétariat de nouer des rapports de force favorables face aux capitalistes, pour ne pas s'apercevoir que ces droits s'avéraient finalement beaucoup plus favorables au monde ouvrier qu'à la bourgeoisie. Comme le dira Jaurès contre Marx, aucune des conquêtes sociales qui caractérisent les sociétés occidentales et leurs États-providences (assurance maladie, retraite, assurance chômage, liberté syndicale, liberté de critique et d'expression dans la presse, laïcité, etc.) n'aurait été obtenue si les droits de l'homme et la démocratie n'y avaient pas été établis.

Marx se trompe donc du tout au tout, et curieusement pour une raison qui n'aurait pas dû lui échapper : de toute évidence, les pauvres sont plus nombreux que les riches, les ouvriers et les employés plus nombreux que les grands patrons, si bien que les droits qu'on accorde à l'ensemble de la population, à commencer par le droit de vote et le suffrage universel qui sera instauré dans le sillage de la grande Déclaration, permettront bien évidemment aux classes dominées de s'exprimer, de critiquer l'État bourgeois et de le transformer à leur profit dans des proportions considérables.

L'erreur commise par Marx sur le sens des droits-libertés ne cessera de faire débat, non seulement entre marxistes et libéraux, mais aussi entre communistes et socio-démocrates, entre partisans de la révolution prolétarienne et partisans d'un réformisme démocratique.

DANS CE CHAPITRE

Les trois dimensions de la vie de l'esprit selon Hegel

•

Art, religion et philosophie

•

La philosophie est une sécularisation de la religion

Chapitre 14
Art, religion, philosophie selon Hegel

Ce sont, selon Hegel, trois dimensions fondamentales de la vie de l'esprit qui ont la même finalité, à savoir exprimer le divin, l'absolu ou la vérité, mais sous trois formes tout à fait différentes.

L'art et l'idée de Dieu

Explications

Commençons par l'art. Il a, nous dit Hegel (que je traduis ici, les traductions existantes étant trop souvent défectueuses, pour ne pas dire parfois franchement calamiteuses), « pour tâche de présenter en général l'Idée dans l'intuition immédiate, dans sa forme sensible et non pas dans la forme de la pensée et de la pure spiritualité » (*Vorlesungen über die Aesthetik – Leçons sur l'esthétique*). En clair : l'art traduit l'idée de Dieu dans un matériau sensible, il exprime le divin, d'abord tel que les Anciens l'ont pensé, puis, à partir d'une certaine époque, tel que le christianisme l'a conçu, comme un être unique doué d'un « savoir absolu » (d'une omniscience). Il exprime donc, au même titre que la religion, des vérités intelligibles, mais il le fait dans une forme qui lui est inadéquate puisqu'elle est matérielle et non spirituelle, sensible et non intelligible :

Citation

« L'art s'est situé dans la même sphère que la religion et la philosophie pour ne plus être qu'une manière d'exprimer et de porter à la conscience le divin, les intérêts les plus profonds de l'homme, les vérités de l'esprit les plus vastes... L'art a cette destination en commun avec la religion et la philosophie, mais de telle sorte cependant qu'il présente de façon sensible même ce qui est le plus élevé et qu'il le rapproche ainsi du mode de manifestation qui est propre à la nature, aux sens et à la sensation. »

Explications

Et de fait, il est vrai que les idées de l'artiste sont exprimées dans des réalités matérielles : le marbre ou le bronze du sculpteur, la pierre de l'architecte, les couleurs du peintre, les vibrations sonores des instruments de musique, etc. Or les vérités spirituelles ne sont pas sensibles, elles sont intelligibles. Elles ne peuvent donc jamais, selon Hegel, être parfaitement exprimées dans l'art, en quoi ce dernier devra finalement être dépassé par des formes de vie spirituelle plus hautes que lui. C'est en ce sens que Hegel déclare que l'art « possède son "après", c'est-à-dire une sphère qui à son tour dépasse son mode d'appréhension et de présentation de l'Absolu. Car l'art contient encore en lui-même une borne et doit donc se dissoudre dans des formes supérieures de conscience ».

La religion, expression du divin et de la spiritualité

Explications

Son « après », selon Hegel, c'est la religion, c'est elle qui va pour ainsi dire prendre le relais pour aller plus loin que l'art : car elle exprime le divin, la vie spirituelle, dans l'élément de la conscience d'un sujet, dans une intériorité et non plus dans l'extériorité d'un matériau sensible. Comme dit encore Hegel, la religion nous parle du divin et de la vie spirituelle au travers de « représentations » (*Vorstellungen*), c'est-à-dire par l'intermédiaire de mythes, de paraboles, de leçons de spiritualité et de morale. Pour faire comprendre la vérité divine, le Christ recourt sans cesse à des récits, à des histoires, à des images et des métaphores qui parlent à la conscience des Hommes. Ce sont des formes d'expression qui sont supérieures à celles qu'utilise l'art en ce sens qu'elles sont plus intérieures, plus proches du divin authentique puisque ce dernier est maintenant exprimé lui aussi dans une subjectivité, celle du Christ. La religion nous élève ainsi du matériel au spirituel, du sensible à l'intelligible.

Pour autant, elle n'est pas encore la forme la plus haute de la vie de l'esprit et elle sera elle-même dépassée par la philosophie. En effet, seule la philosophie pourra selon Hegel accomplir véritablement la tâche de penser et de dire adéquatement le divin, le spirituel, car si ce dernier est d'ordre intelligible, c'est seulement dans l'élément de l'intelligence, du conceptuel (et non dans ceux du sensible ou du mythe) qu'il faut l'exprimer, donc dans la rationalité philosophique bien comprise.

Ce que j'en pense

Par où l'on voit comment Hegel attribue à la philosophie le même contenu qu'à la religion chrétienne, la seule différence tenant à l'expression de ce contenu, à la forme qui doit devenir rationnelle en passant de la parabole mythique et littéraire à l'argumentation conceptuelle et rationnelle. Dans ces conditions, le moment de la Révélation proprement dite, comme chez Lessing déjà, c'est-à-dire le moment religieux par excellence, devient superflu.

À retenir

En quoi nous percevons comment la philosophie, aux yeux de Hegel, n'est en réalité rien d'autre qu'une sécularisation/rationalisation de la religion.

La dissolution de la religion dans la philosophie

La fameuse thèse hégélienne selon laquelle l'art appartiendrait désormais à une époque révolue de l'histoire humaine reçoit ici toute sa signification. Quand Hegel affirme tranquillement que « l'art est et reste pour nous, quant à sa destination la plus haute, quelque chose qui appartient au passé [*ein Vergangenes*] », qu'il a perdu « pour nous » sa « vérité authentique » et « cessé d'être vivant », l'affirmation doit être comprise à deux niveaux de profondeur successifs :

Explications

Il est clair, bien sûr, que le « pour nous » s'entend d'abord en un sens historique et signifie : « pour nous, Modernes », qui avons quitté l'enfance de l'humanité. Il signifie aussi : « pour nous, philosophes de culture chrétienne », qui parvenons à comprendre que la divinité n'a pas besoin d'une forme sensible, donc pas besoin de l'art ni du mythe ou des paraboles populaires, pour être représentée à la conscience. Puisqu'elle est spiritualité pure, c'est même par une naïveté coupable que la vision esthétique du monde s'en tient à une appréhension sensible du divin.

Voilà donc comment l'art conduit à se dissoudre dans la religion – elle-même conçue comme un simple mode (certes supérieur, parce que moins sensible) de présentation de la vérité :

Citation

> « Pour nous, l'art ne passe plus pour le mode suprême que la vérité puisse emprunter pour se donner une existence. En fait, la pensée s'est très tôt élevée contre l'art comme représentation qui rend le divin sensible : chez

> les juifs et les mahométans, voire chez les Grecs comme Platon, déjà, qui s'est opposé avec vigueur aux Dieux d'Homère et de Hésiode. À vrai dire, avec les progrès de la culture vient pour chaque peuple un temps où l'art fait signe vers son propre dépassement. »

Et, selon Hegel, ce temps est venu en Europe lorsqu'avec la Réforme protestante, le christianisme, qui avait fait lui-même usage de l'art, a dû enfin y renoncer, la représentation de Dieu ayant atteint un degré trop élevé de spiritualité pour pouvoir être plus longtemps galvaudée de la sorte :

Citation

> « Lorsque la passion du savoir et de la recherche ainsi que le besoin d'une spiritualité intérieure engendrèrent la Réforme, la représentation religieuse dut elle aussi se retirer de l'élément sensible pour rentrer dans l'intériorité de l'âme et de la pensée. L'après de l'art consiste en ceci que l'esprit est habité par le besoin de trouver la satisfaction seulement en son propre sein comme étant la véritable forme qui convient à la vérité. »

Une fois n'est pas coutume, le propos de Hegel est limpide, et ce passage par la Réforme exprime en condensé tout ce que la religion ajoute à l'art en adoptant la forme de la « représentation », c'est-à-dire la forme du récit littéraire, mythique ou parabolique, car avec cette dernière, « l'absolu se déplace de l'objectivité de l'art vers l'intériorité du sujet » de sorte que Hegel peut parler d'un « progrès de l'art vers la religion » (I, 142-143).

Ce que j'en pense

Mais ce progrès, comme je l'ai déjà suggéré, ne s'achèvera qu'avec la philosophie : elle seule parvient à penser l'intériorité d'une façon qui convient pleinement à la vie spirituelle. Car pour l'avoir intériorisé, la religion n'en continue pas moins de représenter l'Esprit comme un objet extérieur à la conscience. C'est à vrai dire inhérent à la structure même de la représentation en tant que telle. Cette dernière, en effet, est toujours réflexive ; elle demeure donc inévitablement dans l'élément de la conscience finie pour laquelle tout objet reste en quelque façon dans l'extériorité. Toute conscience, dira plus tard Husserl dans le même sens, « est conscience de quelque chose », d'un objet qui s'oppose à elle comme donné de l'extérieur. Mais le divin, justement, quelle que soit la façon dont on le définit, n'est pas une « chose », et par suite, la conscience réflexive ne saurait être le lieu le mieux adapté à sa juste compréhension.

Les mystiques l'avaient compris, qui présentaient la foi comme une « fusion en Dieu », comme une sorte d'abolition de la conscience au profit d'une réconciliation absolue avec l'Esprit dans une *intuition*. C'est bien cette fusion qu'il faut réaliser, mais, selon Hegel, ce n'est pas dans le mysticisme qu'elle doit advenir.

Seule la philosophie spéculative, la pensée pure, parviendra à réconcilier l'objectivité de l'art et la subjectivité de la religion pour exprimer enfin pleinement les attributs du divin et nous réconcilier avec eux dans « l'élément du concept », comme dit Hegel, ce que la religion ne nous proposait que par la foi : réconcilier enfin l'Homme et Dieu, le fini et l'infini, le relatif et l'absolu.

Ce que j'en pense

Ce qui me semble particulièrement intéressant dans cette description hégélienne de la philosophie comme sécularisation de la religion, c'est le fait qu'elle permet de comprendre comment le protestantisme, qui fut d'abord et pour l'essentiel une espèce de « modernisation » du christianisme, une forme de rejet des « arguments d'autorité » chers au Vatican, a permis l'apparition de ce moment grandiose de l'histoire de la philosophie allemande qui va de Leibniz à Marx et même Nietzsche.

DANS CE CHAPITRE

Définitions du concept de « dialectique »

•

De Leibniz et Spinoza à Hegel

•

Le processus dialectique

•

Les trois « moments » dialectiques : l'en-soi, l'être-là (*Dasein*) et le pour-soi

•

L'histoire comme une suite de cycles dialectiques

Chapitre 15
La dialectique hégélienne

Le système hégélien n'est au fond rien d'autre qu'un perfectionnement du système de Spinoza au sein duquel Hegel a tenté d'introduire de manière géniale une part de ce qu'il appelait les « philosophies de la réflexion » en référence au criticisme de Kant et de Fichte. Sans entrer ici dans les détails de cette philosophie aussi grandiose que difficile à lire, on peut dire qu'elle repose tout entière sur une idée centrale, celle de « dialectique » que je vais tenter ici de clarifier.

Qu'est-ce que la dialectique ?

Pour bien comprendre

Le mot a plusieurs sens, en vérité cinq, seul le cinquième m'intéressant ici puisque c'est celui que Hegel va lui donner. Je vais y venir dans un instant, mais je voudrais préciser d'entrée de jeu que Hegel est un immense philosophe, l'un des cinq ou dix plus grands dans l'histoire de l'humanité, un sommet dans le domaine de la métaphysique, un achèvement du spinozisme incomparablement plus sophistiqué et plus puissant que le modèle originel.

L'hégélianisme et non seulement un spinozisme achevé, poussé jusqu'à la perfection, mais les cours de Hegel, notamment sur l'esthétique, sont tout simplement magnifiques, pétris d'aperçus d'une intelligence et d'une profondeur à nulle autre pareille.

Ce que j'en pense

En quoi je ne saurais souscrire au jugement de mon camarade Michel Onfray selon lequel Hegel est un philosophe « superficiel et verbeux », ni le traiter en « chien crevé », pour reprendre la formule que Marx, qui admirait infiniment Hegel, et qui jugeait les critiques de Hegel faites en général par ses contemporains aussi hâtives et superficielles que prétentieuses. C'est un peu comme si la butte Montmartre se moquait de l'Himalaya. J'ai expliqué de manière argumentée pourquoi et en quoi je tenais la pensée de Spinoza pour proprement délirante, elle n'en est pas moins grandiose à mes yeux et il ne me viendrait pas à l'idée de dire que « Spinoza est nul », même si je continue de partager l'adage *corruptio optimi pessima* (la « corruption des meilleurs est la pire »).

Les cinq significations du mot « dialectique »

» D'abord dans le langage journalistique dégradé : on parle d'une belle « dialectique » pour dire de quelqu'un qu'il parle bien, qu'il a du bagout. Oublions.

» Dans un certain marxisme, on appelle « dialectique » les relations « d'action réciproque » entre les superstructures (la sphère des idéologies) et les « infrastructures » (la sphère matérielle de l'économie), chacune des deux sphères agissant sur l'autre et retour dans une boucle qu'Edgard Morin dirait sans doute « complexe ». Oublions, là encore, c'est sans intérêt.

» On parle encore de « dialectique ascendante » pour désigner, dans les dialogues de Platon, la confrontation des argumentations contradictoires, une méthode qui permet de s'élever jusqu'à la vérité des idées stables et non contradictoires. Cette signification est recevable, mais elle n'ajoute en fait pas grand-chose à la notion de dialogue.

» Chez Kant, le mot « dialectique », bien qu'hérité de l'Antiquité grecque, possède un tout autre sens : Kant appelle « dialectiques » les raisonnements sophistiques, c'est-à-dire des raisonnements qui ont l'apparence de la vérité mais qui n'en sont pas moins faux. Exemple type : l'argument ontologique chez Spinoza et les cartésiens est dit par Kant « dialectique » en ce sens négatif du terme. Plus généralement, ce sont tous les sophismes et illusions de la métaphysique dogmatique que Kant regroupe sous le terme de « dialectique ».

» Enfin, cinquième signification, qui va recevoir chez Hegel un statut philosophique fondamental, on appellera « dialectique » tout processus qui aboutit à partir d'un terme (A) à engendrer son contraire, sa négation (non-A), chacun des deux termes passant si l'on peut dire dans l'autre au sein d'un troisième.

Pour bien comprendre

Donnons tout de suite, pour mieux nous faire comprendre, un exemple de dialectique hégélienne, non pas tiré des œuvres de Hegel, mais appliqué à des questions d'aujourd'hui, afin de montrer d'entrée de jeu comment cette notion de dialectique désigne une structure de pensée qu'on peut appliquer à de nombreuses situations qui ne sont pas envisagées explicitement par Hegel. Certains historiens ont pu parler en ce sens d'une « dialectique des avant-gardes » à propos des évolutions récentes de l'art moderne. Au départ, comme l'écrivait Kandinsky dans son livre, *Du spirituel dans l'art*, il s'agissait avant tout pour les avant-gardes esthétiques de rompre avec la tradition, d'innover à tout prix. Voilà pourquoi les peintres souhaitaient en finir avec la figuration en peinture ou les compositeurs avec la tonalité en musique.

Mais assez rapidement, l'innovation est peu à peu devenue elle-même une obligation, et par là même, une nouvelle tradition, la « tradition du nouveau » comme l'a dit Octavio Paz. La volonté d'innovation s'est ainsi renversée dialectiquement en son contraire, l'avant-gardisme devenant un nouvel académisme, la critique des traditions devenant elle-même tradition, une synthèse essayant aujourd'hui de se frayer un chemin dans ce que Hegel appelait une *Aufhebung*, un dépassement de cette opposition qui conserve la volonté d'innovation, mais qui renoue avec le sens.

À retenir

Dans cet exemple volontairement simplifié (il mériterait bien entendu d'être illustré et développé plus longuement), on voit déjà qu'il y aura toujours trois temps forts dans un processus dialectique entendu au sens que Hegel donne à ce terme fondateur de sa pensée : non pas « thèse, antithèse, synthèse », comme le disent niaisement les manuels de vulgarisation, mais trois moments qui correspondent à trois concepts fondamentaux que Hegel développe de manière, non pas « superficielle et verbeuse », mais profonde et lumineuse dans ses *Leçons sur l'histoire de la philosophie*.

Les « moments » de la dialectique hégélienne

L'en-soi, début du processus dialectique

Explications

Le premier moment de la dialectique réside dans ce que Hegel nomme « l'en-soi » et qu'il essaie de rendre sensible en recourant à la fameuse métaphore végétale du germe, de la graine : « l'en-soi », c'est l'embryon. Il comprend virtuellement ou, comme aurait dit Aristote dont Hegel reprend à dessein le vocabulaire,

« en puissance », toutes les différences qui vont se déployer quand il va se développer, grandir et croître pour devenir adulte. Hegel fait en effet référence ici de manière explicite à la *dunamis* aristotélicienne, à l'être en puissance, par opposition à l'*energeia,* l'être en acte, actualisé au sens où il est passé de la puissance à l'acte, du possible au réel.

Au départ, donc, tout est encore indifférencié dans le germe : impossible, à la limite, du moins pour qui n'est pas spécialiste, de distinguer une graine de laitue d'une graine de carotte ou de sapin : c'est seulement au cours du développement qui va suivre qu'on verra apparaître les différences entre les diverses plantes, leurs feuilles, leur couleur, leur texture, leur forme, etc. Ce que Hegel appelle « l'en-soi », c'est ce point de départ du processus dialectique en tant qu'il est encore indifférencié, ce que les premiers philosophes grecs nommaient l'*apeiron*, ce qui n'a pas encore de contours définis. Mais bien entendu, cet « en soi » indifférencié contient déjà virtuellement tout un avenir de différenciation en lui, comme la graine de carotte contient déjà en puissance la carotte tout entière.

Le « Dasein », moment de la différenciation

Explications

Le deuxième moment est justement celui de la différenciation, du développement, c'est-à-dire du passage du germe à l'existence – en allemand, *Dasein*, qu'on a traduit en français par « Être-là » ce qui ne veut à peu près rien dire et donne le sentiment que Hegel s'exprime dans un jargon incompréhensible et pour le coup « verbeux » alors qu'en allemand, c'est un mot tout à fait courant, que l'homme de la rue utilise dans la vie quotidienne : c'est tout simplement l'existence, l'existence réelle, située dans le monde sensible, dans l'espace et dans le temps.

C'est donc le moment du déploiement des différences qui sont contenues dans le germe, le moment où il devient plante ou animal adulte, où la graine de carotte devient une carotte bien identifiable et non plus indéterminée, avec sa belle couleur orange, ses feuilles vertes, bien reconnaissables parce que différentes de celles du radis ou de la tomate. Là, on voit bien qu'il ne s'agit pas d'un platane ou d'un sapin : les différences, qui n'étaient guère visibles au niveau de la petite graine, apparaissent avec ce second moment au grand jour, quand le germe se développe et se met à exister réellement, à prendre vie.

À retenir

Notez d'entrée de jeu que le deuxième moment est bien le contraire du premier : le non-identifiable, l'indifférencié de départ, s'est renversé *dialectiquement* en son contraire, en un être parfaitement identifiable et bien différencié de tous les autres. Impossible, à ce deuxième niveau, de confondre une carotte et une tomate.

On voit ici ce que signifie le mot dialectique : quand on dit qu'un processus dialectique consiste dans le fait qu'un terme se « renverse » en son contraire, on en a, avec le passage du germe indifférencié à la plante adulte bien différenciée, un exemple qui n'a rien de verbeux ni de superficiel et qui est tout à fait compréhensible très concrètement.

Ce que j'en pense

Ce que Hegel met ici en place, avec une profondeur en réalité fascinante, c'est à la fois une structure de pensée qui pourra permettre de cerner de nombreux traits du réel (comme le renversement des avant-gardes en académisme par exemple), en quoi son « idéalisme » réside dans l'idée, qui n'a rien d'absurde, qu'il y a une analogie entre nos structures de pensée et les structures du réel. Autre exemple qu'on pourrait donner parmi tant d'autres, le moment où la Révolution française qui était au départ une exigence de liberté se transforme en son contraire, la Terreur – cela dit simplement pour montrer que le concept de dialectique est aussi applicable que puissant.

Le pour-soi, la réconciliation des deux premiers moments

Vient enfin le troisième moment du processus dialectique, un troisième temps que Hegel appelle le « pour-soi ». C'est le moment de la récupération, de la recollection ou de la réconciliation des deux moments précédents qui s'étaient opposés l'un à l'autre comme l'indifférencié et le différencié : le « pour-soi », c'est le fruit. Le fruit, c'est la récupération, la recollection des différences qui se sont déployées, recollection qui culmine dans la production de nouvelles graines, donc d'une nouvelle dialectique qui va repartir d'un nouvel « en-soi », qui sera suivi d'un nouveau déploiement de l'existence, de « l'être-là » avec toutes ses différences, et enfin d'un nouveau « pour-soi », le mouvement de l'histoire étant selon Hegel pétri de ce type de processus à trois temps.

L'évolution dialectique selon Hegel

Voici comment Hegel a décrit l'évolution dialectique en commençant par le germe, par l'en-soi, dans l'introduction de ses *Leçons sur l'histoire de la philosophie* :

Citation

> « Ce qui apparaît immédiatement quand on parle d'évolution, c'est qu'il doit forcément y avoir quelque chose qui se développe, donc quelque chose d'enveloppé, le germe, la disposition, ce qui est en puissance et c'est ce qu'Aristote appelle la *dunamis*, c'est-à-dire l'être en puissance – mais il s'agit toutefois d'une possibilité réelle, pas d'une simple possibilité

> en général et superficielle. C'est aussi ce qu'on appelle l'en-soi, ce qui est en soi et seulement en soi... Or ce qui est en soi n'est pas encore le vrai, ce n'est encore que ce qui est abstrait, seulement le germe du vrai, une simple disposition, l'être en soi du vrai. C'est une entité simple qui contient en soi les caractéristiques des choses mais sous la forme de la simplicité d'un contenu qui est encore enveloppé. Le germe en est un bon exemple. Le germe, en effet, est simple, c'est presque un point, et même au microscope, on n'y découvre pas grand-chose. Mais cette simplicité est cependant grosse de toutes les caractéristiques de l'arbre à venir. Tout l'arbre est dans le germe, les branches, les feuilles, leur couleur, leur odeur, leur saveur, etc. »

Quand on lit ce texte en allemand, il est écrit dans un style limpide, sans aucun jargon, dans une langue de tous les jours que le français ne rend hélas pas – ce qui est une des raisons pour lesquelles la plupart des philosophes français parlent en général de Hegel pour en dire du mal, sans jamais l'avoir lu, ni *a fortiori* compris.

Voici maintenant comment Hegel présente le deuxième moment de la dialectique, celui du développement de ce qui était enveloppé dans le germe, encore invisible, et qui va s'épanouir, de sorte qu'il s'agit bien d'un mouvement dialectique : le simple produit son contraire, la diversité complexe, l'identité produit la différence, l'enveloppé le développé.

Citation

> « Dans un second temps, le simple, ce qui n'est encore qu'enveloppé, doit se développer, se déployer. Or se développer, c'est se poser, entrer dans l'existence, devenir une chose distincte des autres... entre le point qui était au commencement et le point qu'on retrouvera à l'arrivée se trouve donc un moment intermédiaire, et ce moment, c'est celui de l'existence réelle (*Dasein*), de l'être distinct, du développement, du déploiement... Tout ce qui se développe, toute la plante, se trouve déjà enfermé en puissance dans le germe... »

Dans un troisième temps, toujours dialectique, la diversité de toutes les différences qui se sont dépliées à partir du germe va revenir à l'unité (là encore, donc, on voit en quel sens un terme produit dialectiquement son contraire) : c'est le moment de ce que Hegel appelle le « pour-soi », un moment qui dans la nature, comme je l'ai dit plus haut, prend la forme du fruit qui contient de nouvelles graines, de nouveaux germes. Cela dit, selon Hegel, c'est seulement en dehors de la nature, dans la vie de l'esprit, que le « pour-soi » va trouver sa forme la plus achevée, dans ce moi pensant qui est en quelque sorte le siège unique et unifiant de la diversité de ses pensées :

Citation

« Au commencement, on avait affaire à l'en-soi de la réalisation, donc au germe. Puis, dans un second temps, venait le moment de l'existence réelle, de ce qui se manifeste. Le troisième moment est celui de leur identité, le fruit de l'évolution, le résultat de tout le processus que j'appelle "l'être pour soi". Cet être pour soi n'appartient qu'à l'homme, il est le propre de l'Esprit, car la plante ne le possède pas puisque le terme que nous utilisons ici implique la conscience. En vérité, donc, seul l'esprit devient un pour-soi, seul il devient identique à lui-même. »

À retenir

Où l'on voit, j'y insiste encore, pourquoi chez Hegel la dialectique désigne un processus au cours duquel un terme engendre, de et par lui-même, son contraire : l'identité produit la différence, l'indéterminé (l'en-soi) produit le déterminé (la diversité qui caractérise l'être-là, l'existence réelle, en l'occurrence, dans notre métaphore, la diversité des plantes, la diversité biologique), l'Un produit le multiple, et le pour-soi, lui-même engendré par l'être-là, par le déploiement des différences, les réduit à nouveau à l'unité.

Les implications du processus dialectique

Qu'est-ce que tout cela signifie, si l'on examine ces processus plus en profondeur ?

Le 3e moment, point culminant de la vie de l'esprit

Explications

Pour se faire comprendre, Hegel utilise volontiers, comme je l'ai signalé plus haut, le vocabulaire d'Aristote : l'en-soi, c'est ce qu'Aristote appelle la *dynamis*, c'est-à-dire l'être en puissance, ce qui n'est encore que virtuel, les dispositions naturelles en tant qu'elles sont encore non développées. L'être-là au contraire, c'est l'*énergeia* d'Aristote, l'être en acte, les virtualités de la graine enfin actualisées dans un processus de déploiement, de développement et de différenciation qui s'oppose à l'unité indéterminée de départ.

Ce schéma dialectique va servir à penser l'histoire de la philosophie. Le germe, c'est l'indistinct des philosophes grecs, c'est l'eau de Thalès, le Chaos d'Hésiode, c'est l'air d'Anaximène, l'*apeiron* d'Anaximandre, bref, « l'indéterminé initial », au sens où, comme dans la graine, on ne voit pas encore les différentes pensées que contiennent ces principes encore explicitement présentés par les premiers philosophes comme « indistincts ».

Au fil du temps, tous les systèmes philosophiques vont se développer, chaque fois en contradiction les uns avec les autres, à l'idéalisme de Platon s'opposant le réalisme d'Aristote, aux cosmologies des stoïciens l'atomisme et le matérialisme des épicuriens, etc. De sorte que le fruit, dans cette métaphore biologique, symbolise le moment de la vérité, le moment de ce que Hegel appelle le « système achevé » ou le « savoir absolu », le moment de la réconciliation/recollection harmonieuse de l'ensemble du processus au cours duquel toutes les grandes doctrines philosophiques se sont déployées. Pourquoi le fruit symbolise-t-il le point culminant de la vie de l'esprit ? Parce qu'il possède la structure de la conscience de soi : la conscience, qui accompagne toute pensée, rassemble la multiplicité des représentations et des pensées de tous ordres dans l'unité d'une subjectivité.

La fin de l'histoire

Explications

C'est aussi en ce sens que Hegel définira le système achevé comme « identité de l'identité et de la différence » : autrement dit, le moment du système, c'est le moment de la fin de l'histoire, le moment du pour-soi de l'Esprit universel, qui est réconciliation des deux premiers, réconciliation de l'identité de l'en-soi et de la différence de l'être-là, ne sera finalement rien d'autre que la recollection de tous les moments de l'histoire de la philosophie qui le précèdent, l'identité finale du point de départ chez les Grecs depuis le « tout est eau » de Thalès, jusqu'aux derniers développements de la philosophie moderne.

Freud et la dialectique de la folie

Pour donner encore un exemple d'application de ces processus dialectiques à trois temps dans la pensée contemporaine, on peut interpréter de manière hégélienne la dialectique de la folie chez Freud.

Explications

Freud, en effet, n'a cessé d'affirmer que sa doctrine reposait sur un déterminisme absolu, sur la conviction que rien n'advient sans raison, ni dans les lapsus, ni dans les rêves, ni dans les symptômes névrotiques. Tout doit pouvoir être expliqué, trouver une cause et un sens. Ainsi la folie, qui est *a priori* l'opposé parfait de la raison, apparaît finalement comme rationnelle, explicable, de sorte que raison et folie sont ainsi réconciliées selon la logique hégélienne de l'identité de la différence et de l'identité. À première vue, on prenait la folie pour le contraire de la raison, mais selon Freud, la folie est compréhensible, explicable, elle n'est pas sans cause, sans raison, donc en ce sens elle est tout à fait rationnelle. Autrement dit, l'irrationalité de la folie une fois rationalisée peut le cas échéant se dépasser dans la guérison qui est finalement un retour au « pour-soi », à l'identité, à la réconciliation avec soi qui avait été perdue dans le moment de la différence, de la folie.

Dans un premier temps, la folie semble être le contraire d'un comportement rationnel, mais si, comme le prétend la psychanalyse freudienne, je parviens à en rendre raison, à expliquer les symptômes et les comportements névrotiques et psychotiques au point de montrer qu'ils sont finalement tout à fait explicables et, en ce sens, parfaitement rationnels, fondés en raison, alors je m'aperçois que folie et raison ne sont plus des opposés absolus mais, comme le dit déjà Hegel, que tout est finalement rationnel, que le réel est rationnel. L'irrationnel possède sa rationalité, où l'on voit qu'un des termes est « passé » dans son opposé selon un processus qu'on peut dire dialectique au sens hégélien du terme.

Ce que j'en pense

C'est en ce sens que Hegel n'a cessé de dire que « le vrai est le tout » (*Das Wahre ist das Ganze*). L'histoire de la philosophie n'est au final rien d'autre que la recollection de toutes les étapes, de toutes les philosophies antérieures. Toutes sont vraies au sein du tout, ce qui est faux en elle, c'est seulement leur prétention à l'unilatéralité. Il n'y a donc rien de mal, ni rien de faux dans l'histoire, l'hégélianisme apparaissant ainsi comme l'achèvement parfait des théodicées de Spinoza et Leibniz. Je ne suis évidemment pas hégélien, pas plus que je ne suis spinoziste ou leibnizien, mais dire que ce système n'est rien d'autre qu'un tissu de jargon superficiel et verbeux est seulement le signe qu'on n'a pas réussi à le lire et à le comprendre.

Partie 3

La philosophie contemporaine

Dans cette partie

Nous allons voir comment la philosophie contemporaine va prendre pour l'essentiel la forme d'une critique radicale, d'une « déconstruction » comme dira Heidegger, des visages précédents de son histoire. Tout commence avec Schopenhauer, un penseur qui se voulait disciple de Kant, mais qui malgré son attachement à son maître, va faire entrer la philosophie dans la voie de ce que Nietzsche appellera la « généalogie », c'est-à-dire le parti pris de démasquer les idéologies superficielles pour dévoiler les « arrière-mondes » qu'elles dissimulent sous des dehors en général aussi flatteurs que fallacieux. C'est aussi, et précisément pour cette raison, parce qu'il s'agit de dévoiler les souterrains de la pensée traditionnelle, dans cette période de la philosophie, que la notion d'inconscient va prendre une importance qu'elle n'avait jamais eue dans les époques précédentes.

DANS CE CHAPITRE

La découverte de l'inconscient
•
Le monde de la représentation et le monde du vouloir
•
Schopenhauer précurseur de Heidegger et de Sartre
•
Un monde « sans fond »

Chapitre 16

Schopenhauer, premier « déconstructeur », premier philosophe contemporain

Pour bien comprendre

Un peu occulté par Foucault et Ricœur, qui ne considéraient (à tort) comme « généalogistes » ou comme « déconstructeurs » que les penseurs du « soupçon », les philosophes de la fameuse trilogie « Marx/Nietzsche/Freud », Schopenhauer n'en est pas moins le premier grand penseur à remettre en question la tradition idéaliste qui va de Platon à Hegel. Comme l'avait bien vu Clément Rosset, il est le premier à explorer ce que Dostoïevski appellera un peu plus tard les « souterrains » de la conscience humaine, le premier à émettre l'idée d'inconscient dynamique, la conviction que derrière le monde de la représentation, le monde de la conscience « claire et distincte » à la Descartes, il existe un univers caché, infiniment plus puissant et plus déterminant, l'analogue de la partie immergée d'un iceberg par rapport à celle que l'on voit, qui est manifeste mais qui est loin d'être la plus importante. De là le titre de son livre majeur : *Du monde comme volonté et comme représentation* (1818), qui à lui seul trace déjà tout un programme.

Tâchons d'en esquisser très simplement le contour et les thèmes fondamentaux, des thèmes dont vous allez voir qu'ils seront sans cesse repris et développés par la psychanalyse freudienne, mais aussi, bien avant Freud, par Nietzsche dont les premiers écrits sont incompréhensibles si l'on ne voit qu'ils sont directement influencés par Schopenhauer.

C'est ainsi par exemple que la distinction entre « l'apollinien » et le « dionysiaque » (voir à ce sujet mon ouvrage, *La Mythologie grecque de A à Z pour les Nuls*, First, 2020) qui est au cœur des premiers ouvrages de Nietzsche n'est qu'un autre nom de celle que propose Schopenhauer entre le monde de la représentation et le monde du vouloir.

Le monde de la représentation et le monde de la volonté

Entrons donc dans le vif du sujet et tâchons de rendre claires ces oppositions qui, il faut bien l'avouer, sont peu parlantes *a priori* et n'ont guère de place dans le langage courant.

D'une part, un monde rationnel et conscient

Le monde de la représentation tel que Schopenhauer le conçoit, c'est au fond le monde cartésien par excellence, le monde de la conscience claire qui se croit autonome et libre, convaincue qu'elle maîtrise parfaitement les idées qui lui viennent à l'esprit. Selon Schopenhauer, comme plus tard pour Nietzsche et pour Freud, loin d'être celui de la vérité comme le pensent les idéalistes depuis Platon et son « monde intelligible » jusqu'à Hegel et son « savoir absolu », il est en réalité tout à fait illusoire. Il présente selon Schopenhauer quatre caractéristiques aussi superficielles que fantasmatiques.

Explications

D'abord, dans ce monde de la représentation, tout semble parfaitement identifiable, conforme au fameux *principium individuationis* auquel Schopenhauer consacrera un de ses meilleurs livres, c'est-à-dire au principe d'identité selon lequel les choses « sont ce qu'elles sont », où les objets comme les idées sont bien délimités et bien déterminés, bien en place. C'est tout le contraire de ce que les Grecs appelaient l'*apeiron* – littéralement ce qui n'est pas délimité, qui n'a pas de contours, qui est flou, non identifiable, une indétermination qui caractérise le chaos initial, un chaos qui règne dans le monde de l'inconscient et du vouloir qui se cache derrière celui de la représentation et qui le détermine largement.

En second lieu[1], parmi toutes les illusions liées à la notion d'identité figure au premier chef celle du moi, de cet ego prétentieux qui se croit « personnel », distinct de tous les autres et qui, par conséquent, craint la mort parce qu'elle est dissolution de son individualité. C'est ici au christianisme autant qu'à l'individualisme démocratique issu des Lumières que s'attaque Schopenhauer, des visions du monde auxquelles il préférera le bouddhisme qui accepte l'idée d'une dissolution de l'ego dans le nirvana.

Troisième élément : dans le monde de la représentation, tout paraît non seulement clair et net, bien identifiable, mais les rationalistes cartésiens prétendent même que tout y est aussi rationnel, explicable par la science selon le principe de causalité (ou principe de raison) : tout y a une cause, une raison d'être, rien n'est mystérieux, sinon provisoirement, en attente d'une explication qui dissipera le mystère ou, comme le dira Hegel, le philosophe que Schopenhauer exècre entre tous, « le réel est rationnel et le rationnel est réel ».

Enfin, quatrième élément, nos actions y sont « sensées » au double sens du terme : orientées dans une certaine direction et dotées d'une signification, c'est-à-dire d'une intention à la fois éclairée et bien déterminée. Quand je me lève de mon bureau pour aller acheter des cigarettes au tabac du coin, je sais pourquoi je mets mon manteau, pourquoi je prends mon portefeuille et mes clés, descends l'escalier, etc. Tout cela a du sens, tout cela se joue dans le monde de mes intentions conscientes et compréhensibles sans qu'il soit besoin d'aller chercher des explications ailleurs.

À retenir

Ce monde de la représentation, que Nietzsche va identifier à l'art apollinien, est donc un monde très rassurant : les choses sont ce qu'elles sont, elles ne sont pas ouvertes sur un abîme, il n'y a pas de souterrains dissimulés, pas de chaos à l'horizon. Tout est clair et distinct, rationnel et sensé dans cet univers où l'inconscient n'a pas davantage de place que l'irrationnel et le non-sens, de sorte que dans ce monde-là, les humains sont plutôt à l'aise dans leur vie quotidienne.

D'autre part, un monde immergé et inconscient

Explications

Tout change, et à vrai dire s'inverse même, quand on passe à l'étage inférieur, celui de la volonté, quand on descend vers les « arrière-mondes » comme dira Nietzsche, vers la face immergée de l'iceberg et qu'on plonge dans l'inconscient

1. Remarque à l'usage des cuistres : contrairement à une pseudo-règle de pseudo-grammaire, on peut dire « second » même quand l'énumération se poursuit par un troisième et un quatrième termes. À preuve le fait qu'on dit la « classe de seconde » et pas de « deuxième » alors qu'elle est suivie par la première et la terminale.

du vouloir aveugle. Ce qu'on y découvre – mais pour faire cette découverte, il faut adopter le regard déconstructeur du « généalogiste », il faut sortir des illusions cartésiennes de la conscience claire et distincte – est tout le contraire de ce qui se passe dans le monde apollinien de la représentation. On y a affaire à un champ de forces inconscientes et aveugles, à des pulsions multiples – ce que Nietzsche, ici encore héritier de Schopenhauer, appellera la « Vie » ou la « Volonté de puissance », c'est-à-dire un tissu de forces chaotiques, un monde dionysiaque où les individualités disparaissent dans la fusion orgiaque de l'ivresse et de la folie.

Dans ce monde-là, le fameux « principe d'individuation » ne s'applique plus, plus rien n'y est vraiment distinct, individué, séparé du reste. Tout y est *apeiron*, indéterminé, fondu dans une totalité où les personnes du christianisme et les individus autonomes de la république des Lumières n'ont plus cours. La force qui fait que les plantes poussent, celle qui fait que la pierre tombe, celle qui me permet de me lever de mon bureau sont une seule et même force, celle du vouloir universel.

Le vouloir s'oppose au visible comme l'invisible, au manifeste comme le latent, il se situe pour ainsi dire derrière la représentation, en dessous d'elle et il la détermine sans qu'elle le sache : c'est le côté obscur de toute chose, ce que Freud, lui aussi largement disciple de Schopenhauer, appellera « l'inconscient dynamique ». Les caractéristiques de ce monde du vouloir sont alors à l'exact opposé de celles du monde de la représentation.

En premier lieu, comme y insiste Schopenhauer, les multiples forces qui pourraient sembler *a priori* distinctes les unes des autres ne sont en réalité que l'émanation d'une seule et même énergie : les forces qui animent les êtres vivants, la gravitation, ou encore celles qui font pousser les plantes s'unissent toutes dans le concept commun de l'énergie vitale où tout est fondu, indéfini, non délimité comme dans le chaos initial des Grecs.

À retenir

Le monde du vouloir se caractérise par une puissance fondamentalement impersonnelle, une puissance infiniment supérieure à tout ce qui peut se rencontrer dans le monde superficiel de la représentation. Comme le déclare Schopenhauer, « tout ce qui s'opère par le médium de la représentation, c'est-à-dire de l'intellect, n'est qu'une plaisanterie par rapport à ce qui émane directement de la volonté... Il est clair que la volonté se présente toujours comme l'élément premier et fondamental et que sa prédominance sur la représentation intellectuelle est incontestable, que celle-ci est absolument secondaire, subordonnée, conditionnée ».

Ce que j'en pense

En quoi on peut considérer que Schopenhauer est bel et bien le premier « philosophe du soupçon », qu'il précède et annonce à la fois le fameux trio Marx/Nietzsche/Freud : le monde clair et distinct de l'intellect n'est pas seulement le sommet de l'iceberg, c'est aussi un monde subordonné, conditionné, de part en part déterminé par ce qui s'agite dans les souterrains.

Une causalité sans cause… l'illusion de la rationalité scientifique

Explications

Quant à la prétendue rationalité scientifique que le point de vue de la représentation prétend déceler dans le monde, elle n'est bien évidemment qu'illusion. En réalité, toutes les explications scientifiques produites par l'intellect causal, explicatif, se perdent dans les sables, et ce pour une raison de fond que Schopenhauer emprunte à Kant dont il se veut le disciple, à savoir que la causalité est elle-même… sans cause. Le savant cherche des causes des divers phénomènes qu'il observe : les causes du mouvement des planètes, des maladies, des tremblements de terre, etc. C'est là l'essence même de son métier : chercher à expliquer les phénomènes, à « sauver » les phénomènes comme disaient déjà les Grecs, c'est-à-dire à rendre raison – *rationem dare* en latin, *logon didonai* en grec – toutes ces formules anciennes décrivant déjà la science comme une volonté de chercher des causes.

Cependant, le principe de causalité s'empêtre de lui-même dans une espèce de contradiction insoluble que Kant avait déjà dénoncée dans la *Critique de la raison pure* : en effet, la série des causes ne peut jamais s'achever, de sorte qu'aucune explication scientifique ne peut être vraiment complète. Pourquoi ? Précisément parce qu'on ne peut pas arrêter l'application du principe de causalité. Vous cherchez, par exemple, les causes de la guerre de 1914, et vous les trouvez dans un état antérieur, quelque part dans le passé. Mais l'histoire est continue, et ce passé lui-même a été forgé par une autre série de causes, de sorte que le principe de causalité se perd, par définition même, dans une régression à l'infini : il nous fait constamment remonter de cause en cause, chercher la cause d'un phénomène, puis la cause de la cause, puis à nouveau la cause de la cause de la cause, etc., de sorte qu'on ne trouve jamais la cause première, le point de départ. Du reste, si l'on voulait arrêter la série en prétendant trouver une cause première, alors cette prétendue cause première serait elle-même sans cause, ce qui contredirait le principe de causalité. Par conséquent, même les explications les plus sublimes et les plus parfaites, les plus rationnelles, s'ouvrent sur ce que Schopenhauer appelle le *Grundlos*, le « sans fond ».

À retenir

De là la distinction fondamentale qu'il opère entre *l'étonnement philosophique* et l'*étonnement scientifique*, une distinction que Heidegger et Sartre reprendront sans citer leur source, Heidegger en parlant de l'angoisse et Sartre de la nausée.

Expliquons ce point non seulement essentiel en lui-même, mais aussi parce qu'il montre à quel point la pensée de Schopenhauer aura une influence directe et fondamentale sur Nietzsche et Freud, bien sûr, mais aussi sur la phénoménologie et l'existentialisme.

De l'étonnement scientifique à l'étonnement philosophique

Même si Heidegger cite très rarement Schopenhauer, il l'a de toute évidence lu, et on retrouve chez lui cette idée, déjà développée dans le *Monde comme volonté et comme représentation*, que l'univers tout entier est contingent, sans fondement ultime, sans cause première créatrice, une idée fort bien exposée dans de nombreux passages du *Monde comme volonté et comme représentation*, par exemple, celui-ci :

Citation

> « Si quelqu'un osait soulever cette question : "Pourquoi n'est-ce pas le néant qui règne plutôt que ce monde ?", le monde ne pourrait pas se justifier par lui-même, on ne pourrait trouver en son sein aucune raison, aucune cause ultime de son existence. On ne peut pas démontrer qu'il existe en vue de lui-même, en quelque sorte à son propre bénéfice. Selon ma théorie, la vérité c'est que la source de son existence est tout simplement sans raison, elle réside seulement dans un vouloir-vivre aveugle qui, en tant que chose en soi, ne peut être soumis au principe de raison qui ne vaut que pour les phénomènes. »

En d'autres termes, le monde est parfaitement contingent, il pourrait fort bien ne pas exister. Or c'est très exactement cela que Schopenhauer appelle « l'étonnement philosophique », cela que Heidegger appellera l'angoisse et Sartre la nausée.

L'étonnement scientifique, élément du monde de la représentation

Pour faire comprendre cette notion, Schopenhauer propose de distinguer nettement l'étonnement philosophique de l'étonnement « seulement » scientifique. Ce dernier, c'est celui du savant qui s'étonne devant une observation qu'il ne parvient pas à expliquer.

Pour bien comprendre

C'est, par exemple, Claude Bernard qui s'étonne de la présence du sucre dans le sang de ses lapins et qui, en faisant une série d'hypothèses et d'expérimentations, va découvrir la fonction glycogénique du foie. Découvrir la cause d'un phénomène, c'est ce qu'on appelle une « découverte scientifique » et cela arrive presque tous les jours : on découvre un gène, la cause d'une maladie, d'un phénomène climatique, etc. Une fois la découverte publiée, le savant continue en général son travail de recherche, il passe, si je peux dire, à un autre étonnement ; puis lui ou l'un de ses successeurs trouve une nouvelle cause, fait une nouvelle découverte, une nouvelle explication, etc. L'étonnement scientifique ne sort donc jamais du monde, il reste intra-mondain de sorte qu'il appartient tout entier au monde de la représentation : il va de cause en cause, certes, mais les causes qu'il recherche sont des causes qui restent à l'intérieur du monde, la science ne s'inquiétant pas des causes dernières qui ne relèvent plus de son domaine, mais appartiennent à la métaphysique.

L'étonnement philosophique devant un monde sans cause

Explications

L'étonnement philosophique, quant à lui, ose poser la question de l'existence même du monde : « Pourquoi y a-t-il quelque chose plutôt que rien ? ». Bien plus, il a l'audace de répondre à cette question en sortant des fables théologiques ordinaires : non, il n'y a pas de cause première, pas de raison ultime, pas d'Être suprême créateur du ciel et de la terre, de sorte que le monde est gratuit, contingent, sans fond, ouvert sur l'abîme du vouloir, des forces aveugles. Ce n'est donc pas un étonnement qui porte, comme celui du savant, sur les choses qui sont *dans* le monde, mais *sur le fait même qu'il y ait un monde*, qu'il y ait quelque chose plutôt que rien, en quoi il porte très exactement sur ce que Heidegger appellera l'Être, le mystère de l'être en tant que tel, le mystère du « il y a » (nous y reviendrons plus loin, dans le chapitre consacré à Heidegger).

De là le fait que le sentiment de l'absurdité du monde et de l'existence humaine peut prendre la forme de l'étonnement, mais aussi de l'angoisse. Si l'on comprend que le monde est flottant, sans cause, que même les explications scientifiques les plus rationnelles et les plus exactes s'ouvrent finalement sur le néant, sur le « sans fond », alors on éprouve le sentiment que le monde est contingent, qu'il pourrait ne pas être, puisqu'il n'est pas enraciné de façon fiable et pérenne dans un Dieu créateur, dans une cause première cause de soi, comme chez Leibniz ou Spinoza. C'est ce sentiment de flottement du monde, de contingence du monde, qui suscite « l'étonnement philosophique » et que Sartre désigne sous le nom de « nausée », comme l'indique ce passage que j'extrais du roman qui porte ce titre :

Citation

« Tout est gratuit, le jardin, cette ville, et moi-même. Quand il arrive qu'on s'en rende compte, ça vous tourne le cœur et tout se met à flotter. »

Sartre reprend ici, et presque mot pour mot, ce qu'écrivait Heidegger à propos de l'angoisse dans son essai intitulé *Qu'est-ce que la métaphysique ?* :

Citation

« Dans l'angoisse, nous "flottons". Plus clairement dit, l'angoisse nous fait flotter parce que l'étant dans sa totalité semble s'échapper. De là le fait que nous, les étants humains au milieu de l'étant en général, nous nous échappons aussi à nous-mêmes [...]. L'angoisse dévoile le néant. [...] C'est seulement parce que le néant se manifeste au sein de l'existence que l'abyssale étrangeté de l'étant nous frappe. »

L'angoisse dévoile le néant comme possibilité : il se pourrait que le monde, en effet, n'existe pas, et c'est cela que Heidegger décrit comme un « flottement » angoissant et Sartre comme une « nausée » : si je ne crois pas en l'existence d'un Dieu créateur garantissant l'éternité du monde, je prends conscience que le monde est contingent, que rien ne l'assure, qu'il ne repose sur aucun fondement stable et c'est cette prise de conscience qui donne la nausée, provoque l'étonnement ou l'angoisse.

À retenir

L'étonnement philosophique, l'angoisse et la nausée sont donc liés à l'idée qu'on aura beau, avec les savants, remonter de cause en cause aussi longtemps et aussi loin qu'on voudra, on parviendra toujours, à un moment donné, soit à une cause première n'ayant pas elle-même de cause (ce qui contredit le principe de causalité et tourne ainsi à l'absurde), soit à l'idée tout aussi impensable que le monde est *sans cause*. Bref, si l'on renonce à la religion, on finit toujours par tomber sur du sans-cause, sur de la contingence radicale, sur un abîme.

Le monde n'est pas seulement absurde dans l'ordre des causes, il l'est aussi dans l'ordre des fins

Il en va de même selon Schopenhauer dans l'ordre du sens, des causes finales.

Explications

En apparence, ma vie semble sensée. Dans l'exemple que j'évoquais plus haut, je me lève de mon bureau, j'enfile mon manteau, je prends mes clefs et mon portefeuille et si l'on me demande pourquoi je fais tout cela, je peux répondre de manière tout à fait sensée : je vais acheter des cigarettes, voilà tout ! Mais si l'on me demande pourquoi, ça commence à se gâter : parce que je veux en fumer une et que je n'en ai plus. Soit, mais pourquoi ? Parce que j'aime ça, mais pourquoi ? Comme du côté des causes, la série est sans fin, elle se perd elle aussi dans les sables.

D'où la conclusion de Schopenhauer : sauf, ici encore, à croire en un au-delà religieux qui mettrait un terme définitif et heureux à la quête de sens, l'existence humaine est dénuée de sens, de part en part absurde, et comme elle est en plus douloureuse, trouver le bonheur n'est pas chose facile. C'est pourtant ce que Schopenhauer cherchera toute sa vie, puisqu'il écrira même un *Art du bonheur*, mais sans jamais tricher sur le point de départ de sa quête, à savoir l'absurdité, le non-sens du monde et de la vie humaine…

À retenir

Où l'on voit combien Schopenhauer, de Camus à Sartre en passant par Heidegger, Marx, Nietzsche ou Freud, aura finalement eu sur la pensée du XXe siècle une influence infiniment plus grande qu'on ne le pense généralement. Raison de plus pour le lire et le relire.

DANS CE CHAPITRE

Chapitre 17

Les généalogistes, Marx, Freud, Nietzsche : l'ère du soupçon

Venons en maintenant à la fameuse trilogie des généalogistes, ceux que Paul Ricœur a désignés comme les fondateurs de « l'ère du soupçon » : Marx, Nietzsche, Freud. Ils vont s'engouffrer dans la brèche ouverte par Schopenhauer pour poursuivre la déconstruction de cet idéalisme qui a caractérisé selon eux l'essentiel de la tradition philosophique depuis Platon jusqu'à Hegel. Suivons donc l'ordre chronologique en commençant tout naturellement par la critique marxienne des idéologies.

Marx et la critique des idéologies « fétichistes »

Qu'est qu'une « idéologie » selon Marx ? Le terme n'a pas le même sens chez lui que dans le langage journalistique dégradé d'aujourd'hui où il est souvent dépourvu de connotations péjoratives pour désigner tout simplement une théorie quelle qu'elle soit.

Explications

Chez Marx, le terme est toujours pris en un sens négatif. Il désigne une conscience fausse, des idées à la fois partielles et partiales, ce dernier terme étant aussi important que le premier : des discours non seulement faux, mais fallacieux, si nobles soient-ils en apparence. Les idéologies portent des idées qui sous l'apparence de l'objectivité sont en réalité intéressées, leur finalité cachée étant toujours de conforter la domination de la classe dominante sur les classes dominées.

La caractéristique philosophique la plus profonde des idéologies réside dans ce que Marx appelait le « fétichisme », c'est-à-dire l'illusion qui consiste à ne voir en toute chose que le produit, le résultat, en oubliant l'activité de production qui est derrière, en amont. Par exemple, la conscience qui est plongée dans l'idéologie s'imagine spontanément que la valeur des marchandises est une qualité intrinsèque, qu'elle tient à leur nature propre, à leur utilité. Elle croit que l'or vaut cher parce qu'il est rare et qu'il possède des qualités particulières (il ne rouille pas, il est imputrescible, etc.). Elle tend donc à penser que l'or possède une valeur en soi, indépendamment du travail qu'il a fallu accomplir pour l'extraire de la mine, alors que la valeur de l'or, du moins selon Marx, tient avant tout au fait que son extraction requiert un travail long et difficile. C'est donc le caractère extrêmement coûteux de l'activité d'extraction qui détermine selon Marx la valeur de l'or, l'idéologie « fétichiste » consistant à oublier cette dimension de l'activité humaine, de la production, au profit du produit.

D'une manière plus générale, celui qui vit dans l'idéologie et le fétichisme est convaincu qu'il pense par lui-même, qu'il est autonome alors qu'en réalité, il ignore les processus inconscients qui l'ont conduit à adopter ses convictions, il ne sait pas d'où lui viennent les valeurs qu'il défend, il ne sait pas pourquoi il pense ce qu'il pense, pourquoi il s'habille de telle manière, pourquoi il choisit telle décoration d'intérieur, pourquoi il élève ses enfants de cette façon et pas d'une autre, etc. Chez lui, les idées sont toujours coupées de leur origine, de leur mode de production. Le bourgeois croit en ses valeurs comme si elles étaient éternelles, comme si elles allaient de soi et qu'il était indécent de les remettre en question.

Il ne voit pas, du moins telle est la thèse de Marx, qu'elles sont produites par un système économique dans lequel il a intérêt à défendre telle ou telle position de classe.

À retenir

La caractéristique principale de l'idéologie consiste donc dans le fait de ne pas savoir pourquoi on pense ce qu'on pense, dans l'oubli, volontaire ou inconscient, du processus de fabrication des idées et des valeurs. D'où sa dimension *partielle*, mais aussi *partiale* puisqu'elle défend toujours, sous de discours nobles et de prétentions à l'universalité, les intérêts en réalité inavoués et parfois inavouables qui sont ceux de sa classe sociale.

La théorie critique de l'École de Francfort

Déjà dans les années 1930, Max Horkheimer, un philosophe allemand qui fut l'un des fondateurs de l'École de Francfort, a prolongé cette critique marxienne des idéologies dans un essai qui devait avoir un grand retentissement : *Théorie traditionnelle et théorie critique.*

Explications

La théorie critique, pour Max Horkheimer, s'apparente à la fois à la psychanalyse et au marxisme, dans la mesure où elle tente de dévoiler l'inconscient de la théorie traditionnelle. La théorie traditionnelle, c'est justement celle qui, comme l'idéologie dont on vient de parler, se croit pure, qui pense qu'elle n'est pas animée secrètement par des intérêts. Elle se veut autonome, coupée de la société, complètement objective et impartiale. La « théorie critique » tente de lui faire prendre conscience du fait qu'en réalité, elle est sans le savoir animée, inconsciemment téléguidée, par des intérêts qui la poussent dans telle ou telle direction sans qu'elle s'en aperçoive.

Voilà ce que dit à ce sujet Max Horkheimer dans un petit texte que j'ai traduit dans mon jeune temps, *Théorie critique hier et aujourd'hui* (*Kritische Theorie gestern und heute*), un texte datant des années 1970, dans lequel Max Horkheimer, parvenu à la fin de sa vie, raconte l'histoire intellectuelle de l'École de Francfort. Il explique comment et pourquoi il a fondé cette théorie critique, et puis comment les choses ont évolué. Je vous en traduis ce passage tout à fait significatif :

Citation

> « Comment naquit la théorie critique ? Je voudrais tout d'abord vous faire comprendre la différence entre la théorie traditionnelle et la théorie critique. Qu'est-ce que la théorie traditionnelle ? Qu'est-ce que la théorie au sens de la science, de la science positive, la physique, les mathématiques ?

Permettez-moi de vous donner une définition très simplifiée de la science. La science, c'est la mise en ordre de faits de notre conscience telle qu'elle permet finalement d'attendre chaque fois à tel endroit exact de tel espace et du temps ce qui doit exactement y être attendu. Cela vaut même pour les sciences humaines, lorsqu'un historien affirme quelque chose avec une prétention à la scientificité, on doit alors être en mesure d'en trouver la confirmation dans les archives. L'exactitude est dans ce sens le but de la science. Toutefois – et c'est ici qu'apparaît le premier thème de la théorie critique –, la science elle-même ne sait pas pourquoi elle met en ordre les faits justement dans telle direction, ni pourquoi elle se concentre sur certains objets et non sur d'autres. Ce qui manque à la science, c'est la réflexion sur soi, l'autoréflexion, la connaissance des mobiles sociaux qui la poussent dans une certaine direction, par exemple à s'occuper de la lune, et non pas du bien-être des hommes. La science manque d'autoréflexion, c'est-à-dire qu'elle ne réfléchit pas sur ses finalités, sur ses choix, sur les raisons pour lesquelles elle est animée dans telle direction et pas dans telle autre. »

Explications

Pourquoi met-on tant d'argent dans la recherche spatiale plutôt que dans la recherche médicale, se demande par exemple Horkheimer ? L'idée qui anime cette critique des idéologies, qu'on retrouvera aussi chez Bourdieu, et qui ne fait au fond que reprendre celle de Marx, c'est que l'objectivité ne sera atteinte que si l'on a « objectivé », c'est-à-dire tiré au clair et mis au jour les intérêts qui déterminent la théorie traditionnelle. Le sens de ce texte est clair : l'objectivité n'est qu'un idéal, celui du dévoilement des intérêts inconscients qui déterminent la théorie traditionnelle, en quoi les philosophies du soupçon en reviennent toujours à ce que Nietzsche appelait l'attitude « généalogique ». Il s'agit toujours, comme dans toute généalogie, de dévoiler ce qu'il y a dans les souterrains. Toute théorie, n'est, comme va le dire Nietzsche, qu'un « masque », une cachette qui dissimule des intérêts et les pulsions que le généalogiste entend bien exhiber.

Freud et l'inconscient dynamique

C'est, selon Freud, le *schibboleth* de la psychanalyse, son critère distinctif le plus fondamental, nul ne pouvant se réclamer de la psychanalyse sans en accepter l'hypothèse. Or, contrairement à ce que prétendent parfois les psychanalystes, Freud l'emprunte très largement à la philosophie, en particulier à Schopenhauer et à Nietzsche qui tous deux étaient déjà anticartésiens et fort hostiles aux philosophies de la conscience.

Explications

L'un et l'autre n'ont cessé d'affirmer, et ce bien avant Freud, que la part consciente de notre vie psychique ne représentait jamais que la pointe émergée de l'iceberg, tout un monde inconscient se cachant derrière cet épiphénomène – ou ce « phénomène superficiel », dit Nietzsche – qu'est la conscience. Si Freud exagère un peu (et même beaucoup...) le caractère inédit de sa prétendue « découverte », c'est qu'il pense lui apporter quelque chose de nouveau par rapport aux philosophes, fussent-ils des philosophes de l'inconscient comme Schopenhauer et Nietzsche : à savoir la différence entre le « préconscient » et l'inconscient proprement dit, c'est-à-dire, nous allons voir pourquoi dans un instant, ce que Freud nomme l'inconscient « dynamique ».

Préconscient, inconscient et cure analytique

Explications

Expliquons rapidement ce point. Le *préconscient* désigne chez Freud tous les éléments de la vie psychique que nous n'avons pas actuellement à l'esprit, mais qui peuvent revenir sans difficulté dès lors qu'on y pense. Au moment où vous me lisez, par exemple, il est probable que vous n'avez pas votre date de naissance présente à l'esprit, ni même votre adresse, ou encore le prénom de vos parents, etc. Vous n'y pensez pas, voilà tout. Mais si je vous posais la question, vous sauriez probablement les retrouver sans peine. Le préconscient englobe donc tout ce qui n'est pas actuellement conscient au moment où l'on parle, mais qui peut revenir à la conscience sans « résistance », sans difficulté particulière. L'inconscient « dynamique » c'est, d'une certaine manière, tout l'inverse.

Le terme « dynamique », du grec *dynamis* la « puissance », évoque l'idée de « force ». Il désigne ce qui a été refoulé ou chassé de la conscience par l'effet d'une force, ce que Freud appelle le « refoulement ». Il s'agit en général de ces souvenirs pénibles que l'on a chassés de la conscience avec force et insistance une fois le « surmoi » formé (le surmoi désignant ici l'instance qui incarne en nous les interdits moraux, la censure, les tabous inculqués par les parents et par la société).

Qu'il s'agisse d'épisodes pénibles, éventuellement honteux de la vie infantile ou adolescente, la thèse de Freud est qu'une fois chassés de la conscience par la puissante censure du « surmoi », ces événements se retrouvent enfouis dans cette espèce de réservoir de faits psychiques refoulés qu'est l'inconscient dynamique. Ces éléments sont donc « inconscients », non parce que nous n'y pensons pas (comme dans le cas du préconscient), mais parce que nous les avons refoulés hors de notre conscience – de sorte qu'ils n'y reviendront jamais facilement au cours de l'analyse, la face cachée de l'inconscient dynamique étant celle des « résistances », c'est-à-dire des forces qui s'opposent à ce que les souvenirs indésirables reviennent à la surface. Les vaincre n'est pas chose aisée et, en un sens, c'est là l'essentiel du travail analytique. Les résistances seront bien sûr d'autant plus fortes que le refoulement aura été puissant : plus la force de refoulement aura été grande, plus les représentations ou les souvenirs enfouis auront du mal à refaire surface. Résistance et refoulement sont ainsi les deux faces de la même médaille, et c'est cet inconscient-là, le seul qui soit réellement dynamique, qui s'avère pathogène. C'est de lui que proviennent les symptômes névrotiques et psychotiques, la maladie mentale et la souffrance psychique.

À retenir

Selon Freud, l'apparition de l'angoisse s'explique essentiellement par la « désintrication », c'est-à-dire par l'éclatement, le déchirement ou la fragmentation de la personnalité. Lorsque surgit un conflit interne entre les désirs les plus profonds (le « ça ») et nos exigences morales ou sociales (le « surmoi »), lorsque ce conflit oppose des désirs inavouables et des interdits moraux et que ce médiateur qu'est censé être le « moi » conscient ne parvient pas à régler le différend, le refoulement joue son rôle et l'angoisse apparaît. En principe, le but de l'analyse est, *via* le transfert, de rendre autant qu'il est possible au moi la maîtrise de ce conflit afin de parvenir à des solutions qui remettent le sujet en état de « jouir et d'agir », selon le célèbre mot par lequel Freud tente de caractériser la santé mentale.

La philosophie au-delà de la psychanalyse

Explications

Imaginons maintenant, ne fût-ce qu'un instant et par hypothèse, que quelqu'un parvienne, grâce au travail analytique et au transfert, sinon à un état de santé psychique parfait, ce qui n'est guère possible selon Freud, du moins à une situation dans laquelle les principaux conflits seraient sous contrôle. Il est alors clair qu'en principe au moins, l'angoisse psychique serait largement vaincue, les phobies ou les idées obsédantes les plus invalidantes commenceraient à s'estomper, permettant à l'individu de s'approcher d'une certaine sérénité. Or c'est là, exactement là, en ce point idéal, qu'apparaîtrait malgré tout en pleine lumière la différence entre l'approche psychanalytique et ce qui préoccupe depuis toujours la philosophie. Car notre individu, par hypothèse « presque guéri », n'en aurait pas moins toujours à affronter, comme vous et moi, non plus des conflits internes liés à des souvenirs enfouis dans l'inconscient dynamique, mais des problèmes existentiels intrinsèquement liés à la finitude humaine, au fait que nous sommes des mortels.

La santé mentale même la plus sublime ne nous empêcherait ni de mourir, ni de perdre un être cher, ni de souffrir, ni le cas échéant de nous ennuyer ou d'être malheureux en amour. Bref, comme nous l'avons suggéré en introduction de ce livre, les questions de spiritualité et de psychologie ne sont pas du même ordre, l'angoisse liée aux conflits psychiques et l'angoisse liée à la finitude humaine ne sont pas de même nature. La psychanalyse s'occupe de l'angoisse pathologique, de celle qui naît de conflits internes dont, à la limite, on devrait, au moins en droit sinon en fait, pouvoir faire l'économie.

À retenir

La philosophie s'intéresse à l'angoisse existentielle – sentiment « normal », lié quoi qu'on fasse, santé ou pas, à la condition humaine. Quand bien même on en aurait fini avec l'angoisse pathologique, celle qui est liée à la possibilité permanente de la mort de ceux que nous aimons resterait intacte.

En ce sens, psychanalyse et philosophie ne se recouvrent nullement. Elles ne s'opposent pas non plus, elles peuvent même se compléter pourvu qu'on mette fin de part et d'autre aux sempiternels procès en sorcellerie.

Nietzsche, la généalogie et la critique de la vérité

Pour bien comprendre

Dans le sillage de Schopenhauer, Nietzsche fut sans doute le plus grand généalogiste et le plus puissant des philosophes du soupçon, celui qui inaugure l'attitude qui va dominer la philosophie contemporaine, une « philosophie au marteau », comme il le dit lui-même. Contrairement à ce que les étudiants américains des départements de littérature comparée pensent si souvent, la « déconstruction », en allemand *Abbau*, ne vient pas de Derrida, mais bien évidemment de Nietzsche et plus tard de l'autre grand déconstructeur, Heidegger. En première approximation, mais nous allons voir que c'est plus profond et plus compliqué qu'il y paraît, l'approche généalogique, que nous avons vue aussi à l'œuvre chez Freud et Marx, postule que derrière nos discours manifestes, derrière nos choix conscients, qui ne représentent que le sommet de l'iceberg, se cachent des « arrière-mondes », des univers enfouis, inconscients, qu'il s'agit justement de dévoiler : c'est ce dévoilement qui est par excellence l'affaire du généalogiste.

Nietzsche a lu et bien lu Dostoïevski. Il le considérait, au même titre que Schopenhauer et Spinoza, comme un de ses plus grands inspirateurs. C'est dans le paragraphe 289 de *Par-delà le bien et le mal* (1886) qu'il dresse le portrait du philosophe authentique, tout à la fois généalogiste mais aussi forcément solitaire. Le génie, qui ne se laisse pas abuser par les illusions, est en effet seul, forcément seul, puisqu'en avance sur son temps, en marge de son époque (je donne ici ma propre traduction, celle qu'on trouve en livre de poche étant par trop fautive) :

Citation

« Le solitaire ne croit pas qu'un philosophe – à supposer qu'un philosophe ait d'abord toujours été un solitaire – ait jamais exprimé dans des livres ses opinions personnelles et ultimes. N'écrit-on pas en effet des livres justement pour dissimuler ce que l'on dissimule en soi ? Bien plus, le solitaire doutera même qu'un philosophe puisse avoir des opinions « personnelles et ultimes ». Il se demandera s'il n'y a pas nécessairement en lui, derrière chaque caverne, une autre qui s'ouvre plus profonde encore ; et sous chaque surface, un monde souterrain étranger plus vaste et plus riche encore ; et sous tous les fonds, sous toutes les « fondations », un abîme plus profond encore [...]. Toute philosophie dissimule aussi une philosophie ; toute opinion est aussi une cachette ; toute parole est aussi un masque. »

Explications

Pourquoi cette marginalité ? Justement parce que le philosophe authentique pratique la généalogie, parce qu'il ne se contente pas des évidences prétendument « claires et distinctes », parce qu'il dévoile les arrière-mondes, les intérêts cachés, inavoués et souvent inavouables, qui se cachent derrière ce que Nietzsche appelle les « idoles », les valeurs illusoires qui se veulent supérieures et les convictions en apparence les plus pures et les plus sublimes. En avance sur son temps, en marge du « troupeau », comme dit encore Nietzsche, le généalogiste est donc nécessairement privé de public (la vérité oblige à dire, mais c'est une autre histoire, que de fait, Nietzsche n'a guère connu le succès de son vivant et que, loin de s'en réjouir, il en était en réalité fort affecté, pour ne pas dire consterné, comme le montre la belle biographie que Daniel Halévy lui a consacrée : Nietzsche courait après des succès de librairie qu'il ne rencontra jamais).

Dans l'un de ses tout premiers écrits, *La Naissance de la tragédie* (1871), Nietzsche assimile déjà son travail de généalogiste à celui du véritable sage, mot qu'il fait dériver, selon une étymologie amusante, mais évidemment fausse, du latin *sapio* – *sapio* désignant, selon Nietzsche, « celui qui goûte », « l'homme au goût le plus aiguisé » (*der Mann des scharfsten Geschmacks*). Ce que Nietzsche veut par là suggérer de manière provocante, c'est que sa façon d'envisager la théorie en l'assimilant, non plus à la contemplation, à la *theoria* classique, encore moins à une activité de l'entendement scientifique, mais à la généalogie, à une espèce de « cuisine des sens », est radicalement inédite, absolument nouvelle, en rupture totale avec la tradition philosophique qui assimile la pensée à une forme de vision (comme nous l'avons dit dans un précédent chapitre, le mot « idée », vient du grec *eidos*, du verbe *orao* qui veut dire voir, comme le mot « évidence » vient du latin *video* qui veut aussi dire voir). Il faudrait, dit Nietzsche, reconstruire toute l'histoire des idées, non à partir des métaphores de la vision, mais en partant du goût ou de l'odorat. Reconstruire la philosophie en supprimant les métaphores de la *theoria*, du *theion orao* (« je vois le divin »), donnerait selon lui un tout autre résultat.

À retenir

Ce projet est naturellement utopique, provocateur, mais il montre combien la *theoria* de Nietzsche se veut une anti-théorie, non pas une pensée assimilée au registre de la vision ou de la rationalité, mais plutôt de cette contre-vision que symbolisent l'odorat ou le goût, un goût pour l'obscur, justement, pour l'invisible, l'inconscient plutôt que pour la clarté, le manifeste et la représentation consciente – une attitude plus dionysiaque qu'apollinienne. Voilà bien, en effet, le sens de cette approche « suspicieuse » qui consiste à déceler l'invisible derrière le visible, les arrières-mondes derrière les apparences, les vérités cachées derrière celles qui se veulent manifestes.

Ce que j'en pense

En d'autres termes, ceux qui en restent aux évidences, comme fait Descartes dans le sillage de Platon, se condamnent à ne voir jamais plus loin que la surface des choses, là où l'attitude généalogique consiste à dévoiler une autre vérité, une vérité plus profonde, si profonde qu'elle est à vrai dire abyssale : comme chez Schopenhauer, elle est un *Ungrund*, un sans fond qui s'ouvre sur l'abîme, sur des souterrains obscurs qu'on peut arpenter sans jamais trouver l'issue vers la lumière. À l'instar d'un psychanalyste ou d'un sociologue, le généalogiste est celui qui nous invite à cet arpentage. Si l'on part de la conviction que l'inconscient conditionne le discours conscient, du constat que toutes sortes de peurs et de pulsions inavouables se dissimulent derrière les idoles, derrière la prétendue clarté rationnelle des vérités scientifiques comme des pseudo-évidences morales ou religieuses, il s'ensuit que du point de vue du généalogiste, tout jugement doit être regardé comme un « symptôme », comme un masque : un symptôme du monde de la volonté chez Schopenhauer, du monde de l'inconscient chez Freud, de l'infrastructure économique chez Marx, du monde de la vie et de la volonté de puissance chez Nietzsche. Sur ce point, tous les philosophes du soupçon se rejoignent. Tous sont des généalogistes mais Nietzsche fut sans aucun doute le plus radical des quatre. Voici pourquoi.

Nietzsche plus radical que Marx et Freud

Contrairement à Marx et Freud, Schopenhauer et Nietzsche ne pensent pas qu'il soit possible d'en finir avec les souterrains pour parvenir à une théorie scientifique claire, lumineuse et vraie au sens classique du terme, c'est-à-dire en accord avec le réel qu'elle décrirait enfin de manière adéquate. Leur généalogie va de ce point de vue beaucoup plus loin que celle de Freud ou Marx. Ces derniers, en effet, veulent être des savants, des scientifiques. Certes, ils pratiquent eux aussi le soupçon, ils dévoilent les souterrains derrière les symptômes et les idéologies qui prétendent de manière illusoire à la claire conscience, mais eux-mêmes pensent être enfin parvenus à la vérité, à cette clarté qu'ils refusent aux autres – en quoi ils attribuent à leur propre discours à nouveau le statut cartésien de l'idée claire et distincte, de la théorie débouchant enfin sur la lumière de la vérité. Il n'en va pas de même chez Schopenhauer, *a fortiori* chez Nietzsche, et ce pour une raison de fond qu'il nous faut expliciter si nous voulons comprendre dans toute sa profondeur leur conception de la généalogie.

La science n'est qu'une croyance comme une autre

Pour des raisons philosophiques fondamentales, en effet, Schopenhauer et Nietzsche tiennent la science pour une croyance comme les autres, un symptôme parmi d'autres, un discours qui dissimule lui aussi ce dont il vient, seulement de manière plus habile que ses concurrents, des choix pulsionnels et inconscients, ouverts tout comme d'autres sur l'abîme sans fond du vouloir aveugle (Schopenhauer) ou de la volonté de puissance (Nietzsche). Les fameux souterrains de Dostoïevski se dissimulent derrière nos jugements théoriques tout autant que sous nos jugements de valeur, ou comme dit Nietzsche dans un aphorisme posthume qui ne vise pas seulement le positivisme scientiste, mais plus généralement toute prétention à la « vérité objective » : « Il n'y a pas de fait, il n'y a que des interprétations ». Car, comme il l'explique dans un chapitre du *Crépuscule des idoles* (*Le Cas Socrate*, § 2), nos jugements, y compris ceux qui prétendent à une vérité objective, ne sont en réalité que des symptômes de notre subjectivité :

Citation

> « Des jugements portant sur la vie, et spécialement des jugements de valeur pour ou contre la vie, ne peuvent en dernière instance jamais être vrais. Ils n'ont de valeur que comme symptômes et on ne doit les considérer que comme tels. En soi, de tels jugements sont absurdes. Il faut donc étendre les doigts pour tenter de saisir cette étonnante subtilité selon laquelle la valeur de la vie ne peut pas être évaluée : ni par un vivant, parce qu'il est à la fois juge et partie, voire objet de litige, ce qui l'empêche d'être un juge impartial, ni par un mort pour une autre raison. De la part d'un philosophe, voir simplement dans la valeur de la vie un problème reste donc une objection contre lui, un soupçon portant sur sagesse, à vrai dire un manque de sagesse ».

Un peu plus loin dans le même livre, Nietzsche reprend l'idée de manière plus forte encore, pour dénoncer le nihilisme des morales hostiles à la vie, des visions du monde qui condamnent la terre au nom du ciel, l'ici-bas au nom de l'au-delà, comme celles de Platon ou de Jésus :

Citation

> « Une condamnation de la vie de la part d'un être vivant n'est en dernière instance que le symptôme d'une espèce de vie particulière [...]. Il faudrait prendre position en dehors de la vie et même la connaître parfaitement, comme quelqu'un qui l'a déjà traversée, voire comme tous ceux qui l'ont déjà traversée, pour avoir le droit d'effleurer seulement le problème de la valeur de la vie : autant de raisons suffisantes pour comprendre que ce problème est tout à fait hors de notre portée [...]. Il s'ensuit que toutes les morales contre nature, des morales qui font de Dieu un concept opposé à la vie, une condamnation de la vie, ne reposent en réalité que sur des jugements de valeur émis par la vie elle-même – Par quel type de vie ? Par quelle espèce de vie ? Mais j'ai donné depuis longtemps ma réponse : par la vie décadente, affaiblie, fatiguée... »

Tout jugement, toute vérité n'est qu'un point de vue

Ce que j'en pense

En d'autres termes – et c'est là la vraie différence entre la généalogie de Nietzsche et celles de Marx et Freud –, si l'on prend vraiment au sérieux la proposition selon laquelle « tout jugement est un symptôme », alors il faut avoir la rigueur intellectuelle d'en conclure que la proposition vaut aussi pour ceux que porte le généalogiste : les interprétations qu'il donne du monde, les perspectives et les évaluations qui habitent secrètement ses propres jugements de valeur sont elles aussi interprétables à partir d'autres points de vue, à nouveau eux-mêmes interprétables, et ainsi de suite à l'infini. C'est justement cet infini des interprétations que Nietzsche désigne, dans le *Gai Savoir* (§ 374), comme « notre nouvel infini » :

Citation

> « Chercher à savoir jusqu'où s'étend le caractère perspectiviste de l'existence, voire si elle a même seulement un autre caractère, si une existence sans interprétation, sans "sens" ne serait pas justement un pur "non-sens" si, autrement dit, toute existence n'est pas essentiellement une existence interprétante – voilà, comme on pouvait s'y attendre, ce qui ne peut pas être tranché même par l'analyse et l'examen les plus fouillés, les plus acharnés et les plus consciencieux de l'intellect par lui-même, puisqu'en conduisant cette analyse, l'intellect humain ne peut éviter de se voir lui-même sous ses formes perspectivistes et seulement à travers elles.

Nous ne pouvons faire abstraction de l'angle qui caractérise notre propre regard [...]. Il me semble du moins que nous sommes désormais loin de la prétention ridicule qui consiste à décréter depuis notre angle de vue qu'il serait illégitime d'adopter une autre perspective qu'à partir de ce point de vue là. Au contraire, le monde est pour nous redevenu infini dans la mesure où nous ne pouvons pas écarter la possibilité qu'il puisse en soi faire l'objet d'une infinité d' interprétations... »

Explications

Nos jugements sur la vie, sur le réel, sur l'état du monde – l'idée que l'ici-bas serait moins bon que l'au-delà, le paradis bien supérieur à la terre, le communisme préférable au capitalisme, l'anarchisme à l'étatisme, la démocratie à l'aristocratie, etc. – ne sont jamais que l'émanation d'un certain type de vie, d'une certaine organisation des pulsions vitales que Nietzsche désigne globalement sous le nom de « Volonté de puissance ». Ce ne sont que des points de vue, des perspectives de vie, à vrai dire des émanations de la vie – de sorte que, contrairement à ce que prétendront les sciences sociales inaugurées par Freud et Marx, il est par définition impossible d'asseoir une science nouvelle sur une conception radicale de la généalogie.

Ce que j'en pense

« *En vérité* », nos jugements ne font jamais que traduire ce qui nous habite nous-mêmes, projeter sur le monde ce qui demeure caché dans nos souterrains, par quoi ils n'ont, pour Nietzsche, aucune valeur de vérité : j'ai mis exprès entre guillemets et en italique dans cette phrase l'expression « *en vérité* » pour attirer votre attention sur les deux objections fortes que va soulever la généalogie nietzschéenne.

La première est assez évidente : il y a quelque chose d'évidemment contradictoire dans le fait de prétendre « en vérité » que la vérité n'existe pas : tout se passe comme si le généalogiste ne pouvait pas s'empêcher, malgré toutes ses précautions, de réintroduire pour son propre discours une certaine prétention à la vérité.

Ensuite, et c'est plus grave, la thèse selon laquelle il n'y a pas de faits, seulement des interprétations, peut servir à justifier toutes les *fake news* que les démagogues populistes adorent inventer et opposer à ceux qui essaient de « rétablir une vérité ». Il suffit, par exemple, de penser à la question du « négationnisme » (de la négation des chambres à gaz), pour comprendre l'usage pernicieux qu'on a pu faire de l'idée selon laquelle il n'y avait pas de vérité objective. Si la « Pensée 68 » a d'une manière générale adoré Nietzsche, c'est non seulement parce qu'elle voulait en finir avec la prétention des sciences « dures » à la vérité, mais aussi, et plus généralement, avec tout l'héritage des Lumières et de l'idée républicaine. Attention, danger !

DANS CE CHAPITRE

Les définitions du nihilisme

•

De la déconstruction des idoles à *l'amor fati*

Chapitre 18

Le concept de nihilisme chez Nietzsche

La plupart des penseurs traditionalistes, comme tous ceux qui sont attachés aux valeurs d'antan, ont pensé dès le XIXe siècle que le vaste mouvement de « désenchantement du monde », voire de déchristianisation qui caractérisait la vieille Europe, ne laisserait place à rien d'autre que ce qu'ils appellent le « nihilisme » en un sens ordinaire : cynisme, négation des valeurs, rejet de toutes les formes de morale, etc. Et de fait, c'est indéniable, les grandes causes et les grands récits se sont pour le moins estompés à la fin du XXe siècle. L'idéal communiste, quoi qu'on en pense, donnait du sens à ceux qui y croyaient. Or il est passé, entre 1950 et aujourd'hui, de 25 % à 2 % de l'électorat français, pendant que le pourcentage de catholiques passait de 85 % à 50 %. Ne faut-il pas dès lors parler de nihilisme pour désigner la période actuelle ? Pas sûr pour autant, tant le terme prête pour le moins à confusion. Il possède en effet trois significations différentes, voire tout à fait opposées.

Les trois significations du mot « nihilisme »

Pour bien comprendre

Dans le langage courant, comme je viens de le suggérer, on appelle « nihiliste » celui qui nie l'existence de valeurs morales et spirituelles supérieures, celui qui ne croit en « rien » (*nihil* en latin) et sombre ainsi dans une espèce de cynisme radical. On disait par exemple des punks allemands des années 1980 qu'ils étaient « nihilistes » pour signifier que ces adeptes du *no future* se vautraient dans le négatif, que leur humour noir tournait en dérision les valeurs les plus sacrées aux yeux de la bonne société.

Le nihiliste, dans cette acception familière, est celui qui ne dispose plus de ce que Nietzsche appelait les « idoles », ce terme désignant chez lui les valeurs supérieures à la vie, les grandes causes sacrées pour lesquelles les humains étaient prêts le cas échéant à mourir, tous les idéaux transcendants, qu'ils soient métaphysiques, religieux ou politiques : Dieu, le progrès, la démocratie, la révolution, les droits de l'homme, la science, la nation, la République, etc. Le paradis des chrétiens, au même titre que le communisme de Marx, était en ce sens, aux yeux de Nietzsche, le modèle parfait des « idoles », des idéaux supérieurs emportant des convictions fortes, susceptibles de donner le sentiment qu'il y a des « causes » à défendre, des sacrifices à faire, bref, de l'idéel au-dessus du réel. Ce sont ces idoles que « nie » le nihilisme entendu dans son acception ordinaire.

Chez Jacobi (1743-1819), dont je rappelle qu'il est l'inventeur du terme, le mot « nihilisme » désigne tout autre chose. Jacobi est un philosophe allemand, un penseur romantique à proprement parler génial, d'une intelligence et d'une perspicacité qui m'ont toujours bluffé. Il est aujourd'hui totalement oublié hors du petit monde des spécialistes de l'idéalisme allemand, mais j'ai traduit avec un réel bonheur certains passages de ses œuvres consacrées notamment à ce terme, mais aussi à la critique du spinozisme ainsi que de certains aspects du rationalisme critique. Jacobi donne au mot nihilisme un sens bien particulier qui aura une postérité capitale dans l'histoire du romantisme : chez lui, il désigne l'incapacité du rationalisme à saisir le foisonnement sensible de la nature, l'échec de la raison à penser un réel qui échappe au concept, une critique de la métaphysique que l'on retrouvera jusque chez des auteurs contemporains comme Theodor Adorno et Walter Benjamin.

Le nihilisme selon Nietzsche

Chez Nietzsche, c'est encore une tout autre affaire.

La croyance en des idéaux supérieurs qui s'opposent au réel

Explications

Le mot désigne très exactement l'inverse de ce que le langage courant prétend lui faire dire. Non seulement le nihilisme, chez lui, n'a plus rien à voir avec le cynisme, avec un quelconque « désenchantement du monde », mais il en est même l'exact contraire. Il désigne la croyance en des valeurs supérieures, en des idéaux élevés, placés au-dessus du réel, dans un ciel des idées, celui du monde intelligible de Platon ou du paradis des chrétiens qui prétend se situer par-delà le monde sensible, par-delà le réel d'ici-bas.

À retenir

Le nihilisme est donc par excellence l'attitude dualiste, celle qui consiste à opposer l'idéal au réel, le ciel à la terre, l'au-delà à l'ici-bas, le droit naturel (qui serait un droit juste) au droit positif (le droit seulement réel), le paradis à la réalité actuelle, le communisme au capitalisme, etc.

Les idéaux, les idoles ne servent qu'à dévaloriser le réel

Pourquoi employer ce terme pour désigner toutes les pensées de l'idéal – c'est-à-dire, convenons-en, toutes les religions et presque toutes les philosophies –, Spinoza étant la grande exception, en quoi Nietzsche le considérait comme un « frère » ? En quoi le fait de croire en des valeurs supérieures, d'adhérer à des idéaux transcendants, comme le font tous les croyants, qu'ils soient laïcs ou non, tous ceux qui ont foi en une « cause », serait-il « nihiliste » ?

La réponse se trouve dans la thèse sans doute la plus essentielle à la pensée de Nietzsche, dans l'idée qui commande chez lui presque toutes les autres – ce que Bergson appelait « l'intuition fondamentale » d'un philosophe – à savoir que les humains n'ont inventé les idéaux, tous les idéaux de quelque nature qu'ils soient (les fameuses « idoles »), que pour mieux *nier* et dévaloriser le réel, pour mieux affirmer qu'il ne vaut *rien*.

Explications

Si l'on imagine de grandes causes, c'est selon lui pour pouvoir enfin décréter que la réalité est mauvaise. On invente le paradis pour nier la terre, pour la présenter comme une simple préparation à l'au-delà, le communisme pour nier le capitalisme, l'intelligible pour nier le sensible, la démocratie contre l'Ancien régime, l'anarchisme contre l'État, etc., en quoi les idoles appartiennent toujours à ces forces que Nietzsche dit « réactives » parce qu'elles ne peuvent se poser qu'en s'opposant, qu'en niant une partie du réel. Le religieux apparaît ici comme la figure maximale du nihilisme ainsi que l'explique ce paragraphe de *L'Antéchrist* donc je vous donne ici la traduction, un passage d'autant plus intéressant que Nietzsche y explique l'origine personnelle de son aversion pour les religions et plus généralement, pour toute forme d'idolâtrie idéaliste :

Citation

> « Il est nécessaire de dire qui nous ressentons comme le contraire de toute notre philosophie, à savoir les théologiens et tout ce qui a du sang de théologien dans le corps. Il faut avoir vu de près cette calamité, ou mieux encore, il faut l'avoir vécue en soi-même, il faut en avoir presque été anéanti, pour ne plus tolérer la moindre plaisanterie sur ce sujet. La prétendue liberté d'esprit de Messieurs nos naturalistes et physiologistes n'est à mes yeux qu'une vaste blague – il leur manque d'avoir pâti eux-mêmes de ces réalités, d'en avoir souffert. Cette infection s'étend bien plus loin qu'on ne le pense. J'ai retrouvé cette arrogance de théologien partout aujourd'hui où l'on se sent « idéaliste », partout où, au nom d'une origine supérieure, on se croit autorisé à jeter un regard extérieur et supérieur sur la réalité. L'idéaliste, comme le prêtre, tient entre ses mains (et pas seulement dans ses mains !), tous les concepts grandioses [...] comme si l'humilité, la chasteté, la pauvreté, bref, la sainteté, n'avaient pas causé à la vie infiniment plus de dommages que n'importe quel vice ou n'importe quelle abomination... Aussi longtemps que le prêtre, ce nihiliste, ce calomniateur, cet empoisonneur par vocation, passe encore pour une espèce d'homme supérieur, il ne peut y avoir aucune réponse à la question : qu'est-ce que la vérité ? Car on a déjà mis la vérité à l'envers quand l'avocat qui plaide en toute conscience pour le néant, pour la négation, passe pour un représentant de la vérité. »

Voici, encore, à titre d'illustration de la même critique du nihilisme, un passage tout à fait limpide de sa préface à *Ecce Homo* (1888) :

Citation

> « N'attendez surtout pas de moi que j'érige de nouvelles idoles ! Que les anciennes apprennent plutôt ce qu'il en coûte d'avoir des pieds d'argile. Renverser les idoles – c'est ainsi que j'appelle tous les idéaux –, voilà ma véritable vocation. C'est en inventant le mensonge d'un monde

idéal qu'on a fait perdre à la réalité sa valeur, sa signification, sa véracité. Jusqu'à présent, le mensonge de l'idéal a été la malédiction qui pesait sur la réalité. L'humanité en est même devenue menteuse et fausse jusqu'au plus profond de ses instincts... »

Déconstruire les idoles pour se réconcilier avec le réel et atteindre une autre sagesse, celle de l'*amor fati*

Explications

Tous ceux qui entendent rendre le monde meilleur au nom d'un idéal sont des nihilistes dans la mesure où ils refusent la réconciliation avec le réel, cet *amor fati* qui, aux yeux de Nietzsche, représente la véritable sagesse. Si les idoles ont des « pieds d'argile », c'est au sens où elles sont fragiles, où elles reposent sur du sable, selon un thème que Nietzsche emprunte à nouveau à Schopenhauer : les idoles appartiennent au monde de la représentation claire et distincte, mais ce monde n'est que de surface.

Dans le *Crépuscule des idoles*, une œuvre tout entière animée par la volonté de « philosopher au marteau », Nietzsche explique comment il faut le manier pour casser les idoles, pour faire exploser les boursouflures métaphysiques, pour briser ces fameux pieds d'argile, ces prétendues fondations *ultimes* que Schopenhauer avait déjà tournées en dérision. Nietzsche ne le dit pas dans une perspective purement négative, mais plutôt pour ouvrir vers une autre sagesse – une sagesse de la réconciliation, une sagesse qui dit « oui au monde », comme il y insiste dans son *Zarathoustra* (1885). Nietzsche y explique qu'autrefois, blasphémer c'était porter des accusations contre Dieu, contre la religion, contre les idoles sacrées des croyants, mais que désormais, selon la nouvelle sagesse qu'il veut instaurer, blasphémer consistera à porter des accusations, non pas contre le ciel, mais contre la terre :

Citation

> « Je vous en supplie, vous, mes frères, restez fidèles à la terre et n'accordez aucune foi à ceux qui parlent d'espérance supraterrestre. Sciemment ou non, ce sont des empoisonneurs, des contempteurs de la vie, des moribonds, des intoxiqués dont la terre est lasse. Qu'ils périssent donc ! [...] Blasphémer contre Dieu était naguère encore le pire des blasphèmes, mais Dieu est mort, et avec lui tous ses blasphémateurs. Désormais, le crime le plus affreux consistera à accorder plus de prix aux abîmes insondables qu'au sens de la terre ».

Les idéologies du bonheur ne sont que des leurres

Ce que j'en pense

Malgré tout l'intérêt que je porte à l'œuvre de Nietzsche, je n'ai jamais pu être nietzschéen... La notion d'*amor fati* que l'on retrouve encore aujourd'hui sous une forme dégradée dans la psychologie positive nous invite à dire « oui » au réel « en toutes circonstances », oui à la vie « avec ses hauts et ses bas ». Je crois au plus profond de moi qu'on ne peut rien écrire de plus faux et que la « vraie sagesse » consiste, à l'opposé exact de ce que prétendent les idéologies du bonheur, à savoir parfois, et à vrai dire presque le plus souvent, dire « non » au réel, aux injustices et aux ignominies qu'il comporte et qu'il suffit d'ouvrir les yeux pour voir. J'admire les résistants qui ont dit non à la collaboration, non à Pétain et au nazisme, au lieu d'aller se retirer comme tant d'autres, dans la zone non occupée pour cultiver leur jardin. Dire « oui à la vie », « aimer ce qui est » : ces injonctions n'ont de sens que si elles ne valent pas seulement quand tout va bien, mais, comme y insistent d'ailleurs les psychologues « positifs », elles doivent s'appliquer aussi, et même surtout, quand les circonstances de la vie sont pénibles, voire atroces, dans un camp de la mort comme par beau temps dans le VIe arrondissement de Paris. Si la sagesse nous invite à dire oui à tout, à la vie avec ses hauts et ses bas, s'il ne faut pas, comme on dit, « en prendre et en laisser », mais bien tout assumer, comment éviter ce qu'un philosophe contemporain, disciple de Nietzsche et de Spinoza, Clément Rosset, nommait si justement (mais pour le rejeter), « l'argument du bourreau » ? Cet argument s'énonce de la façon suivante :

Citation

> « Il existe sur cette terre des bourreaux et des salauds, et comme dit Spinoza lui-même, "le rat n'est pas un ange". Ils font indubitablement partie du réel. Par conséquent, la doctrine de l'*amor fati*, qui nous commande d'aimer le réel tel qu'il est, avec ses hauts et ses bas, nous demande aussi d'aimer les tortionnaires ! »

Rosset juge l'objection banale, et pour cette raison, dérisoire. Sur le premier point, il a sans doute raison : l'argument, j'en conviens, est trivial. Mais sur le second ? Un propos peut être banal et pourtant vrai. Or je crois que c'est ici le cas et que cet argument du bourreau est d'une vérité parfaite, comme l'avait du reste déjà vu Blyenbergh dans les lettres que nous avons citées dans le chapitre sur Spinoza auquel je vous renvoie.

DANS CE CHAPITRE

Heidegger, sommet de la philosophie contemporaine
•
Le mode de la technique comme comble de la métaphysique
•
La métaphysique de la subjectivité
•
La rupture avec la philosophie des Lumières

Chapitre 19

Heidegger : la critique du monde de la technique

Je voudrais, pour clore cette série de chapitres sur les philosophes allemands de la déconstruction, vous faire comprendre en profondeur l'analyse que Heidegger nous a léguée touchant ce qu'il appelait le « monde de la technique planétaire », une analyse qui éclaire de manière puissante ce que nous appelons aujourd'hui la « mondialisation ».

Quels que soient les errements et les fautes de Heidegger sur le plan moral et politique (j'ai écrit de nombreux textes, sans la moindre complaisance, sur son engagement dans le nazisme), sa critique de la technique aura une postérité à nulle autre pareille dans la pensée contemporaine. Elle influencera aussi bien Arendt, Levinas ou Derrida, que des penseurs de l'écologie politique et du totalitarisme comme Ellul, Jonas, Lefort et même Castoriadis.

Une réflexion sur la domination du monde par la science

Pour bien comprendre

Son analyse commence par une réflexion sur l'émergence, au XVIIe siècle, de la science moderne, suivie un peu plus tard, au XVIIIe, par la philosophie des Lumières. Ce que Descartes, Galilée, Newton mettent en scène, et les Lumières dans leur sillage, n'est au fond rien d'autre qu'un gigantesque projet de domination de la planète, un idéal de maîtrise totale du monde par l'espèce humaine qui veut enfin être comme « maître et possesseur de la nature », pour reprendre la fameuse formule de Descartes. Mille fois citée comme haïssable par les écologistes contemporains, et bien avant eux déjà par les romantiques, elle suggère que la connaissance scientifique est désormais chargée de fournir à l'Homme les moyens d'asservir l'ensemble de la nature pour la mettre à son service et réaliser les fins et les désirs de consommation de l'humanité.

Pout être précis, il faut souligner que cette aspiration anthropocentrique à une domination scientifique du monde va prendre une double forme.

Explications

Elle se situe d'abord sur un plan théorique, celui de la seule connaissance des choses : avec l'avènement de la physique moderne, pour la première fois sans doute dans l'histoire de l'humanité – telle est du moins la thèse de Heidegger –, la nature cesse d'être perçue par l'Homme comme un être mystérieux. Les hommes du Moyen Âge se représentaient encore volontiers le monde comme un grand être vivant : c'est ce qu'on appelait « l'hylozoïsme » : étymologiquement, le mot signifie que la matière inanimée elle-même (*hylè*) est un animal vivant (*zoon*), qu'à l'image d'un organisme vivant, elle est animée secrètement par des qualités occultes, par des forces invisibles et mystérieuses que seules l'alchimie, la religion ou la magie, mais non la raison humaine, pourraient percer à jour. Sur un plan toujours théorique, touchant seulement la connaissance, la découverte du principe d'inertie symbolise une véritable révolution par rapport à cette vision ancienne de l'univers.

En posant qu'aucun changement n'advient dans la trajectoire d'un corps en mouvement sans qu'un autre corps ne vienne la modifier, il signifie plus profondément que « rien n'advient dans le monde sans raison » et que, par conséquent, tout dans l'univers naturel doit pouvoir trouver une explication, au sens propre, rationnelle. C'en est donc fini, du moins en droit, avec l'animisme, avec l'idée que la nature est mystérieuse. Descartes apparaît ainsi aux yeux de Heidegger comme l'inventeur du rationalisme moderne, celui qui, en posant que rien ne change sans cause ni raison dans l'univers, liquide l'animisme du Moyen Âge.

Et si la nature perd ainsi son opacité et son mystère, c'est parce qu'elle est pensée par l'Homme comme étant, au moins en droit, de part en part conforme aux lois de son esprit. Bien entendu, il reste pour nous, de fait, des plages d'ignorance, une opacité qui pour l'instant nous résiste. Mais à la longue, nous devons pouvoir la vaincre. De là aussi, l'idée que le progrès des sciences est infini, qu'on ne peut l'arrêter, ni le limiter à rien. La science moderne vit sur la certitude que l'obscurité du monde n'est pas une donnée en soi, mais seulement le revers d'une ignorance dont les limites peuvent et doivent être indéfiniment reculées.

Explications

À cette maîtrise de l'univers par la théorie (par la science moderne) répond donc un volet pratique, une volonté de domination – cette dichotomie entre théorie et pratique, entre connaissance et volonté de domination, recoupant désormais celle des deux attributs essentiels de la subjectivité humaine, l'entendement et la volonté, l'intelligence et « l'appétit » qui caractérisent ce que Heidegger désigne comme « métaphysique de la subjectivité ». L'image ancienne de la nature identifiée à un « cosmos » vole en éclats. La nature n'a plus rien du bel organisme harmonieux et vivant auquel renvoyait la notion d'ordre cosmologique que nous avons évoquée longuement dans la partie consacrée à l'Antiquité. Elle se réduit désormais à un simple stock de matériaux bruts en lui-même dénué de toute valeur et de toute signification, elle n'est plus dans cette perspective qu'un vaste réservoir d'objets que l'Homme peut non seulement « expliquer » par son esprit, mais aussi utiliser par sa volonté comme bon lui semble pour réaliser les objectifs qui peuvent lui apparaître utiles ou désirables.

La nature soumise à la volonté et à la science

Explications

Le monde tout entier devient alors moyen pour les fins d'une subjectivité aux pouvoirs de consommation virtuellement illimités. Ainsi, avec Descartes déjà, commence de poindre la volonté, qui culminera dans le monde technicien, de « rendre intégralement fournissable tout ce qui peut l'être », de ne voir dans la totalité de ce qui est qu'un réservoir « d'étants » disponibles pour « l'usure », selon une logique qui est celle de « l'arraisonnement » (*Gestell*) : comme on arraisonne un navire pour l'inspecter, la science arraisonne la nature pour la soumettre aux inspections de la raison et de la volonté. Bref, si l'univers est sur le plan théorique calculable et prévisible, il est désormais aussi, sur le plan pratique, manipulable et corvéable à merci.

Ce que j'en pense

Où l'on perçoit déjà ici pourquoi certains courants de la pensée contemporaine, à commencer par l'écologie politique, vont bientôt s'inspirer de Heidegger pour s'opposer à la vision scientiste de « l'environnement ». On pressent aussi le lien que ces critiques du monde moderne pourront entretenir avec le projet de restaurer certaines représentations anciennes de la nature, comme avec celui d'une critique radicale de l'univers capitaliste de la consommation mondialisée.

À retenir

Voici maintenant l'essentiel : avec la croyance du cartésianisme, de la révolution scientifique et des Lumières dans les vertus du progrès par la raison, nous ne sommes pourtant pas encore entrés dans le « monde de la technique » proprement dit, c'est-à-dire dans un monde d'où la considération des fins va totalement disparaître au profit de celle des moyens. Dans le rationalisme des XVIIe et XVIIIe siècles, le projet d'une maîtrise scientifique de l'univers naturel, puis social, possède encore, nous l'avons dit, une visée émancipatrice, soumis qu'il demeure en son principe à la réalisation de certaines finalités. S'il s'agit de dominer l'univers, ce n'est point par pure fascination envers notre propre puissance, mais afin de parvenir à certains objectifs qui ont pour noms liberté et bonheur.

Explications

De là les deux *credo* du siècle des Lumières : la première conviction qui anime au plus profond les philosophes (à l'exception bien sûr de Rousseau, mais elle confirme la règle), c'est que la science va nous permettre d'émanciper l'humanité des chaînes de la superstition et de l'obscurantisme. D'où leur critique de la religion et, plus généralement, de toutes les formes d'arguments d'autorité, une critique qui prépare dans le domaine de la pensée la grande Révolution française.

La seconde, c'est que cette maîtrise du monde va pouvoir nous permettre, comme on le voit dans les réactions des philosophes au fameux tremblement de terre de Lisbonne, de nous libérer des servitudes naturelles pour pouvoir les retourner à notre profit : c'est ici la notion de bonheur, dont on a pu dire qu'il était alors une « idée neuve en Europe », qui fait son entrée en scène. Et c'est par rapport à ces deux finalités, la liberté et le bonheur, qui à elles deux définissent le cœur de l'idée de progrès, que le développement des sciences apparaît comme le vecteur d'un autre progrès : celui de la civilisation.

Ce que j'en pense

Peu importe ici qu'une telle vision des vertus de la raison soit naïve ou non. Ce qui compte pour l'instant, c'est qu'en elle, la volonté de maîtrise s'articule encore à des objectifs extérieurs à elle et que, en ce sens, elle ne puisse se réduire à une pure raison instrumentale ou technique ne prenant en considération que les moyens au détriment des fins. Aux XVIIe et XVIIIe siècles, la science est encore intégrée dans un projet philosophique et politique supérieur à elle, une vision du monde qui l'englobe et lui donne son sens, c'est-à-dire tout à la fois sa signification et sa direction. C'est à partir de là, et à partir de là seulement, que les philosophes pouvaient encore penser que les progrès des Lumières et ceux de la civilisation en général allaient enfin marcher de pair.

Maîtriser la nature est une fin en soi

Explications

Pour que notre vision du monde devienne résolument technicienne, il faut donc un pas supplémentaire. Il faut que la volonté cesse de viser des fins extérieures à elle pour se prendre pour ainsi dire elle-même comme objet. C'est là, selon Heidegger, ce qui advient, dans l'histoire de la pensée avec la doctrine nietzschéenne de la « volonté de puissance », et dans la réalité avec l'avènement d'un monde où le « progrès » (les guillemets s'imposent maintenant) est étrangement devenu un processus automatique et définalisé. Dans l'univers technicien – c'est-à-dire désormais, aux yeux de Heidegger, dans l'univers tout entier puisque le phénomène de la technique est, à ses yeux, planétaire –, le projet de maîtriser le réel cesse d'être moyen pour réaliser des objectifs supérieurs, mais il devient une fin en soi. Il ne s'agit plus de dominer la nature ou la société pour être plus libre et plus heureux, mais de maîtriser pour maîtriser, de dominer pour dominer. Pourquoi ? Pour rien, justement, ou plutôt, parce qu'il est tout simplement impossible de faire autrement dans un monde de compétition universelle.

Explications

Il suffit pour s'en convaincre de considérer la nature des sociétés dans lesquelles nous vivons : elles sont de part en part, et sans cesse de plus en plus animées par la compétition, par l'obligation absolue de « progresser ou de périr ». De là, au sein des entreprises, mais aussi des laboratoires scientifiques, des centres de recherche, y compris dans certains domaines, universitaires, la nécessité de se comparer sans cesse aux autres, d'augmenter la productivité, de développer les connaissances et surtout leurs applications à l'industrie, à l'économie, bref, à la consommation. Une entreprise qui ne progresse pas est une entreprise vouée à la mort. De là aussi le formidable et incessant développement d'une technoscience rivée à l'essor économique et largement financée par lui. De là enfin le fait que l'augmentation de la puissance des hommes sur le monde est devenue un processus automatique qui nous dépasse de toute part, produit qu'il est par la nécessité de la compétition, et définalisé : à la limite, plus personne ne sait où nous mène le cours du monde, car nul ne peut prétendre aujourd'hui le contrôler. Pour prendre une métaphore banale mais parlante : comme une bicyclette doit avancer pour ne pas chuter, ou un gyroscope tourner pour rester sur son axe, il nous faut « progresser », mais ce progrès mécanique ne peut plus être situé au sein d'un projet plus vaste, intégré dans un grand dessein. Bien plus, rien ne permet non plus de garantir qu'il va dans le bon sens.

Ce que j'en pense

Telle est peut-être bien, en effet, la différence ultime qui nous sépare des Lumières : plus personne ne peut être absolument convaincu que cette évolution nous conduise infailliblement vers le mieux. Les écologistes en doutent, les critiques de la mondialisation aussi, mais tout aussi bien avec eux nombre de républicains qui, pour cette raison même, deviennent, fût-ce à contrecœur parfois, nostalgiques d'un passé encore récent. De là aussi, chez les citoyens même les moins passionnés par l'histoire des idées, le sentiment d'un possible déclin. Pour la première fois dans l'histoire de la vie, une espèce vivante détient les moyens de détruire la planète tout entière et cette espèce ne sait pas où elle va. Ses pouvoirs et ses capacités à la sagesse sont si dissociés que nul ne peut garantir à coup sûr aujourd'hui sa survie. On peut rester optimiste, bien entendu, mais cela relève, il faut l'avouer, davantage de la foi que d'une conviction fondée en raison.

Aussi l'idéal des Lumières fait-il place aujourd'hui à une inquiétude diffuse et multiforme, toujours prête à se cristalliser sur telle ou telle menace particulière. Nul doute que Heidegger nous aide ici à en comprendre les motifs.

DANS CE CHAPITRE

La philosophie française et les déconstructeurs allemands

•

Les dérives de philosophie française post-mai 68

•

L'abandon de l'universalisme des Lumières pour le différencialisme et le communautarisme

Chapitre 20

Retour sur quelques délires de la Pensée 68

Je ne vais pas revenir ici sur le livre *La Pensée 68*, que nous avons publié Alain Renaut et moi au début des années 1980. Si mes lecteurs veulent en trouver un résumé actualisé, ils peuvent se reporter s'ils le souhaitent à mon *Dictionnaire amoureux de la philosophie*. Je voudrais seulement rappeler ici que cet épisode un peu délirant de la philosophie française des années 1960-1970 ne fut au final qu'un couper-coller pas toujours heureux de la pensée des grands déconstructeurs allemands que nous venons d'évoquer.

Il suffit pour s'en convaincre de considérer les quatre courants de pensée qui dominent à l'époque l'intelligentsia française. Tous prenaient leur source en Allemagne : le renouveau de la psychanalyse chez Lacan ? Un « retour à Freud » ! La recherche d'une théorie de l'histoire « vraiment scientifique » dans l'école de Louis Althusser ? Une relecture de Marx ! Quant à Foucault (et Gilles Deleuze aurait pu faire de même), il avouait avec une réelle modestie être « simplement nietzschéen », tandis que Derrida et ses élèves prirent fait et cause, aux côtés des heideggériens les plus orthodoxes, pour l'un des rares grands penseurs de ce temps à avoir pris sa carte au parti nazi de 1933 à 1945. J'ai suggéré que le couper-coller ne fut pas toujours heureux, ce qui se justifie par les grands délires où la Pensée 68 entraîna parfois les étudiants, des délires dont je voudrais donner ici quelques exemples afin qu'on ne pense pas que j'en parle à la légère.

Un funeste rejet de l'universalisme au nom du droit à la différence

Explications

Autrefois, la gauche, du moins la gauche démocratique, s'incarnait dans la tradition républicaine. Elle défendait une idée de la nation indissociable de l'universalisme. Héritière de 1789, elle était fidèle à la révolution scientifique comme à l'héritage des droits de l'homme, à ce que Claude Lefort appelait « l'humanisme abstrait », à cette conviction qu'un être humain est sacré, qu'il mérite d'être protégé par la loi *abstraction faite* de ses enracinements communautaires dans une culture, une langue, une classe, une race, ou même une nation, les apatrides étant eux aussi dignes d'être des sujets de droit. Cet universalisme s'opposait au communautarisme qui venait de l'extrême droite contre-révolutionnaire, celle de Maistre, Bonald et des romantiques allemands, pour qui l'Homme n'est vraiment Homme que comme « membre » d'un « corps social », d'une nation définie, à l'opposé de notre nation républicaine, comme une communauté quasi biologique.

Ce que j'en pense

Nous fûmes quelques-uns, Bruckner dans *Le Sanglot de l'homme blanc*, Renaut et moi dans *La Pensée 68*, à dénoncer dès le début des années 1980 l'abandon de l'universalisme par l'extrême gauche et son ralliement au « droit à la différence » en même temps qu'aux idéologies communautaristes.

C'était l'époque où les adorateurs de Mao, Sollers en tête, accusaient les républicains comme Jean-Pierre Chevènement d'être les idéologues de la « France moisie ». Aujourd'hui, le chassé-croisé des extrêmes est en voie d'achèvement, au point qu'une certaine gauche, comme l'a montré Pierre-André Taguieff, s'est engagée en faveur de l'islamisme au nom de l'antiracisme. Le gauchisme culturel, écolo/féministe/décolonial, fait désormais front commun avec les fondamentalistes, mais il faut rappeler que cette étrange union commence dès les années 1960-1970, quand les tenants de la Pensée 68 s'engagent pour la cause palestinienne contre le sionisme. Elle s'élargira par la suite, dans les années 1970-1980, l'islam étant alors considéré comme la « religion du Sud », donc comme celle des « dominés » et des « racisés ».

Comme je l'annonçais déjà dans *La Pensée 68*, il y a près de quarante ans, c'est au moment où Foucault présente Khomeiny comme « le plus grand révolutionnaire de son temps » que le basculement de l'extrême gauche vers le différencialisme antirépublicain prend son essor. Depuis, l'influence calamiteuse de Derrida, Foucault, et plus généralement de la « Pensée 68 », dans les universités américaines où ils ont puissamment contribué à fonder la mode effroyable du politiquement correct et du droit des minorités, est de retour en France *via* l'extrême gauche.

La *woke* et la *cancel culture* sévissent désormais dans toutes nos universités. On y retrouve cette haine de l'universalisme et de la méritocratie républicaine qu'un philosophe américain comme Michael Sandel continue de propager aux États-Unis comme dans les médias français. Le plus singulier, c'est qu'à l'exception de quelques individualités (Régis Debray, les Badinter...), ce n'est pratiquement plus à gauche, mais dans une droite républicaine hostile au néolibéralisme, que l'universalisme trouve ses derniers défenseurs...

Pensée 68 et pédophilie

Malgré tous les efforts des anciens soixante-huitards pour dédouaner Mai 68 des dérives incestueuses et pédophiles dont l'actualité est hélas remplie depuis quelque temps, la vérité historique oblige à dire que c'est bien malgré tout dans le sillage du joyeux mois de mai et avec la bénédiction des autorités philosophiques les plus représentatives du gauchisme culturel de l'époque que la pédophilie reçut les lettres de noblesse qu'elle avait perdues depuis Platon.

Quand paraissent au milieu des années 1970, dans *Libération* et dans *Le Monde*, des pétitions faisant l'éloge de la pédérastie, signées par des intellectuels comme Foucault, Sartre, Beauvoir, Deleuze, Barthes ou Chatelet, refuser d'y adhérer c'était prendre le risque de s'exclure du club des « vrais intellectuels », c'est-à-dire des intellectuels de gauche, « forcément de gauche », castristes, maoïstes, trotskystes ou, au minimum, communistes. On a oublié que la Pensée 68 était globalement favorable à la pédérastie, qu'elle approuvait les délires de René Schérer et Guy Hocquenghem qui publient, en 1976, *Co-ire* (en latin : « aller ensemble », coït à la troisième personne du singulier : comme c'est amusant !), un ouvrage agrémenté d'une pléiade de photos d'enfants nus qui faisait l'éloge du « rapt » : l'enfant n'étant pas la propriété privée des parents (petite référence à Marx), tout adulte a le droit, et même le devoir, ainsi plaidaient-ils, de l'enlever pour éveiller cette sexualité que la bourgeoisie occulte.

Schérer, l'un des fondateurs de l'université de Vincennes, soutenu bien entendu par Deleuze, Chatelet, Lyotard, Foucault, Badiou et consorts, bref, par ce que la Pensée 68 comptait alors de plus tapageur, expliquait comment l'éducation bourgeoise en vigueur dans nos établissements scolaires sombrait dans la « perversité » qui consiste à ne faire aucune place à la pédérastie : « Nous posons en principe, écrivait-il, que la relation pédagogique est essentiellement perverse, non parce qu'elle s'accompagnerait des rapports pédérastiques entre maîtres et élèves, mais précisément parce qu'elle les dénie et les exclut. »

»

»

Pensée 68 et pédophilie *(suite)*

Oui, vous avez bien lu: la perversion consiste à exclure la pédérastie dans l'éducation tant scolaire que familiale!

On objectera que la pédophilie sévit dans tous les milieux et on aura raison, à ceci près que je ne connais aucune idéologie qui en fasse l'apologie en dehors de celle-là. Aussi étrange que cela nous paraisse aujourd'hui, dans ce milieu et à cette époque, on pensait comme ça, de sorte qu'il fut pendant longtemps plus risqué d'y critiquer la pédophilie que d'en faire l'apologie. Ces prestigieux professeurs s'étaient emparés des thèses de Freud sur la sexualité infantile pour en tirer la conclusion absurde qu'il était du devoir des adultes de l'éveiller. Comme il était en outre «interdit d'interdire», il n'y avait plus à se gêner.

Aujourd'hui, les derniers signataires de ces pétitions reconnaissent, comme Jack Lang l'a avoué, que «c'était une connerie». Soit. Mais quand j'ai critiqué dans *La Pensée 68* les soubassements philosophiques de ces appels délirants à la transgression tous azimuts, ils étaient, eux ou leurs proches, les premiers à nous insulter. Pendant près d'un an, je n'ai pas pu faire une conférence en public, pas même à l'École normale rue d'Ulm où je dirigeais pourtant un centre de recherche sur l'idéalisme allemand, parce que des disciples de Foucault nous attendaient, non pas avec des excuses, mais avec des battes de base-ball!

Au début des années 1980 encore, quand je publiais un livre sur l'idée républicaine et soutenais l'héritage de cette idée face à mes «amis» soixante-huitards qui traitaient De Gaulle à longueur de journée de «fasciste», je passais pour le roi des blaireaux. On m'expliquait que je n'avais rien compris, que je passais à côté du formidable mouvement d'émancipation inspiré par les idées géniales de Castro, Mao ou Trotski. C'est pour répondre à cette gauche arrogante alors au pouvoir, tellement fière de ses réseaux et de ses positions sociales, tellement sûre d'être du bon côté et d'incarner la conscience morale, que je me suis résolu à écrire *La Pensée 68*.

La grammaire «fasciste»

? **Pour bien comprendre**

C'est dans sa leçon inaugurale au Collège de France, en 1977, que Roland Barthes lance cette sentence typique d'une Pensée 68 encore «incontournable» dans le microcosme intellectuel: «La langue n'est ni réactionnaire ni progressiste, déclarait-il sans rire, elle est tout simplement fasciste; car le fascisme, ce n'est pas d'empêcher de dire, c'est d'obliger à dire.» Le propos à beau être d'une insondable stupidité, les disciples, bluffés par cette «novation inouïe», applaudirent. Comme l'écrit l'un d'entre eux, dont je tairai le nom par charité: «En quelques mots, Barthes balaie tous les présupposés de la philosophie occidentale selon lesquels, depuis les Grecs, l'exercice de la parole et de l'écriture était lié à celui de la raison et de la liberté. » Ben voyons ! Malgré sa niaiserie, l'aphorisme de Barthes sera hélas suivi d'une longue postérité dont les projets de réforme de l'orthographe et l'écriture inclusive sont les derniers avatars.

Craignant d'être débordé sur sa gauche, Bourdieu devait reprendre aussitôt le thème, assurant *urbi et orbi* que « la plus grande avancée démocratique » qui se puisse concevoir résiderait désormais « dans une grande réforme de la grammaire », une idée que le regretté Michel Rocard s'empressa hélas de lui emprunter. Le tonneau sartrien était libre, il fallait bien que quelqu'un occupât la place désertée. Ce fut Bourdieu. Tout l'y préparait depuis ces années 1970 où il développait à l'usage des normaliens et des professeurs du second degré une variante chic du marxisme vulgaire. Et depuis, le thème de la réforme de l'orthographe, et plus généralement de la langue, n'a cessé de monter en puissance.

Ce que j'en pense

Évitons un malentendu : rien ne s'oppose à mes yeux à ce qu'on corrige quelques anomalies bien connues de la langue française. Je ne vois par exemple aucun inconvénient majeur à ce qu'on écrive désormais chariot avec deux « r », comme dans « charrette ». Mais ce n'est évidemment pas de cela qu'il s'agit pour nos révolutionnaires, héritiers de Barthes et de Bourdieu. Ce qu'ils veulent, c'est toucher à la syntaxe, à ce que les romantiques appelaient à juste titre le « génie de la langue », par exemple au fait que le masculin l'emporte sur le féminin, mais aussi, tant qu'on y est, aux règles d'accord du participe, c'est-à-dire à ce que l'usage a consacré de plus profond au fil de l'histoire.

Le but caché de ces stratégies militantes n'est pas seulement de baisser le niveau d'exigence à l'école, de niveler par le bas : il s'agit en réalité de faire apparaître les grandes œuvres de la littérature classique, non seulement comme des formes bourgeoises de « distinction » et d'oppression de classe, mais aussi de race et de sexe. Selon les partisans de l'écriture inclusive, Bourdieu et Barthes ne sont pas allés assez loin, ils se sont arrêtés en chemin : certes la langue est fasciste et la grammaire une forme insidieuse de domination des dominés par la « violence symbolique ». Mais il y a plus : le patriarcat, capitaliste, raciste et blanc ne se contente pas d'écraser l'ouvrier sous sa botte fascisante, mais ce sont aussi les femmes et les « racisés », voire avec eux la nature et les « bêtes », qui sont les premières victimes de l'oppression que véhicule la langue, l'écriture inclusive étant désormais un passage obligé non seulement pour les décoloniaux, les écoféministes et les Verts, mais aussi pour les véganes, les mirages de l'égalitarisme, n'étant, sous le masque des bons sentiments, que le bras armé d'idéologies aussi destructrices qu'agressives.

Une étrange défense de l'illettrisme

Ce que j'en pense

« Ouvrir une école, c'est fermer une prison » : souvent attribuée à Hugo (parce qu'il aurait pu la prononcer...), la formule traduisait à merveille l'espoir et l'esprit des Lumières. Si le nazisme, hélas, nous a appris une chose, c'est que la culture ne protège pas de la barbarie, que le pays le plus cultivé du monde, celui qui disposait du meilleur système universitaire, des compositeurs et des philosophes les plus prestigieux, pouvait sombrer dans la barbarie la plus bestiale. De là à en conclure que l'ignorance est une bonne chose, il y a un pas que je me garderai bien de franchir, mais qui le fut maintes fois, non seulement chez les bigots des temps anciens (ceux qui plaidaient pour la « sainte ignorance »), mais aussi chez les bons bourgeois et industriels qui considéraient encore au XIXe siècle (et parfois au-delà...) que les femmes et les ouvriers n'avaient guère besoin d'un trop-plein d'instruction, cette dernière risquant fort de les détourner de leurs missions essentielles d'obéissance dans la famille comme à l'usine.

Ce qu'on a oublié, c'est que les phares de la « Pensée 68 » n'hésitèrent pas comme nous l'avons vu, non seulement à dénoncer comme « fascistes » (Barthes, Deleuze) la langue et la transmission de la culture par l'école et les « appareils idéologiques d'État » (Althusser), mais à remettre eux aussi en question le rôle de l'écriture dans l'émancipation des humains. À les en croire, elle risquait de corrompre la « pensée sauvage », d'abîmer l'innocence des peuples premiers en permettant la diffusion de la civilisation occidentale.

Porté par un antihumanisme qui confinait parfois au délire, le père de l'anthropologie structurale, Lévi-Strauss, céda lui-même à ce fâcheux travers. À force de vouloir démontrer à tout prix que l'invention de l'écriture, loin d'être un élément de progrès et d'émancipation des individus, n'était au contraire que le symptôme d'une volonté féroce d'asservir les humains, il en vint à dénoncer jusqu'aux missions les plus fondamentales de l'école républicaine. Vouloir que nos enfants apprennent à lire et à écrire finit par lui paraître comme une entreprise au plus haut point douteuse, voire une funeste tentative d'asservissement des « dominés » – une thèse qui, pour aberrante qu'elle fût, offrait au moins le mérite de donner à son œuvre cette petite touche de subversion « sixties » qui lui manquait encore, comme on le voit dans ce passage proprement sidérant de *Tristes Tropiques*, un ouvrage qui devait inspirer la génération des Bourdieu, Barthes, Deleuze, Derrida ou Foucault :

Citation

> « Après avoir éliminé tous les critères possibles pour distinguer la barbarie de la civilisation, on aimerait au moins retenir celui-là : peuples avec ou sans écriture. Pourtant, rien de ce que nous savons de l'écriture et de

son rôle dans l'évolution ne justifie une telle conception. Depuis l'Égypte jusqu'à la Chine au moment où l'écriture fait son début, elle paraît favoriser l'exploitation des hommes... Regardons plus près de nous : l'action systématique des États européens en faveur de l'instruction obligatoire qui se développe au cours du XIXe siècle va de pair avec l'extension du service militaire et la prolétarisation. La lutte contre l'analphabétisme se confond ainsi avec le renforcement du contrôle des citoyens par le Pouvoir. Car il faut que tous sachent lire et écrire pour que ce dernier puisse dire : nul n'est censé ignorer la loi ! Du plan national, l'entreprise est passée sur le plan international grâce à cette complicité qui s'est nouée entre de jeunes États confrontés aux problèmes qui furent les nôtres il y a un ou deux siècles, et une société internationale de nantis inquiète de la menace que représentent pour la stabilité les réactions de peuples mal entraînés par la parole écrite à penser en formules modifiables à volonté et à donner prise aux efforts d'édification. En accédant au savoir entassé dans les bibliothèques, ces peuples se rendent vulnérables aux mensonges que les documents imprimés propagent en proportion encore plus grande... » (*Tristes Tropiques*, © Plon, coll. « Terres humaines », 1955)

Si Lévi-Strauss était encore de ce monde, j'aurais aimé pouvoir calmer ses angoisses en lui faisant part des dernières statistiques du ministère de l'Éducation nationale sur la montée de l'illettrisme, le déclin de la maîtrise de la langue et, plus généralement, la crise de la lecture. Cela lui aurait sans doute fait chaud au cœur de savoir que nos enfants semblent sans cesse davantage protégés, pour ne pas dire vaccinés, contre les « mensonges propagés par les documents écrits »...

On me dira que ces remarques ne rendent pas justice à la Pensée 68, et on aura raison : il y aurait encore mille choses à critiquer dans la folie de cette pseudo-effervescence intellectuelle, mais, comme je l'écrivais en commençant ce chapitre, je l'ai suffisamment fait ailleurs pour ne pas y revenir ici.

Partie 4

Philosopher aujourd'hui

Dans cette partie

Cette dernière partie vous montrera comment la philosophie a pour ainsi dire réussi à « repartir » après l'ère du soupçon et la période essentiellement négative et critique de la « déconstruction ». C'est souvent grâce à une réinterprétation de l'héritage de Kant et des Lumières que ce retour à la vie philosophique et ce nouveau départ se sont opérés, comme vous le verrez chez Habermas et Apel, mais aussi chez Popper et Rawls. Vous verrez aussi, en toute fin de partie, en quel sens il me semble à la fois tout à fait nécessaire et intéressant d'aller plus loin encore que ces « retours à Kant » dans la direction de ce que j'appelle le « spiritualisme laïc », une philosophie qui tient compte de l'héritage de la déconstruction mais aussi de ce qui est inédit dans la période que nous vivons, et qui fera l'objet d'un de mes prochains livres.

DANS CE CHAPITRE

Jürgen Habermas et l'éthique de la discussion
•
Le rationalisme critique de Karl Otto Apel
•
La question de la fondation ultime des argumentations
•
Les contradictions performatives selon Apel
•
Un entretien avec J. Habermas

Chapitre 21

L'héritage de Kant et des Lumières I. L'éthique de la discussion de Apel et Habermas

Rawls rappelle parfois que toute sa recherche est « de nature profondément kantienne » (Rawls, *Théorie de la justice*, préface). Comme on verra dans l'entretien qui suit (voir la fin de ce chapitre), Habermas ne dit pas autre chose de son propre travail.

Pour bien comprendre

Un ouvrage de deux philosophes belges paru dans les années 1990 évoquait déjà le « retour à Kant » perceptible dans la philosophie contemporaine, tel qu'il « semble essentiellement prendre la forme d'une réflexion sur la raison pratique, c'est-à-dire d'une philosophie morale, juridique et politique » (Lenoble et A. Berten, *Dire la norme*, LGDJ, 1990, p. 8), un mouvement de pensée auquel il fallait rattacher selon lui « K.O. Apel, J. Habermas, L. Ferry et A. Renaut, entre autres, ainsi qu'indirectement certains courants anglo-saxons et principalement J. Rawls[1] ».

Comme on verra dans ce qui suit, les choses ne sont pas tout à fait aussi simples, l'idée d'un « retour à Kant » qui ne ferait que réactiver la pensée du philosophe n'ayant guère de sens à mes yeux. Des sujets tels que la « spiritualité laïque » et la « révolution de l'amour » que j'évoquerai plus loin et qui sont au cœur de ma philosophie n'ont aucune place dans l'univers de Kant. Reste, c'est vrai, qu'après la déconstruction radicale de l'humanisme des Lumières par Nietzsche et Heidegger, puis par la « Pensée 68 », l'idée qu'il y a quelque chose à sauver du rationalisme et de l'idéal d'émancipation qui fut celui des philosophes du XVIIIe siècle a, elle, du sens, comme on le voit dans l'éthique de la discussion de Habermas et d'Apel, dans la théorie de la justice de Rawls, dans le rationalisme critique de Popper ou encore dans le spiritualisme laïque que je professe. Je préciserai donc ce qu'il en est plus exactement de mon côté, dans mon projet de comprendre les grandes révolutions intellectuelles, morales et spirituelles qui caractérisent notre époque et qui n'ont plus grand-chose à voir avec une réactivation du kantisme.

Mais pour le moment, commençons déjà par comprendre le projet qui fut celui de Jürgen Habermas et Karl Otto Apel, sans omettre au passage de préciser les divergences que les deux penseurs peuvent avoir entre eux sur fond commun d'un « retour à Kant » et à l'esprit des Lumières.

L'éthique de la discussion de Jürgen Habermas

Bien que mal connue du grand public en raison, il faut l'avouer, du jargon de la philosophie allemande que Habermas a cru indispensable de conserver, sa pensée s'impose sans cesse davantage dans les facultés de philosophie comme l'une des plus marquantes de ce temps. Ses idées font l'objet d'enseignements ou de débats dans les plus grandes universités du monde. Venu jadis du marxisme de « l'École

1. J. Lenoble et A. Berten, « Jugement juridique et jugement pratique : de Kant à la philosophie du langage », *Revue de métaphysique et de morale*, n° 3/1990, p. 342. Dans *Dire la norme*, p. 8, les mêmes auteurs précisent : « Il s'agit, en Allemagne, de K.O. Apel et de J. Habermas, en France, d'A. Philonenko, et à sa suite de L. Ferry et d'A. Renaut et enfin, dans la philosophie anglo-saxonne, de J. Rawls et de R. Dworkin. »

de Francfort » révisé plus ou moins par Kant, il est aujourd'hui le père fondateur d'une doctrine originale que l'on désigne d'ordinaire sous le nom « d'éthique de la discussion ».

Pour bien comprendre

Pour la comprendre, il faut situer brièvement le cadre philosophique d'ensemble élaboré depuis maintenant plusieurs décennies par Habermas. On pourrait le décrire comme une tentative de surmonter l'opposition tranchée entre le rationalisme du XVIIIe siècle et les critiques de la raison développées au XXe par Nietzsche et Heidegger puis reprises en France par la « Pensée 68 », en particulier par Derrida et Foucault. La philosophie des Lumières, de Voltaire à Kant, s'était caractérisée par une formidable croyance dans les pouvoirs émancipateurs de la raison. C'était le temps de la foi dans le progrès, de la conviction que l'essor des sciences et des techniques serait inévitablement porteur de civilisation.

Comment renouer aujourd'hui avec les idéaux des Lumières ?

Explications

À bien des égards, le XXe siècle a semblé mettre cette vision du monde optimiste en échec. Les catastrophes politiques totalitaires s'y sont succédé à un point tel que l'équation : progrès des lumières = bonheur et liberté pour tous semble obsolète, pour ne pas dire mensongère. Bien plus, l'idée que la raison elle-même peut devenir un tyran s'est imposée à beaucoup, comme en témoignent, entre autres, le succès des thèmes écologistes, mais aussi les critiques radicales de la science et de la technique développées par des penseurs comme Horkheimer, Adorno ou Foucault.

À retenir

De là le projet de Habermas : comment maintenir encore le potentiel émancipateur du rationalisme et les idéaux des Lumières sans les enraciner, comme le faisaient les philosophes du XVIIIe siècle, dans une métaphysique naïve à laquelle nul ne peut plus souscrire aujourd'hui, après les critiques mises en œuvre par les grands déconstructeurs depuis Schopenhauer ? La réponse se trouve à ses yeux dans une analyse du langage argumentatif : dans tout dialogue argumenté, qu'il se situe dans l'ordre de la morale, de la science, voire de l'esthétique, nous élevons des prétentions à « avoir raison », à émettre des jugements qui puissent être admis par autrui et qui possèdent en ce sens une certaine universalité.

L'argumentation comme idéal de communication

L'argumentation est donc à la fois un phénomène factuel, un fait empirique, mais aussi une réalité habitée par une visée normative, un idéal de communication libre avec d'autres sujets. Aux arguments d'autorité, qui ont dominé et dominent encore les univers religieux, le monde démocratique préfère, du moins en principe, ce que Habermas appelle « la loi du meilleur argument ». C'est dans cette optique qu'il a entrepris d'aborder aussi la philosophie du droit.

Explications

Il lui fallait dans ces conditions se situer par rapport à l'un de ses représentants les plus éminents aujourd'hui, à savoir John Rawls et sa *Théorie de la justice* dont nous parlerons au prochain chapitre. Sur le fond, Habermas et Rawls sont très proches : l'un comme l'autre, ils se montrent attachés aux principes fondamentaux du libéralisme politique (les droits de l'homme, l'égalité formelle, le pluralisme, les élections libres, etc.). Tous deux aussi sont soucieux d'y introduire ce que l'on pourrait désigner comme un « moment social-démocrate », une prise en compte des inégalités sociales et une critique de la raison seulement « instrumentale » qui caractérise le souci capitaliste de la seule rentabilité. Rien de très original, donc, à ce niveau.

Mais les deux approches divergent quant à la question de la légitimation du projet : pour Habermas, contrairement à ce que prétend Rawls dans le sillage de Kant, il ne peut plus y avoir de théorie « idéale » et « pure » de la justice. Le droit moderne doit être traité comme un cas particulier de la théorie générale de l'argumentation : en tant que « droit positif », il semble dans un premier temps se réduire à la norme historique en vigueur *de facto* dans tel ou tel pays ; mais tout droit prétend aussi posséder, au-delà de la simple « légalité », une légitimité authentique, un rapport à la justesse ou à la justice au sens idéal du terme.

Pour rendre compte de cette dualité, il faut renoncer aux deux écueils habituels des théories du droit : les unes réduisent l'ordre juridique à sa seule dimension historique et « positive », éradiquant ainsi toute prétention à la légitimité, tandis que les autres invoquent un « droit naturel » idéal, introuvable hors d'une fondation métaphysique aujourd'hui improbable.

Où l'on voit en quel sens Habermas reprend, du moins sur ce point précis, l'héritage des grands déconstructeurs : il refuse comme métaphysique au sens illusoire du terme, et sur ce point son collègue Apel sera en désaccord avec lui et en ce sens plus proche de Rawls, toute fondation ultime de la morale comme du droit. Il faut donc selon lui affirmer que seules les *procédures* argumentatives et institutionnelles fondent aujourd'hui tout autant la légalité que la légitimité du droit. C'est dans cette optique qu'il reproche à Rawls de rester prisonnier d'une vision trop idéaliste de la justice, comme s'il existait encore, hors des seules procédures, une espèce de droit naturel idéal servant de critère au jugement que nous pouvons porter sur la réalité présente.

Ce que j'en pense

Impossible de développer ici plus avant le contenu d'un débat qui se déploie à un niveau d'abstraction parfois d'autant plus dissuasif que nos deux auteurs se rejoignent souvent sur l'essentiel de sorte que leurs divergences deviennent subtiles, Habermas et Rawls partageant encore de la philosophie une image trop traditionnelle et universitaire : celle de systèmes présentés par de grands professeurs qui rivalisent dans la virtuosité technique face à un public d'étudiants fascinés. Gageons que c'est le prix à payer pour rencontrer aussi, de temps à autre, de grandes questions.

Reste, comme je le montrerai dans le chapitre consacré à Rawls, que ce dernier me semble avoir raison dans son débat avec Habermas : je ne vois pas, en effet, comment on pourrait réduire l'aspiration à la justice à une simple logique argumentative et procédurale. Si nous ne disposions pas d'une idée de la distinction entre le juste et l'injuste qui soit en quelque façon transcendante par rapport aux seules procédures, par exemple une certaine conception de l'égalité entre les Hommes, je vois mal comment nous pourrions même argumenter sur des sujets tels que la discrimination positive, la différence entre les droits-libertés et les droits sociaux, les inégalités économiques et sociales, le rôle de l'école dans le projet de les réduire, etc., etc.

De ce point de vue, il me semble aussi que Karl Otto Apel voit plus juste et plus loin que son ami Habermas dans le « dialogue infini » qu'ils ont noué entre eux depuis des décennies. Pour avoir rencontré personnellement l'un et l'autre, pour avoir eu l'occasion de discuter longuement avec les deux « inventeurs » de l'éthique de la discussion, je crois pouvoir dire que leur principal point de divergence porte, comme d'ailleurs celui de Habermas avec Rawls, sur ce qu'il est convenu d'appeler la question de la « fondation ultime ».

Tâchons d'y voir plus clair.

Le débat Habermas/Apel et la question de la « fondation ultime »

Explications

Ainsi qu'Apel le rappelle dans les publications où le désaccord avec Habermas est devenu le plus explicite, ce dernier ne s'est installé malgré tout que sur la base d'une thèse qui leur est demeurée commune. Comme le dit Appel dans le jargon universitaire qu'ils affectionnent autant l'un que l'autre et que nous allons tenter de traduire ici pour les gens normaux, « nous sommes tous deux héritiers de l'*hermeneutic linguistic pragmatic turn* de la philosophie contemporaine », autrement dit, de l'émergence, après les déconstructeurs, d'une philosophie du langage chez des auteurs comme Wittgenstein, Searle ou Rorty.

Il est clair aussi qu'Apel et Habermas ont également en commun de vouloir penser l'éthique après la déconstruction de la métaphysique de la subjectivité opérée par Nietzsche et Heidegger. Tous deux sont convaincus qu'il faut en tenir compte, qu'on ne peut pas renouer avec la métaphysique comme si les déconstructeurs du XXe siècle n'avaient pas dit leur mot. Sur ce point, ils sont d'accord entre eux (et moi avec eux), et ce quelles que soient les divergences parfois abyssales qui nous séparent, en particulier de Heidegger. Mais pour aller à l'essentiel, c'est justement sur la question du rapport à la subjectivité d'un sujet fondateur du discours, donc sur la question de la « fondation ultime » de nos argumentations morales, politiques ou esthétiques, que Habermas et Apel vont s'opposer.

Pour bien comprendre

Pour bien comprendre tout l'enjeu de ce débat, il faut revenir à la définition moderne de la subjectivité comme conscience (comme « entendement ») et comme volonté : ce qui caractérise le sujet, c'est le fait qu'il puisse se considérer comme l'auteur, ou si l'on veut, comme le « fondement ultime » de ses actes et de ses idées. Il ne s'agit évidemment pas de nier le fait que nous vivons dans une « situation » chaque fois déterminée, que nous appartenons à une certaine histoire, à une nation, une classe sociale, une langue, etc. Ce qui est ici en jeu, c'est la prétention que nous avons en tant que sujets libres et autonomes à décerner à partir de nous-mêmes (de notre propre réflexion) les titres de légitimité des idées et des actes dont nous pouvons et devons nous considérer comme les auteurs responsables.

Une critique de la fondation ultime de la raison

Comme nous l'avons vu dans les chapitres consacrés aux grands déconstructeurs, cette représentation de la subjectivité comme « fondation ultime » des idées et des actes a pu être dénoncée comme une illusion sur trois chefs d'accusation qu'il faut prendre en compte si l'on veut comprendre les réponses que Apel, en tant que postdéconstructeur, prétend leur apporter :

Explications

» **On peut d'abord contester la prétention du sujet à être un auteur conscient et volontaire au nom des déterminations qui pèsent inconsciemment sur lui : la conscience et la volonté, loin de pouvoir être regardées comme des causes premières ne seraient que des symptômes et, prises comme idoles ou comme fétiches, des illusions - argument que, sous des formes diverses, nous avons rencontré aussi bien chez Spinoza que chez Marx, Schopenhauer, Freud ou Nietzsche (peu important ici la façon dont est pensé chaque fois cet inconscient** déterminant). La conséquence de cet argument est qu'il n'y aurait jamais de communication vraiment libre entre les êtres humains, mais seulement des rapports sophistiques de séduction ou de persuasion, voire des rapports de force, en tout cas pas de rationalité communicationnelle ou éthique, mais seulement des rationalités stratégiques comme le prétendaient déjà les sophistes.

» On peut ensuite refuser la prétention du sujet à être un auteur véritable et ultime de ses argumentations au nom d'une déconstruction de la métaphysique dont le modèle se trouve chez Heidegger : l'autofondation est alors dénoncée comme « oubli de l'Être », donc comme une des variantes de cette naïveté métaphysique qui consiste à occulter la dimension d'absence (d'invisible) qui accompagne toute manifestation, toute présentification, fussent-elles celles d'un acte ou d'une idée. C'est finalement au nom d'un argument assez proche de celui de Heidegger, mais aussi parce que, dans sa discussion avec Rawls, il rejette l'idée d'une justice idéale qui existerait en dehors des jeux de langage, que Habermas rejette l'idée de fondation ultime.

» On peut enfin dénoncer l'idée de fondation ultime en vertu du principe dit du « faillibilisme absolu », ou si l'on veut, d'un scepticisme radical, c'est-à-dire, pour reprendre une formulation de Hans Albert que critique Apel, du principe selon lequel « il est fondamentalement possible de douter de tout », une affirmation prétendant à la vérité absolue n'étant jamais qu'un dogme arbitraire parmi d'autres.

Ce que j'en pense

C'est essentiellement contre ce faillibilisme qui prétend (à mon sens à tort) être d'inspiration poppérienne que Apel s'est efforcé de montrer la pertinence de son projet d'une « fondation ultime de la raison ». Moyennant quelques prolongements adéquats, sa réponse à Hans Albert peut tout aussi bien s'appliquer aux deux autres critiques.

Apel va donc défendre la notion de fondation ultime, mais il va le faire malheureusement dans un vocabulaire qui écarte d'emblée les non spécialistes, ce qui est dommage car il recouvre malgré tout des idées fondamentales (voir encadré ci-dessous) qu'on peut exprimer sans dommage de manière limpide en s'affranchissant d'un jargon qui n'apporte en vérité rien de bien utile. Le principe de l'argument développé par Apel en faveur du concept de fondation ultime, donc en faveur de l'idée d'un sujet/auteur ne s'autorisant que de lui-même et s'arrogeant la capacité (au sens propre comme au sens juridique) de s'ériger face à la tradition en instance authentiquement critique, repose sur ce qu'il appelle une « pragmatique transcendantale ».

La notion de fondation ultime

Voici comment Apel définit lui-même son programme : « J'aimerais postuler comme complément philosophique aux syntaxes et aux sémantiques logiques des langages scientifiques une pragmatique transcendantale : sa tâche sera de réfléchir sur les conditions de possibilité d'une connaissance formulée verbalement, et, comme telle, virtuellement valide d'un point de vue intersubjectif » (« La question d'une fondation ultime de la raison », *Critique*, octobre 1981, p. 903). Dans le même sens, Apel affirme que « la pragmatique doit devenir une discipline philosophique qui traite des conditions subjectives et intersubjectives permettant un accord de sens et la formation d'un consensus de vérité dans la communauté idéalement illimitée des scientifiques » (*ibid.*). Il s'agira donc pour cette pragmatique de tenir enfin compte « des états de choses linguistiques et extralinguistiques qui forment le contexte des assertions problématiques » (p. 902).

La pragmatique transcendantale selon Apel

Pour comprendre cette notion, il faut revenir un instant à l'analyse des différents types de contradictions qui peuvent affecter nos argumentations et les rendre ainsi invalides. En général, en effet, quand on accepte d'entrer dans un débat, donc dans un discours argumentatif, une plaidoirie par exemple, on évite de se contredire. Dans les dialogues de Platon, déjà, c'est en mettant ses interlocuteurs en contradiction avec eux-mêmes que Socrate tente de les disqualifier ou, à tout le moins, de les faire mieux réfléchir. Or il existe trois types de contradictions, qui chacune pose des problèmes logiques et philosophiques différents :

Explications

- On distinguera d'abord des contradictions qui portent sur le sens des phrases ou des mots eux-mêmes (on les appelle dans le jargon des logiciens des contradictions « syntaxico-sémantiques »). Par exemple, parler d'un « cercle carré » est par définition contradictoire.
- On peut ensuite détecter des contradictions, non plus seulement dans les termes ou à l'intérieur des phrases, mais dans l'enchaînement des propositions (dans ces raisonnements qu'on appelle des « syllogismes »). Exemple : Socrate est un homme ; or les hommes sont mortels ; donc Socrate est immortel. Ces deux premières contradictions sont en général celles qu'étudie le logicien.
- Mais on peut aussi identifier une troisième sorte de contradictions, souvent moins évidentes que les deux premières, car elles peuvent prendre parfois des formes assez sophistiquées : ce sont celles que les logiciens contemporains auxquels Apel se réfère appellent « performatives » ou encore « pragmatiques ».

Elles ne portent ni sur les termes, ni même sur la formation ou l'enchaînement des propositions, mais sur le rapport entre l'énoncé (ce qui est dit) et l'énonciation (celui qui le dit).

Ces contradictions performatives peuvent être à leur tour de deux types : soit elles sont simplement empiriques (exemple : « j'étais dans un bateau qui a fait naufrage et il n'y a eu aucun survivant »), soit elles sont transcendantales quand elles nient les conditions générales de possibilité de toute argumentation (exemple : « je n'existe pas », « vous n'existez pas », « j'affirme par la présente que je n'ai aucune prétention à la vérité », etc.). C'est surtout à ce dernier type de contradictions que Kant et Fichte, déjà, se sont intéressés dans leur critique de la métaphysique comme discours qui nie celui qui l'énonce.

Par exemple, si je prétends, comme Spinoza, que le sage doit se placer du point de vue de Dieu pour parvenir à une juste compréhension du monde ainsi qu'à la sagesse, alors j'énonce une exigence impossible parce qu'elle nie la nature même d'être fini de celui qui la formule. Même chose si je prétends librement que la liberté n'existe pas et que je suis déterminé à dire ce que je dis. Ce sont ces propositions que dans son bien inutile jargon Apel nomme « auto-contradictions pragmatico-transcendantales ». Passons sur la forme, et essayons de comprendre la formule sur le fond.

Pour apprécier la validité d'une argumentation, il faut, si l'on tient compte des différents types de contradictions qu'on vient d'évoquer, non seulement prêter attention à sa syntaxe et à sa sémantique afin de voir si elle ne contient pas de contradictions logiques, mais il faut aussi se demander si cette argumentation ne nie pas les conditions réflexives de possibilité qui seules permettent de l'énoncer. Citons Apel lui-même :

Citation

« C'est donc l'auto-consistance possible de la "double structure", performative et propositionnelle, de la parole humaine par rapport à elle-même ou, le cas échéant, de l'argumentation, qui peut être nommée "consistance" du logos humain... La reconnaissance réflexive d'une auto-contradiction pragmatico-transcendantale présuppose donc que l'on soit capable de se rendre compte avec certitude des relations de nos actes performatifs (dans l'affirmation ou dans la critique) avec la proposition qui est affirmée ou niée, comme par exemple lorsqu'on énonce : "Je vous dis par la présente que je n'ai, en principe, aucune prétention à la vérité" » (« Rationalité de la communication humaine [...] », *Critique*, juin-juillet 1988, p. 587)

Explications

On peut alors expliciter les préconditions transcendantales de toute argumentation. Pour l'essentiel, elles résident dans « l'exigence de validité universelle des actes de parole argumentatifs » (ainsi que dans l'exigence de pouvoir justifier cette proposition elle-même par l'argumentation) et ce, dans quatre directions :

1. prétention à des significations universelles et intemporelles (dont les langues réelles ne sont que l'anticipation) ;
2. vérité des propositions ;
3. sincérité ou véracité de l'expression ;
4. rectitude normative (morale) liée à la prétention communicationnelle des actes de paroles.

Ces quatre « transcendantaux » s'indiquent comme tels, du simple fait qu'ils ne sauraient être mis en cause « sans que le contradicteur soit jeté dans une auto-contradiction pragmatico-transcendantale ». Comme dans la critique kantienne du spinozisme, l'activité philosophique par excellence redevient la réflexion.

Ce que j'en pense

À travers cette argumentation digne d'une « *Aufklärung* revisitée », Apel retrouve l'une des vérités fondamentales du criticisme kantien, à savoir qu'il nous est, en effet, impossible d'émettre le plus petit jugement sans être pour ainsi dire contraints de nous considérer nous-mêmes comme les auteurs authentiques de ce jugement. Celui qui nie la subjectivité, que ce soit au nom d'une déconstruction quelle qu'elle soit, ne peut pas ne pas le faire en présupposant malgré lui qu'il est un sujet. Et dans ces conditions, Apel a beau jeu de dénoncer les contradictions performatives que révèle inévitablement tout discours sceptique ou dogmatique. Telle est finalement la raison pour laquelle Apel pense qu'en dernière instance, le sujet ne peut faire d'autre choix que celui... du sujet. Par exemple, il ne peut éviter de choisir l'argumentation plutôt que la déconstruction de la raison, sous peine de s'abîmer dans le néant du non-sens, du suicide ou de l'autisme ou, comme il le dit pour une fois de manière plutôt poétique : « Le diable ne peut se rendre indépendant de Dieu que par un acte d'autodestruction... »

Ce que j'en pense

Il me semble que sur ce point, Apel a raison contre Habermas : on peut en effet lui accorder qu'il nous est, en effet, rigoureusement impossible de faire totalement l'économie de l'idée de subjectivité, de l'idée que nous sommes les auteurs de ce que nous défendons dans une argumentation quelle qu'elle soit. *De facto*, nous ne pouvons nous penser que comme sujets, lors même que nous admettrions par ailleurs avec Schopenhauer, Marx, Nietzsche ou Freud qu'il existe aussi une infinité de déterminations par l'inconscient.

Toutefois, et ce sera mon point de divergence avec Apel, la question reste entière de savoir si cette représentation de soi comme sujet/auteur est un concept scientifique ou une simple idée régulatrice de la raison humaine et, dans cette dernière hypothèse, il reste à préciser dans quelle mesure et selon quelle légitimité elle peut effectivement être présentée dans l'intuition sensible. C'est cette question que je reprendrai plus loin dans le chapitre consacré à expliciter ce que je retiens des déconstructions de la subjectivité.

Un entretien avec Habermas

Pour conclure ce chapitre, je vous propose de lire cet entretien que j'avais réalisé il y a une trentaine d'années avec Habermas en compagnie de mon frère Jean-Marc qui fut l'un de ses assistants. Nous nous étions retrouvés chez notre ami Heinz Wismann et nous avions passé quelques jours ensemble à la campagne, dans le Périgord. Nous avions alors proposé à Habermas cette conversation dont une petite partie fut publiée dans *L'Événement du jeudi*, un magazine aujourd'hui disparu. La conversation fut bien sûr conduite en allemand. Je vous donne ici la traduction des passages inédits qui concernent directement notre sujet, celui de l'éthique de la discussion.

Au sujet des influences d'Habermas

Q. : On vous présente souvent en France comme un « humaniste », comme un héritier des « Lumières » qui tient aux principes de « l'éthique de la discussion » contre les tentations « anti-humanistes » d'inspiration nietzschéenne notamment… Cela vous convient-il ?

J. H. : D'abord quelques mots sur ce concept d'humanisme qui possède des sens assez différents selon les différents contextes. En Allemagne comme en France, il est associé à la Renaissance, mais il se rapporte avant tout à la littérature et à la philosophie de notre période classique, autour de 1800. Dans ce cas, il ne désigne pas seulement les « Lumières », mais comprend aussi l'héritage de la Rome antique ainsi que les débuts de la pensée historique. Pendant mes études, je me suis intéressé à Fichte, Schelling, Hegel, d'une part dans la perspective de Lessing et de Kant, d'autre part dans celle de Marx et de Kierkegaard. À cette époque déjà, la lecture du livre de Karl Löwith, *De Hegel à Nietzsche*, m'avait rendu sensible à cette fameuse « rupture introduite dans la pensée au XIXe siècle » que marque la mort de Hegel. Aujourd'hui comme alors, je suis convaincu – comme j'ai tenté de le montrer dans mon livre, *Le Discours philosophique de la modernité* (Gallimard) – que nous sommes restés les contemporains des « jeunes hégéliens » en ce qui concerne les conditions d'une pensée non-métaphysique. C'est sur cet arrière-fond qu'on a pu assister à une certaine prééminence des traditions de pensée issues des Lumières qui avaient été refoulées jusqu'en 1945. Comme vous pouvez aussi le voir dans mon dernier livre, *Vérité et justification* (traduction Gallimard), je suis devenu quelque chose comme un « kantien pragmatique ». Mais pour quelqu'un qui, par intérêt personnel, a passé sa thèse sur Schelling, qui a littéralement dévoré les œuvres du jeune Marx et qui les a longuement discutées dans son doctorat, il est évident que les grands thèmes esthétiques et philosophiques des premiers romantiques étaient restés comme une épine dans la chair de l'*Aufklärung*, des « Lumières » allemandes. Et ils le sont demeurés encore aujourd'hui. Si l'on n'en tient pas compte, la pensée d'Adorno, elle non plus, n'est pas compréhensible.

Q: Pourriez-vous justement préciser, dans ce contexte, la nature de vos réticences à l'encontre de l'anti-humanisme nietzschéen ?

J. H. : Bien entendu, j'ai déclamé le *Zarathoustra* de Nietzsche quand j'avais 16 ans ! Mais, c'est vrai : comme philosophe, Nietzsche ne m'a impressionné que par ses considérations touchant une théorie de la connaissance anthropologique, non par ses « critiques anti-humanistes » de la pensée occidentale. Cela se comprend aisément dans le contexte allemand de la fin de la Seconde Guerre mondiale. Nietzsche était le philosophe officiel du national-socialisme. La compilation de la Volonté de puissance ainsi que l'appel à revenir en deçà de Socrate et du Christ pour trouver la vérité dans la pensée archaïque et dans le mythe, tout cela avait servi l'obscurantisme des intellectuels d'avant-garde du régime nazi. Du reste, parmi ces intellectuels, dans les années 1930, un conflit avait éclaté autour du concept « d'humanisme politique » introduit par Werner Jäger. Certains des protagonistes avaient voulu inscrire cette formule comme slogan sur le drapeau. Mais les meilleurs nietzschéens savaient bien qu'avec la notion « d'humanisme » on se situait dans la mouvance des principes haïs des Lumières, de la morale égalitariste et des droits de l'homme. On trouve encore un écho de cette controverse avec la *Lettre sur l'humanisme* grâce à laquelle, après la guerre, Heidegger s'est si bien « dénazifié » vis-à-vis du public français. Quand je suis arrivé à l'Université, en 1949, j'ai encore retrouvé, par exemple chez Arnold Gehlen, cette polémique brutale contre « l'humanitarisme ». Cela m'a vacciné pour le reste de ma vie académique contre toutes les versions de la fameuse « critique fatale des principes normatifs de la modernité », à commencer par celles qui puisaient leurs sources dans un pinaillage sur les écrits de Nietzsche. Il n'était guère besoin pour cela d'un grand effort théorique. Pour ma génération, le rejet instinctif du bavardage antihumaniste s'est imposé comme allant de soi. De là à dire que cette attitude relève de la « pathologie nationale », il y a un abîme qu'on ne saurait franchir sans une bonne dose de malveillance...

Les origines de l'éthique de la discussion

Q. : L'élaboration de ce que vous avez vous-même nommé « l'éthique de la discussion » marque-t-elle, dans votre esprit, une volonté de renouer avec un certain idéal des Lumières ?

J. H. : L'éthique de la discussion, que j'ai développée avec mon ami Karl-Otto Apel, réside dans la tentative de reformuler à l'aide de l'herméneutique dialogique de Wilhelm von Humboldt l'intuition fondamentale de l'éthique kantienne telle qu'elle s'est exprimée dans le principe d'universalisation afin qu'elle soit protégée contre les malentendus. Le soupçon postmoderne qui pèse contre l'universel supposé nivelant et normalisateur est tout à fait injustifié en ce qui concerne l'intuition morale de Kant dont ses critiques, du reste, ne cessent de se nourrir eux aussi. Contre toutes les tendances uniformisantes, l'éthique de la discussion entend promouvoir au contraire un mélange de distance et de proximité entre des individus qui se respectent mutuellement dans leur singularité comme dans leur altérité. Un Kant ainsi interprété de manière « intersubjectiviste » est sensible à ce qu'Adorno nommait le « non-identique », sans pour autant être privé de voix.

Q. : Pourriez-vous préciser l'apport des théories du langage à cette nouvelle formulation de l'éthique kantienne ?

J. H. : La façon dont l'éthique de la discussion envisage la justice et la solidarité est, en effet, fondée dans la théorie du langage. Cette dernière conduit, grâce à l'analyse des principes par lesquels on parvient à une entente mutuelle dans la vie de tous les jours, à un concept de « raison communicationnelle » qui est plus large que le concept classique de la « raison pratique ». En effet, il ne se rapporte pas seulement à des prétentions à la validité dans l'ordre pratique (moral), mais il s'étend aussi aux prétentions que nous élevons à propos de la vérité d'énoncés descriptifs ou au sujet de la véracité (sincérité ou authenticité) de l'expression des expériences vécues. La théorie de la discussion appliquée au droit et à la morale fait partie intégrante d'un projet plus vaste qui se subdivise dans deux directions : une théorie de la rationalité d'un côté, et une théorie de la société de l'autre.

À propos de la notion de patriotisme constitutionnel

Q. : Est-ce pour cette raison et dans ce contexte que vous avez introduit la fameuse notion de « patriotisme constitutionnel » qui a connu un tel écho dans les débats sur l'Europe ?

J. H. : C'est au cours de la « Querelle des Historiens » sur le nazisme (1986) que j'ai adopté le concept de « patriotisme constitutionnel » afin de rappeler, dans une Allemagne encore divisée et contre la vision ethnique de la nation, le fait que la République fédérale allemande représentait une nation de citoyens qui pouvaient être fiers d'avoir surmonté leurs ressentiments anti-Occidentaux ainsi que d'avoir créé des institutions démocratiques stables. Pour atteindre cet objectif, la réunification ne fut pas nécessaire. L'ancienne République fédérale a donc fourni un exemple de ce que l'État-nation démocratique n'a pas pour fondement une communauté d'origine, mais une Constitution et une culture politique commune.

Q. : Mais ce concept n'a-t-il pas eu aussi une autre portée, par rapport au problème de l'immigration auquel l'Allemagne fut, elle aussi, confrontée à la fin des années 1980 ?

J. H. : En effet, le concept de « patriotisme constitutionnel » était déjà une réaction aux changements introduits dans la composition ethnique et religieuse de la population. Les travailleurs étrangers qui avaient été invités chez nous ne sont pas rentrés chez eux mais ils ont au contraire choisi de rester. Il fallait donc les intégrer politiquement dans une société qui n'était pas mentalement préparée à le faire. Avec l'immigration croissante, l'afflux des demandeurs d'asile et des réfugiés politiques fuyant les conflits armés, le problème n'a cessé de s'accentuer depuis les années 1990. Entre-temps, nous avons au moins modifié notre conception de la citoyenneté réservée traditionnellement aux citoyens membres du même peuple en l'ouvrant au droit du sol. Ne serait-ce que pour des raisons démographiques, nous devons nous soucier aujourd'hui de mettre en place une régulation de l'immigration et une intégration politique des citoyens d'origines culturelles différentes. La xénophobie et l'extrémisme de droite ont du reste porté le problème sur la place publique. Dans cette situation, le « patriotisme constitutionnel » est le lien qui peut maintenir l'unité d'une nation composée de citoyens de plus en plus hétérogènes. Ce qui est ici visé, c'est l'idée que les principes de la Constitution forment le noyau dur de la culture politique commune.

Q. : N'y a-t-il pas aussi l'idée qu'il faut développer un regard critique sur ses propres traditions ?

J. H. : Sans doute, car le sentiment d'être « fier de sa nation » ne peut bien sûr provenir que d'une certaine lecture bien spécifique de l'histoire nationale qui indique par quels tours et détours la substance normative de notre constitution a trouvé un accès dans l'esprit et le cœur des citoyens – ainsi que ce que nous devons faire pour aller plus loin. Et en effet, c'est seulement des traditions qui nous montrent comment nous pouvons nous engager pour l'amélioration de notre pays que nous pouvons être fiers. À cet égard, le noyau dur normatif du patriotisme constitutionnel est le même dans tous les pays d'Europe. C'est pourquoi il fournit pour l'Union des citoyens le creuset tout naturel d'une culture politique commune.

Multiculturalisme et communautarisme

Q. : Depuis plusieurs années, un débat, parfois très vif, s'est développé aux États-Unis puis en Europe autour de la question du multiculturalisme. En France, la reconnaissance des « communautarismes » est souvent perçue comme mettant directement en cause les principes républicains. Ce danger vous paraît-il réel ou ne relève-t-il à vos yeux que d'une illusion franco-française ?

J. H. : C'est un sujet que je ne maîtrise sans doute pas assez. D'une manière générale, il me semble que le danger du séparatisme peut aussi provenir d'une « surintégration ». Quand le pluralisme culturel croît, il vaut peut-être mieux mettre un peu en veilleuse le modèle de l'assimilation stricte afin de ménager un espace à la coexistence des diverses subcultures également légitimes. Au fur et à mesure que des minorités culturelles affluent dans le pays et développent une conscience de leur identité collective propre, il devient de plus en plus difficile pour la culture majoritaire de s'identifier sans réfléchir à cette culture politique que tous les citoyens devraient pouvoir également partager. Dans une société pluraliste donc, la culture majoritaire ne possède plus comme allant de soi le critère exclusif de la définition de la culture politique commune. Mais de tout cela, on ne peut décider *a priori*, dans l'abstrait. Ce qui peut, en temps opportun, empêcher la fragmentation de la société peut tout aussi bien, au mauvais moment, l'accélérer.

Q. : Pouvez-vous, dans la même perspective, nous dire quelques mots de la façon dont vous percevez les débats sur la « discrimination positive » et sur la parité en politique ?

J. H. : Il existe des formes différentes de discrimination positive. Par exemple, les universités du Hesse ont reçu du ministère la consigne de privilégier pour certains postes, « à qualité égale », des candidates. Du reste, la Cour européenne de justice n'a explicitement rien trouvé à redire contre une telle politique d'égalisation des conditions. On peut en effet la réconcilier avec le principe d'égalité tant que, pour des raisons historiques, il n'existe pas, entre les hommes et les femmes, une réelle égalité dans les chances de se qualifier pour un poste professionnel quelconque. Il en va de même dans le cas que vous évoquez, à savoir la mise en place de quotas dans les candidatures proposées par les partis politiques. D'un point de vue historique, les femmes ont été exclues pendant longtemps non seulement de la citoyenneté passive ou active, mais de l'espace politique public en général. Au gouvernement et au Parlement, elles sont encore largement sous-représentées. Tant que les conditions initiales n'offrent pas factuellement une égalité des chances entre hommes et femmes face à la carrière politique, des procédés de compensation sont justifiés. En outre, il faut que les électrices reçoivent la possibilité de choisir entre des représentants des deux sexes au lieu de se voir toujours représentées exclusivement par des hommes.

DANS CE CHAPITRE

La philosophie politique de Rawls

•

Comment définir une société juste ?

•

Universalisme anticommunautariste *vs* communautarisme

•

Une critique de l'utilitarisme

Chapitre 22

L'héritage de Kant et des Lumières II. *La Théorie de la justice* de John Rawls

Aussi étrange que cela puisse paraître en France, de tous les philosophes aujourd'hui vivants, Rawls est sans doute le plus connu et le plus discuté. Des milliers d'ouvrages, d'articles, de thèses de doctorat ont déjà été consacrés, et ce dans de nombreux pays, à sa *Théorie de la justice* (traduite en français, au Seuil, en 1987). Or, en France, c'est tout juste si son nom est connu du public cultivé. Le fait est d'autant plus surprenant que la pensée de Rawls, contrairement à celle de Habermas et Apel, n'a rien d'obscur, qu'elle n'est pas formulée dans un jargon incompréhensible des non-spécialistes et que les sujets qu'il aborde dépassent de loin le cadre de la philosophie universitaire.

À retenir

Pour aller à l'essentiel, on pourrait dire que toute la pensée de Rawls tourne autour d'une unique question : comment définir une « société juste », organisée de telle façon qu'elle devrait raisonnablement être choisie de préférence à toute autre par tous les citoyens capables de réflexion et d'argumentation raisonnées ?

Antique interrogation qui, par son ampleur et son ambition, recoupe la problématique centrale d'une longue tradition de philosophies politiques. L'originalité de Rawls étant d'apporter une réponse qui semble à première vue d'une extrême simplicité : sa société idéale ne repose en effet que sur deux principes dont la formulation n'occupe que quelques lignes, toute la difficulté étant d'en percevoir les nombreuses implications.

Les principes de la société idéale selon Rawls

Explications

Le premier principe, finalement très classique, rejoint les intuitions fondamentales du libéralisme politique : il stipule que le meilleur système politique est celui qui offre à chacun un maximum d'accès aux libertés fondamentales. Il correspond, si l'on veut, aux deux premiers termes de notre devise républicaine : « Égalité, liberté, fraternité ». Le second principe (c'est sur lui que va porter l'essentiel du débat suscité par la *Théorie de la justice*) répond bien sûr au troisième point du programme, la fraternité : il requiert que les inégalités économiques soient organisées de telle façon que, non seulement elles soient attachées à des fonctions ouvertes à tous (égalité des chances), mais surtout qu'elles bénéficient toujours au plus désavantagé des citoyens. Il y faut en outre une condition supplémentaire, à savoir que ces inégalités soient dues davantage au talent qu'au mérite, donc à la chance dès lors qu'on admet l'idée qu'il n'y a aucun mérite à avoir du talent. Sans entrer dans le détail de l'argumentation, on peut percevoir aisément le sens général du deuxième principe : mieux vaut recevoir 5 000 euros dans un système très inégalitaire, que 1 000 dans une société parfaitement égalitariste, toute la difficulté étant, justement, de définir le juste compromis. Voici ce qu'en dit Rawls lui-même :

Citation

> « Il n'y a pas d'injustice dans le fait qu'un petit nombre obtienne des avantages supérieurs à la moyenne à condition que soit par là même améliorée la condition des plus défavorisés. L'idée intuitive est la suivante : puisque le bien-être de chacun dépend d'un système de coopération sans lequel nul ne saurait avoir une existence satisfaisante, la répartition des avantages doit être telle qu'elle puisse entraîner la coopération volontaire de chaque participant, y compris les moins favorisés. Les deux principes que j'ai mentionnés plus haut constituent à ce qu'il me semble une base équitable sur laquelle les mieux lotis ou les plus chanceux dans leur position sociale – conditions qui ne sont ni l'une ni l'autre, comme nous l'avons dit, dues au mérite – pourraient espérer obtenir la coopération volontaire des autres participants… » (*Théorie de la justice*, trad. par C. Audard, Seuil, 1987)

Ce que j'en pense

En effet, du moins selon Rawls (qui, cela dit au passage, me semble quand même ici d'une grande naïveté), pourquoi les pauvres devraient-ils se révolter contre les riches dans un tel système dès lors que 1) les inégalités ne sont pas dues au mérite mais au talent, c'est-à-dire à la chance, ce qui évite aux moins favorisés de perdre leur estime de soi (en veut-on à celui qui devient riche parce qu'il a gagné au Loto ?) et que 2) tout autre système mettrait les plus défavorisés dans une situation pire encore ? Je ne crois pas une seconde à cette construction rationnelle qui sous-estime le fait qu'on peut être tout aussi jaloux du talent que du mérite, voire bien davantage encore ! Mais continuons pour le plaisir le raisonnement de notre auteur.

Un renouvellement des théories du contrat social

Rawls nous invite à raisonner sur la société idéale à partir d'une situation initiale bien particulière. Il faut faire comme si, dit-il, nous étions « sous un voile d'ignorance », c'est-à-dire en ne sachant en aucun cas si, dans la société idéale que nous allons choisir, nous serons riches ou pauvres, Blancs ou Noirs, hommes ou femmes, doués pour ceci ou pour cela, etc. Voici comment Rawls lui-même présente sa fameuse situation originelle :

Citation

> « Il ne faut pas être induit en erreur par les conditions quelque peu inhabituelles qui caractérisent la situation originelle. Il s'agit simplement de prendre conscience des restrictions qu'il semble raisonnable d'imposer aux argumentations en faveur des principes de justice… Il semble par exemple largement admis qu'on ne puisse en aucun cas concevoir ces principes en fonction des circonstances propres à son cas particulier… Par exemple, si un homme savait qu'il est riche, il pourrait trouver rationnel de proposer le principe suivant lequel les différents impôts nécessités par les mesures sociales doivent être tenus pour injustes. S'il savait qu'il est pauvre, il proposerait probablement le principe inverse. Il faut donc […] imaginer une situation où tous seraient privés de ce type d'information. Il faut exclure la connaissance de ces contingences qui sèment la discorde entre les Hommes et les conduisent à être soumis à leurs préjugés. De cette façon, on parvient tout naturellement à l'idée du voile d'ignorance… Ces conditions ainsi que le voile d'ignorance définissent les principes de la justice comme étant ceux auxquels consentiraient des personnes rationnelles en position d'égalité et soucieuses de promouvoir leurs intérêts, mais ignorantes des avantages ou des désavantages dus à des contingences naturelles ou sociales. » (*op. cit.*)

Bref, Rawls nous propose de faire abstraction *a priori* de tous les attributs qui pourraient fausser notre jugement, susciter des partis pris afin d'en appeler seulement, sous le « voile d'ignorance », donc dans cette « situation originelle » à la notion raisonnable « d'équilibre réfléchi », une espèce de mise en balance entre les principes purs et les convictions empiriques de bon sens. Voici comment Rawls définit la recherche de cet équilibre :

Citation

> « Par un processus d'ajustement, en changeant parfois les conditions des circonstances du contrat, dans d'autres cas en retirant des jugements et en les adaptant aux principes, je présume que nous finirons par trouver une description de la situation initiale qui tout à la fois exprime des conditions préalables raisonnables et conduise à des principes en accord avec nos jugements bien pesés, dûment élagués et remaniés. Je qualifie cet état final d'équilibre réfléchi. On peut parler d'équilibre parce que nos principes et nos jugements finissent par coïncider et parce qu'il est le résultat de la réflexion puisque nous savons à quels principes nos jugements se conforment et que nous connaissons les prémisses de leur dérivation. » (*op. cit.*)

Ce que j'en pense

Rawls pense ici avoir trouvé une façon originale de renouveler l'héritage des théories du contrat social et de l'état de nature, puisqu'en parlant de « situation originelle sous voile d'ignorance », il nous demande de nous placer en pensée dans une espèce d'état de nature prépolitique afin de reprendre le problème de la justice entièrement à partir de zéro, en faisant table rase de l'existant. Ensuite, c'est aussi une façon d'assumer le sens des déclarations des droits de l'homme qui recommandent de protéger l'être humain, de lui reconnaître des droits, abstraction faite de ses enracinements dans quelque communauté que ce soit, religieuse, ethnique, linguistique, culturelle ou même nationale.

C'est donc tout l'héritage de cet humanisme à proprement parler « abstrait », de cet universalisme anticommunautariste que Rawls reprend à son compte contre ses collègues communautariens tels que Mac Intyre, Michael Sandel ou Charles Taylor. Enfin, Rawls, qui se veut kantien, rejoint Habermas et Apel dans leur éthique de la discussion qui en appelle, elle aussi, à une théorie de l'argumentation universaliste, c'est-à-dire à une conception de l'argumentation qui doit toujours préférer la loi du meilleur argument à tout principe d'autorité dogmatique.

Une critique de l'utilitarisme

C'est dans cette perspective que la *Théorie de la justice* se livre à une critique radicale de l'utilitarisme.

Explications

Dans une perspective explicitement kantienne, il affirme en effet la « primauté absolue du juste sur le bien ». Pour bien comprendre le sens de cette formule, il faut rappeler que l'utilitarisme est potentiellement une doctrine du sacrifice qui peut aller, au nom justement du Bien commun, jusqu'à préférer une injustice à un désordre, ce que Rawls refuse radicalement (voir la fin du chap. 12).

Il faut donc se méfier comme de la peste de ce poison des relations sociales qu'est l'envie ! Car c'est elle qui peut faire capoter le système politique même le plus juste et le plus rationnel qui soit. Il n'est pas impossible, en effet, qu'au nom de ce fléau, certaines préfèrent malgré tout un système dans lequel ils auront encore moins du moment que ceux qui ont plus seront mis à terre et leur arrogance enfin foulée aux pieds :

Citation

> « Nous pouvons définir l'envie comme la tendance à éprouver de l'hostilité à la vue du plus grand bien des autres, même si leur condition plus favorisée que la nôtre n'ôte rien à nos propres avantages. Nous envions ceux dont la situation est supérieure à la nôtre [...] et nous voulons les priver de leurs plus grands avantages même s'il est nécessaire pour cela que nous renoncions nous-mêmes à quelque chose. Quand les autres sont conscients de notre envie, ils peuvent être jaloux de leurs avantages et prendre des précautions contre les actes hostiles auxquels l'envie peut nous conduire. Ainsi comprise, l'envie est nuisible collectivement : l'individu qui envie quelqu'un d'autre est prêt à faire des choses qui leur nuiront à tous les deux du moment que cela réduit le décalage entre eux. » (*op. cit.*)

Ce que j'en pense

On ne peut mieux dire et c'est là, du reste, l'un des points sans doute les plus faibles de la doctrine rawlsienne : si les passions, comme le montre à peu près toute l'histoire humaine, sont plus puissantes que tous les intérêts rationnels qu'on voudra invoquer, la mise en œuvre des deux principes n'est pas pour demain. Du reste, autre faiblesse de son raisonnement, comment être absolument certain que des inégalités bénéficient réellement aux plus faibles ? Suis-je sûr, par exemple (c'est un euphémisme), que Rawls (ou un de ses disciples) pourrait convaincre que l'enrichissement des banques depuis la crise des *subprimes* bénéficie vraiment aux chômeurs ? Je vois bien que la misère régresse partout dans le monde, mais comment prouver que cette régression est vraiment due aux inégalités qui, elles, progressent ? La vérité c'est qu'aucun calcul sérieux ne permet d'en décider, de sorte que les principes de Rawls sont peut-être justes en théorie, mais semblent en revanche peu utiles pour éclairer concrètement la pratique. La vérité, c'est qu'aux États-Unis, et singulièrement dans le contexte des années 1960, date à laquelle Rawls commence à élaborer son œuvre, il s'agit avant tout de réintégrer dans la cité les marginaux qui peuplent les ghettos des grandes villes américaines. Contre un néolibéralisme triomphant, mais aussi contre les doctrines utilitaristes du sacrifice, il fallait selon Rawls réaffirmer les valeurs de solidarité sans lesquelles un individu n'a aucune raison d'accepter le spectacle de l'inégalité sociale la plus criante.

DANS CE CHAPITRE

Une critique des sciences humaines, de la psychanalyse et du marxisme

•

La notion de « falsifiabilité » et d'« hypothèse *ad hoc* »

•

Qu'est-ce que l'objectivité scientifique ?

•

La science et son rapport à l'idéologie et à la religion

Chapitre 23

L'héritage de Kant et des Lumières III. L'épistémologie de Karl Popper

Pour bien comprendre

Popper est un philosophe des sciences ou, comme on dit dans le vocabulaire de la philosophie, un « épistémologue » (du grec *épistémè*, qui désigne la science). Il est même le plus connu et le plus important du XXe siècle. Né à Vienne en 1902 et mort à Londres en 1994, il fut d'abord tenté par le marxisme, un marxisme critique, bien évidemment antistalinien et fort éloigné des partis communistes de l'époque, mais marxisme quand même. Bien vite, Popper deviendra critique à l'égard du marxisme, il sera un authentique social-démocrate et il le restera durant toute sa vie. Il fut aussi séduit dans sa jeunesse par la psychanalyse. Il a travaillé notamment avec le psychanalyste Alfred Adler, avec lequel il s'est occupé d'enfants en difficulté.

Tout ceci pour dire que malgré les critiques, parfois très radicales, qu'il va développer contre ces sciences humaines, Popper est quelqu'un qui connaît de l'intérieur le marxisme et la psychanalyse. C'est en pleine connaissance de cause qu'il va s'attacher à montrer que ces sciences humaines ne sont pas de véritables sciences, pas des sciences au même titre que les sciences dures comme la physique et la biologie.

Sur un plan proprement philosophique, les deux ouvrages principaux que je vous conseillerais de lire sont *Conjectures et réfutations* et *La Logique de la découverte scientifique*. Comme introduction à la lecture de Popper, je vous recommande aussi l'excellent petit livre d'Alain Boyer publié aux Presses de l'École normale supérieure : *Karl Popper, une épistémologie laïque*. Je me bornerai à présenter ici quelques principes fondamentaux de cette réflexion foisonnante, quelques principes qui s'inspirent très largement de la philosophie critique de Kant et qui me semblent à la fois vrais et profonds, ce qui n'est finalement pas si fréquent.

Une notion centrale : la « falsifiabilité »

La grande idée de Popper, fort bien exposée dans *Conjectures et réfutations*, c'est que, à l'encontre de ce qu'on pense spontanément, le but de la science n'est pas de « vérifier des hypothèses », mais tout au contraire d'essayer de les réfuter ou, comme il dit, de les « falsifier ». « Falsifier » est un anglicisme qui n'a pas le même sens qu'en français. Le mot signifie : chercher à réfuter, à tester par des expérimentations une hypothèse qu'on a émise en essayant par tous les moyens de montrer qu'elle est fausse afin d'évaluer au mieux ce qui tient bon. Un peu comme Descartes met radicalement en doute toutes les certitudes héritées du passé afin de voir ce qui finalement résiste face à son entreprise critique, le savant authentique est selon Popper celui qui cherche à réfuter les hypothèses qu'il a lui-même émises et qu'il tient spontanément pour vraies ou plausibles.

À retenir

La pensée de Popper apparaît d'emblée comme originale, peu commune. D'ordinaire, en effet, on a tendance à croire que l'activité scientifique consiste à tout faire pour vérifier des thèses ou des hypothèses, que la science procède par vérifications. Pas du tout, dit Popper, le rôle d'un travail scientifique authentique réside dans la falsification, entendue au sens de réfutation. Le vrai scientifique est celui qui part d'une hypothèse, d'une conjecture, et qui essaie par tous les moyens de la réfuter, de montrer qu'elle est fausse, et si ça tient le coup, si l'hypothèse résiste à des tests pertinents, alors ça devient intéressant. En d'autres termes, la science procède par *Conjectures et réfutations* – ce qui, au passage, vous donne le sens du titre du livre de Popper.

La science procède par conjectures et réfutations

Conjectures, pourquoi ?

Explications

Parce que l'esprit, contrairement à ce que disent les empiristes, n'est pas passif. Popper est ici l'héritier de Kant. Il s'inscrit dans la tradition du rationalisme critique. Même s'il n'est pas à proprement parler kantien et qu'il se sépare (ou croit se séparer) de Kant sur plusieurs points, c'est malgré tout dans l'espace de la philosophie critique qu'il s'inscrit, en quoi il pense que l'esprit possède d'emblée une certaine activité. Du reste, comme nous l'avons montré dans un précédent chapitre, si l'on part d'un esprit purement passif comme le font les empiristes, on ne sort jamais de cette passivité. Si l'esprit est comparable à une statue de cire ou à une page blanche, on ne voit pas pourquoi ni comment il se mettrait un jour à faire activement des hypothèses. Si nous étions vraiment des statues de cire, nous resterions à jamais statues de cire, point final. Je ne sais pas si vous avez vu une statue de cire se mettre à faire des hypothèses scientifiques, mais moi jamais. Il faut donc admettre qu'il existe dès l'origine une certaine spontanéité, une espèce de créativité de l'esprit humain pour qu'il puisse faire des hypothèses scientifiques quand il regarde le réel. De là les conjectures. Au lieu de croire qu'il va simplement accumuler des expériences pour les vérifier, le scientifique véritable est celui qui va imaginer des expérimentations conçues comme des tests de falsification (réfutation) de l'hypothèse qu'il a lui-même émise. Il va s'évertuer à penser contre lui-même, à pousser l'esprit critique à son maximum afin de mettre en doute ce qu'il a lui-même édicté, surtout sans s'arrêter, comme Descartes, à la première évidence venue.

Dans *Conjectures et réfutations*, Popper donne un exemple pour illustrer cette notion de falsifiabilité. Soit la proposition : « Tous les cygnes sont blancs. » Je peux, attitude empiriste, essayer de la vérifier en faisant des observations dans les lacs du monde entier. Je vais, par observation, accumuler une expérience de mille, dix mille et pourquoi pas cent mille cas de cygnes blancs. J'aurai peut-être alors acquis le sentiment que la proposition est, sinon absolument certaine, du moins de plus en plus probable. Bien évidemment, je ne parviendrai jamais de cette manière-là à une certitude absolue, mais enfin, il m'apparaîtra sans doute comme probable que tous les cygnes sont blancs. En revanche, dit Popper, si je vois un seul cygne noir – et il existe bel et bien des cygnes noirs à bec rouge –, il est clair que je saurai une fois pour toutes et absolument que la proposition « Tous les cygnes sont blancs » est fausse. Dans ce cas de figure, qui illustre bien la notion de falsifiabilité, j'aurai une certitude absolue.

Ce que j'en pense

Ce qui est intéressant dans cet exemple, c'est qu'on y voit apparaître au passage l'une des thèses centrales de Popper : il y a dissymétrie entre le vrai et le faux. Si je n'ai jamais de certitude absolue s'agissant de la vérité – et cette thèse antidogmatique aura des conséquences politiques antitotalitaires : un des grands reproches que fera Popper au marxisme, à la prétendue « science de l'histoire », c'est qu'elle prétend à tort détenir une vérité scientifique absolue sur la politique – donc, s'il n'y a jamais de certitude absolue s'agissant de la vérité, en revanche, s'agissant de l'erreur, je puis parfois être absolument certain qu'une proposition est fausse. Par exemple, je suis totalement certain que la proposition « tous les cygnes sont blancs » est fausse. Dissymétrie, donc, entre l'erreur et la vérité.

À retenir

En résumé : j'ai d'abord fait l'hypothèse – la conjecture –, que tous les cygnes étaient blancs. J'ai installé un test, non pas de vérification, mais de falsification de cette hypothèse, je suis allé voir dans tous les lacs, non pas si je trouvais des cygnes blancs, mais si d'aventure je ne pourrais pas en dénicher un d'une autre couleur et j'ai trouvé, effectivement, un cygne noir à bec rouge. Je sais donc maintenant en toute certitude que mon hypothèse était fausse, alors je rejette la conjecture qui a été réfutée.

Vraies sciences et fausses sciences

C'est à partir de l'analyse de cette notion de falsifiabilité que Popper va considérer que le marxisme et la psychanalyse ne sont pas des sciences véritables, mais simplement des théories non falsifiables qui ne cessent de sombrer dans ce qu'il appelle le « vérificationnisme », une attitude qui est à ses yeux le contraire de la science.

Le cas de la psychanalyse

Explications

Freud, par exemple, explique que le rêve est la réalisation d'un désir. Normalement, la réalisation d'un désir devrait faire plaisir. Problème : les cauchemars qui, c'est le moins qu'on puisse dire, semblent falsifier la théorie. Pas grave, on met aussitôt en place ce que Popper appelle une « hypothèse *ad hoc* », une sorte de rustine qui vient colmater la brèche ouverte par un fait contradictoire. En l'occurrence, on dira que le cauchemar étant la réalisation d'un désir interdit, il heurte de plein fouet l'instance de la censure, le « surmoi ». Du coup, dans les deux cas de figure, que le rêve soit agréable ou qu'il soit désagréable, la théorie est, comme dit encore Popper, « immunisée », en quelque sorte vaccinée contre le réel. Pas de malentendu : cela ne signifie pas forcément que Freud a tort, que sa théorie des rêves est fausse, seulement qu'étant infalsifiable par l'expérience, elle ne relève pas du domaine de la science véritable. Au sens propre du terme, elle est *méta*-physique, au-delà de la physique, au-delà de toute expérimentation scientifique possible. Elle ne pèche donc pas parce qu'elle serait fausse au sens où elle aurait été réfutée par une expérience, mais tout au contraire parce que personne ne peut ni ne pourra jamais démontrer qu'elle est fausse, immunisée qu'elle est définitivement contre le réel.

Le cas du marxisme

Explications

Même chose avec le marxisme. Si un ouvrier est au Parti communiste et qu'il est révolutionnaire, on dira que c'est normal, qu'il fait preuve de « conscience de classe » ; mais s'il s'inscrit dans les phalanges fascistes de Mussolini ou dans le parti national-socialiste hitlérien, alors on trouvera aussitôt une autre explication : c'est qu'il est contaminé par l'idéologie dominante, qu'il appartient à la fraction dominée de la classe dominante, il subit la violence symbolique de plus puissants que lui, ce pourquoi il a bifurqué du mauvais côté. Dans les deux cas de figure, que l'ouvrier soit communiste ou fasciste, la théorie de l'idéologie est confirmée.

Voyez encore la théorie des révolutions de Marx. Marx pensait que la révolution anticapitaliste – il n'a cessé de le dire, de l'écrire, et il n'a jamais varié sur ce point – se produirait au moment où ce qu'il appelle les « forces productives » d'une société seraient tellement épanouies et l'industrie elle-même si développée que cela ferait exploser les rapports de production, c'est-à-dire l'organisation de la production industrielle autour du régime capitaliste de la propriété privée. C'est la propriété privée, le fait que la production n'est pas planifiée et que la production est anarchique, qui engendre selon Marx des crises de surproduction, donc des destructions massives des forces productives qui engendrent elles-mêmes une contradiction intenable entre des forces productives très développées d'un côté, et de l'autre, un régime de la propriété privée des moyens de production reposant sur une liberté d'entreprise anarchique. Marx était convaincu que cette contradiction-là finirait par faire exploser le capitalisme et qu'on passerait inévitablement à une société communiste.

De ce fait, il allait de soi pour lui que la révolution adviendrait dans les pays les plus avancés, les plus industrialisés, ceux dans lesquels il existait déjà une classe ouvrière développée, à savoir la France et l'Angleterre. Pas de chance, la première révolution prolétarienne se produit en Russie, c'est-à-dire dans le pays le plus archaïque d'Europe, le moins industrialisé, un pays de paysans, bref, tout le contraire de ce que prévoyait Marx. La théorie ne colle absolument pas au réel.

Que fait Lénine ? Il s'empresse de mettre en place une « hypothèse *ad hoc* », une rustine destinée à immuniser la théorie contre les atteintes insupportables de ce réel bien gênant puisqu'il ose la contredire. Il va bricoler d'urgence une hypothèse pour expliquer ce que la théorie originelle n'explique pas, pour clouer le bec à ce qui pourrait venir la réfuter. Au lieu de changer la théorie, de corriger ses hypothèses, il va « immuniser » la théorie. Une fois qu'on aura mis en place l'hypothèse *ad hoc*, plus rien ne pourra la contredire, plus rien ne pourra la falsifier, plus rien ne pourra l'entamer.

Pour bien comprendre

C'est la fameuse doctrine léniniste du « maillon le plus faible ». Il existe une chaîne de pays capitalistes, une chaîne de pays qui se tiennent les coudes pour empêcher la révolution d'advenir. Or qu'est-ce qui lâche en premier dans une chaîne ? Réponse : le « maillon le plus faible ». On va expliquer le fait que la révolution advienne en Russie en déclarant que ce pays est le maillon faible au sein de la chaîne des autres pays d'Europe qui s'entraident pour empêcher la révolution. Une fois l'« hypothèse *ad hoc* » bien installée, la théorie ne craint plus rien, elle est définitivement « immunisée ».

Avant sa mise en place, la théorie des révolutions de Marx pouvait encore prétendre être un peu scientifique, elle pouvait être contredite par la réalité. Désormais, elle est vaccinée. Mais aux yeux de Popper, comme vous l'avez compris, ce n'est nullement une force, mais au contraire un formidable signe de faiblesse, car elle devient non scientifique, non falsifiable. Ce qui ne signifie pas qu'elle soit nécessairement fausse, du reste. Popper ne dit pas que la théorie psychanalytique ou la théorie marxiste sont des théories fausses. D'ailleurs, s'il disait ça, ce serait contradictoire puisque ce qu'il leur reproche justement, c'est qu'on ne peut pas montrer qu'elles sont fausses ! Simplement, elles ne sont pas scientifiques, pas expérimentales. Les sciences sociales, pour l'essentiel – en tout cas la sociologie de la connaissance, la critique des idéologies et l'économie politique de type marxiste, mais aussi la psychanalyse –, n'appartiennent pas au domaine de la science authentique, des sciences expérimentales.

À retenir

Réciproquement, plus une théorie sera risquée et audacieuse, plus elle sera falsifiable, et plus elle sera véritablement scientifique. Il y a donc, aux yeux de Popper, des degrés dans la scientificité d'une théorie. La théorie des révolutions de Marx possédait au départ encore un petit degré de scientificité, mais une fois corrigée par Lénine avec la « théorie du maillon le plus faible », c'en est fini de cette possible scientificité du marxisme. Rien ne peut jamais réfuter les hypothèses ni de Marx ni de Freud.

Comme le déclare Karl Popper à leur propos : « Ce n'était pas un doute sur la vérité de ces théories qui me préoccupait, mais au contraire, ce qui était préoccupant, c'est que rien ne pouvait jamais les réfuter. » Au contraire, l'attitude d'Einstein, le 29 mai 1919, au moment de la fameuse expédition d'Eddington, consiste à jouer toute sa carrière et toute sa théorie sur une seule expérimentation. Une vraie science, c'est d'abord et avant tout une théorie falsifiable qui prend le risque de se faire contredire par la réalité.

La science n'est ni une idéologie ni une religion

Ce double critère de la falsifiabilité et du risque est celui qui va permettre à Popper de séparer les vraies sciences des idéologies et des religions.

Pour bien comprendre

Voyez, par exemple, le cas de l'astrologie. Lisez de près les horoscopes et vous verrez que presque toujours, ils font bien attention de ne jamais rien dire qui soit aisément réfutable factuellement : « Reposez-vous, prenez soin de vous, ça ira mieux, votre santé en a besoin, etc. » Ça ne mange pas de pain. Si jamais vous vous prenez le pied ou attrapez le cancer, on ajoutera une hypothèse *ad hoc* du genre : « On vous l'avait bien dit », vous auriez dû prendre soin de vous plus tôt, etc. Les diseuses de bonne aventure savent parfaitement faire des horoscopes à la chaîne qui ne sont jamais réfutables. La métaphysique et la religion se meuvent, elles aussi, dans un domaine qui n'est pas réfutable, et par conséquent, non scientifique. « Dieu existe » est le prototype d'une proposition que personne ne pourra par définition jamais réfuter.

Ce qui explique, du reste, que l'athéisme militant, celui qui prétend argumenter contre l'hypothèse de l'existence de Dieu, est tout aussi peu scientifique : prétendre réfuter l'existence de Dieu, prouver son inexistence, par exemple en invoquant l'existence du mal dans le monde, est bien évidemment tout aussi impossible que de prouver son existence. Même chose pour la superstition : si j'affirme que je ressens la présence d'un esprit dans la pièce, que je suis en communication avec lui, personne ne pourra jamais démontrer qu'il n'en est rien et que je délire. Par définition, la religion, la métaphysique et la superstition sont non réfutables. Mais c'est également leur faiblesse, non pas une force, mais un manque de scientificité.

Deux conceptions opposées de l'objectivité

C'est aussi dans cette perspective que Popper va reprendre la question de l'objectivité scientifique en s'opposant radicalement à ce qui caractérise le plus la pensée des déconstructeurs, à savoir l'attitude généalogiste. Nietzsche le dit clairement et Foucault encore après lui, la grande question du généalogiste n'est pas : « Qu'est-ce que tu dis ? », mais : « Qui es-tu, pour dire ce que tu dis ? », ou encore : « D'où parles-tu ? », comme on disait en 68 : à partir de quelle classe sociale, de quelle position de pouvoir, de quelle légitimité tires-tu ta prétention à prendre la parole dans une assemblée générale ?

Explications

Aux yeux de Popper, cette vision de l'objectivité est à la fois inquisitoriale et absurde. D'abord parce que, si on la pousse jusqu'au bout, si l'on pense qu'une proposition scientifique n'est vraiment objective que quand on a trouvé tous les intérêts qui sont cachés derrière, alors la conclusion est forcément sceptique. Jamais vous ne pourrez être certain d'avoir identifié tous les intérêts qui sont cachés derrière une idée quelle qu'elle soit. Jamais. Par définition, vous pourrez toujours faire l'hypothèse qu'il y a encore des motivations inconscientes que vous n'avez pas mises au jour, que vous n'avez pas perçues, à côté desquelles vous êtes passé.

Vous pouvez toujours supposer que derrière le masque dont parle Nietzsche, il y a encore un autre masque, que « derrière toute cachette, il y a une autre cachette » comme dit d'ailleurs fort bien Nietzsche lui-même, et derrière tout fond, un arrière-fond, et ainsi de suite à l'infini. Souvenez-vous du chapitre sur Schopenhauer : c'est ce qu'il appelle déjà le « sans fond », l'*Ungrund*. Vous ne pouvez donc jamais parvenir à l'objectivité si vous partez de cette hypothèse-là, de sorte que comme chez Hume, Schopenhauer, Nietzsche, et plus généralement, dans toutes les philosophies à structure généalogique, la conclusion ultime, c'est un scepticisme radical touchant la possibilité d'atteindre une vérité scientifique.

Mais il y a plus : non seulement la question de savoir « d'où tu parles » nous interdit l'accès à la vérité, mais en outre, elle n'a pas le moindre intérêt aux yeux de Popper, aucune pertinence pour qui s'intéresse à l'objectivité d'un discours. Ce qui doit nous intéresser, selon Popper, ce n'est en aucun cas le lieu d'où quelqu'un s'exprime, mais si ce qu'il dit est falsifiable ou non. Voici sur ce sujet un extrait de *Conjectures et réfutations* :

Citation

> « Si l'on me demandait : comment savez-vous ? Comment savez-vous ce que vous savez ? Comment savez-vous ce que vous dites ? Quelle est la source

> ou la base de votre information ? Je répondrais : je ne sais pas. Mon affirmation était simplement une conjecture, mais peu importe la ou les sources d'où elle a pu sortir. Il y en a plusieurs possibles et il se peut que je n'en sois pas conscient. Les questions d'origine ou de généalogie ont de toute façon peu à voir avec les questions de vérité. Mais si le problème que j'essayais de résoudre par mon hypothèse vous intéresse, vous pouvez m'aider en la critiquant aussi sévèrement que vous pourrez, et si vous pouvez désigner un test expérimental dont vous pensez qu'il pourrait la réfuter, c'est avec joie que je vous y aiderai. »

Du point de vue de Popper, par conséquent, l'objectivité ne consiste plus à essayer de tirer au clair l'inconscient social ou personnel du savant, l'inconscient social de la recherche, comme dans le marxisme de la *Théorie critique*, mais à poser clairement la question de savoir si l'hypothèse est falsifiable et si l'on est capable ensemble – le mot « ensemble » est très important car il désigne la communauté scientifique – d'inventer un test de falsification. En quoi, dans la théorie de l'objectivité poppérienne, on rencontre deux éléments fondamentaux – c'est ce que Popper appelle une « épistémologie sans sujet » : on ne s'intéressera pas à la question du statut, de l'origine sociale, de la position politique ou autre du sujet qui émet l'hypothèse.

Ce que j'en pense

C'est donc une « épistémologie sans sujet » au sens où ce qui doit nous intéresser dans une hypothèse, c'est l'hypothèse elle-même, pas le sujet qui la formule, pas la manière dont le sujet, le scientifique en l'occurrence, en est arrivé à la formuler. Ce qui doit nous intéresser, c'est la discussion qui va s'engager autour de l'hypothèse, ce sont les tests qu'on inventera pour la falsifier, pour essayer de la réfuter et c'est en ce sens qu'on a affaire ici à une épistémologie sans sujet. L'autre conséquence par laquelle Popper rejoint un aspect essentiel de la philosophie de Kant touche au fait que l'intersubjectivité (la discussion ouverte dans la communauté des savants) s'installe au cœur de l'objectivité, en quoi la science apparaît à Popper comme inséparable de la démocratie, c'est-à-dire d'un espace de libre discussion et d'esprit critique ouvert entre tous ceux qui s'intéressent à la vérité.

Conclusion

Pour un « spiritualisme laïc » : au-delà de la morale et de la religion

Hegel, nous l'avons dit, affirmait que la philosophie est d'abord « son temps saisi dans la pensée ». On me demande souvent, quand je termine un cours sur l'histoire de la philosophie comme je viens de le faire dans ce livre, quelle est ma vision de l'époque, quelle est « ma philosophie à moi ». Si je devais lui donner un nom et définir son projet, ce serait le « spiritualisme laïc » : penser les révolutions qui caractérisent notre temps pour en tirer une morale (un élargissement de celle des droits de l'homme) et une spiritualité (un spiritualisme lié aux idées de longévité, de pensée élargie et de perfectibilité).

Pour éviter un malentendu fréquent, sans doute lié au fait que j'ai traduit Kant dans la « Pléiade » et que j'ai critiqué, notamment dans *La Pensée 68,* les différentes figures du totalitarisme, si je suis un libéral quand je vais faire mes courses (mais qui ne l'est pas ?) et un héritier des Lumières quand je vais chez le médecin (mais qui ne l'est pas ?), le spiritualisme laïc que je professe s'enracine dans l'histoire de cette merveilleuse vision du monde que fut le romantisme républicain. Au demeurant, ces deux activités, le shopping et le médical, ne me définissent que fort peu. Si je devais me choisir un modèle d'inspiration dans le passé, bien davantage encore que Kant ou Tocqueville, ce serait Hugo, en particulier quand il présente son travail d'une façon que je pourrais, toute révérence gardée, faire mienne : « L'ensemble de mon œuvre fera un jour un tout indivisible. Je fais une Bible, non une Bible divine, mais une Bible humaine. » Oui, une Bible humaine, autrement dit : un « spiritualisme laïc » qui ne se contente pas de morale, ni ne se satisfait d'une théologie, une philosophie qui va donc « au-delà » de l'éthique et se situe en quelque façon « après » la religion.

C'est cette philosophie que je développerai dans un prochain livre, celui-ci n'étant volontairement que limité à une approche historique de l'histoire de ces idées qui ont fait ce que nous sommes aujourd'hui et à partir desquelles nous devons continuer à penser notre condition actuelle.

Partie 5
La partie des Dix

Dans cette partie

Comme le veut la collection, j'ai choisi de vous donner quelques indications biographiques sur certains des plus grands acteurs de cette histoire de la philosophie, ainsi que quelques conseils de lectures en ne choisissant que les ouvrages qui m'ont personnellement le plus aidé à avancer dans la compréhension de cette discipline parfois si difficile à pénétrer.

Chapitre 24

Dix petites biographies de grands philosophes

Platon

À tout seigneur tout honneur, commençons par Platon que beaucoup considèrent comme le véritable père fondateur de la philosophie occidentale. Il est né en 427 (ou 428) avant notre ère, dans une famille riche de la haute aristocratie athénienne. Il a 23 ans au moment de la chute d'Athènes, durant la guerre du Péloponnèse. Sparte, la cité guerrière, vient de l'emporter et l'armée athénienne étant réduite à néant, les Spartiates installent un gouvernement autoritaire, le gouvernement des « Trente », au sein duquel Platon compte de nombreux amis et même quelques parents. Pourtant, Platon va échapper au destin qui aurait pu être le sien dans la vie politique à cause ou plutôt grâce à une rencontre qui va marquer sa vie de manière irréversible. Il s'agit bien entendu de sa rencontre avec Socrate, en 407. Il est alors âgé de vingt ans et Socrate de soixante-trois. Il suit les cours du maître pendant huit ans, jusqu'en 399, l'année où Socrate, après la chute du gouvernement des Trente, est condamné à mort. Un dialogue de Platon, l'*Apologie de Socrate*, raconte cet épisode célèbre, en particulier la façon dont Socrate accueille dans la sérénité la sentence inique par laquelle se clôt son procès.

Platon quitte alors Athènes, il voyage beaucoup, on ne sait pas exactement où, sinon qu'en 388, il se rend à Syracuse, à la cour du tyran Denys l'ancien qu'il tentera de convaincre, mais sans succès, d'instaurer un gouvernement par la philosophie. En 387, il rentre à Athènes où il fonde son école, l'Académie – le nom vient, comme presque toujours pour les écoles grecques, du lieu où est installée l'institution, en l'occurrence dans un des faubourgs d'Athènes, près du tombeau d'un héros nommé Académos. On dit souvent de l'Académie qu'elle serait la première véritable université dans l'histoire de l'humanité : et de fait, on y trouve non seulement des salles de cours, mais aussi des chambres d'étudiants, un réfectoire, une bibliothèque... Platon y enseignera pendant quarante ans, jusqu'à sa mort, en 347, à l'âge de quatre-vingts ans. On dit aussi que ses dialogues étaient joués devant les élèves comme le seraient aujourd'hui des pièces de théâtre et qu'ils prenaient plaisir, ayant reçu l'enseignement du maître, à en déchiffrer le sens. Platon retournera par deux fois encore à Syracuse, mais son incursion en politique sera, pour l'essentiel, un échec. Il sera même particulièrement maltraité par les tyrans du lieu...

Aristote

Aristote est né vers 385 à Stagire, une petite ville de Macédoine située non loin de l'actuel mont Athos, ce qui lui vaut d'être parfois appelé le « Stagirite ».

Il est issu d'une famille où l'on était médecin de père en fils. Son père, Nicomaque (le nom qu'Aristote donnera aussi à son fils), soignait le roi Amyntas II, qui était lui-même le père de Philippe de Macédoine et, par conséquent, le grand-père du futur Alexandre le Grand.

Comme tant d'autres jeunes gens intéressés par la vie de l'esprit, Aristote vient étudier à Athènes vers 366, à l'âge de dix-sept ou dix-huit ans. Il hésite à suivre l'enseignement du rhéteur Isocrate, mais il choisit finalement l'Académie de Platon. Il y demeurera dix-huit ans (jusqu'à la mort de Platon) comme étudiant, puis comme chargé d'enseignement. On dit que Platon, avec un brin de condescendance, l'appelait « le liseur ». Il est vrai que Platon préférait à l'écrit l'enseignement oral et la pratique de la dialectique telle qu'on la voit à l'œuvre dans ses dialogues. Aristote semble au contraire avoir toujours considéré le livre comme un outil indispensable. Il constitua ainsi tout au long de sa vie une vaste collection d'ouvrages, finalement vendue au musée d'Alexandrie par Nélée de Skepsis.

Peu avant sa mort, Platon avait désigné pour lui succéder à la direction de l'Académie son neveu Speusippe. Il est possible qu'Aristote n'ait pas apprécié ce choix. Toujours est-il qu'il abandonne définitivement l'Académie pour s'installer à Assos pendant deux ou trois ans, à la cour d'un de ses amis, le tyran d'Atarnée, Hermias. Hermias ayant entrepris de résister au joug des Perses, la situation politique devient précaire. Aristote se réfugie alors à Mytilène, dans l'île voisine de Lesbos, où il fonde son école.

En 342-343, Aristote est appelé à Pella, la capitale de la Macédoine, par le roi Philippe II, qui lui confie l'éducation du jeune Alexandre, lequel vient d'avoir quatorze ans. Il y restera huit années. À la mort de Philippe II, en 335, Alexandre devient roi et Aristote revient à Athènes. C'est à ce moment-là qu'il décide de fonder sa propre école qu'il installe dans le Portique d'Athènes consacré à Apollon Lyceios. D'où le nom donné à cette institution désormais rivale de l'Académie : le « Lycée ». On l'appelait également Péripatos, sorte de péristyle où l'on se promenait en discutant, ce qui a conduit à désigner les disciples d'Aristote comme des « péripatéticiens ». Aristote y enseignera pendant douze ans.

À la mort d'Alexandre, en 323, une réaction antimacédonienne agite Athènes. Suspecté de « macédonisme », Aristote se voit impliqué dans un procès pour impiété : on lui reproche d'avoir immortalisé un mort, Hermias, en lui consacrant un hymne. Aristote choisit alors de quitter Athènes afin, aurait-il dit en pensant à Socrate, d'éviter aux Athéniens de « commettre un nouveau crime contre la philosophie ». Il se réfugie à Chalcis, la ville natale de sa mère, où il meurt l'année suivante, en 322, à l'âge de soixante-trois ans.

Les œuvres d'Aristote telles que nous les connaissons n'ont pas été publiées par lui-même. Ses œuvres publiées, sans doute des dialogues de facture platonicienne, sont en réalité perdues. Les textes auxquels nous avons accès sont en fait des notes rédigées en vue de l'enseignement qu'Aristote réservait à ses seuls élèves (on les nomme pour cette raison « traités ésotériques »). Leur style peut paraître ennuyeux au regard de la séduction littéraire exercée par les dialogues de Platon. Après une pérégrination assez rocambolesque, les originaux d'Aristote parviendront jusqu'à Rome, où un grammairien grec, Tyrannion d'Amisos, sera chargé de les mettre en ordre. Ce travail sera poursuivi par Andronicos de Rhodes, auquel on doit, vers 60 avant J.-C., soit près de trois siècles après la mort du philosophe, la première édition scientifique des textes d'Aristote.

Formé aux méthodes de la philologie alexandrine, Andronicos a déterminé la forme et les titres des œuvres telles qu'elles se présentent à nous aujourd'hui. La *Métaphysique*, par exemple, est un titre dont Aristote n'est pas l'auteur, mais qui indique une place dans l'ordre de présentation des textes conçu par Andronicos. Cet ordre ne correspond évidemment pas à l'ordre chronologique de leur composition : la *Métaphysique* d'Aristote comprend ainsi une douzaine de petits traités rédigés à des moments et dans des contextes différents. Si c'est au travail d'Andronicos que l'on doit la formidable postérité d'Aristote dans les mondes grec, latin, byzantin, islamique et chrétien médiéval, il n'en interféra pas moins entre les intentions du philosophe et le lecteur, ce qui donnera lieu à une pluralité d'interprétations.

Épicure

Athènes, qui vit naître l'Académie de Platon et le Lycée d'Aristote, fut également le berceau du « Jardin » d'Épicure.

Né dans l'île de Samos, de parents athéniens établis comme colons, Épicure (341-270) est un contemporain de Zénon de Cittium, le fondateur de l'école stoïcienne. Une recherche singulière – à l'écart de l'Académie et du Lycée – le conduisit à suivre Nausiphanès, un disciple de Démocrite – ce contemporain de Socrate connu pour être le premier penseur matérialiste et atomiste. Quand le temps fut venu pour lui d'enseigner, Épicure établit d'abord son école à Mytilène, dans l'île de Lesbos, avant de se rendre à Lampsaque, en Asie Mineure, où il demeura cinq ans. Il y obtint un succès tel qu'il entraîna avec lui un groupe de disciples lorsqu'il décida, vers 306, de s'installer définitivement à Athènes.

Ils formaient une petite communauté qui s'élargit au fil du temps et qui séjournait dans une propriété pourvue d'un parc qui devait donner son nom à l'école, « Le Jardin ». Son organisation pratique était sans doute facilitée à la fois par l'extrême frugalité que préconisait l'épicurisme et par le fait qu'elle comprenait des « membres bienfaiteurs », disciples d'Épicure, mais simples « auditeurs libres » appartenant à l'élite sociale et politique de l'époque. Épicure vécut ainsi au sein de sa communauté amicale durant trente-cinq ans, jusqu'à sa mort, sans s'occuper de la vie publique qu'il considérait comme un obstacle à la philosophie, un obstacle dont il fallait selon lui se détourner pour accéder à la sagesse et au bonheur. Cela lui laissa le temps d'écrire une œuvre considérable (près de trois cents volumes si l'on en croit le doxographe Diogène Laërce), mais dont il ne reste que quelques fragments. Les textes conservés sont issus de la relation épistolaire qu'Épicure entretenait avec les « filiales » du Jardin établies par ses disciples, notamment en Asie Mineure : subsistent ainsi trois lettres adressées à Hérodote, à Pythoclès et à Ménécée (cette dernière étant la plus célèbre, parce qu'il s'agit d'un véritable manifeste philosophique). On souligne souvent, en témoignage de la ferveur des disciples d'Épicure, le fait qu'un certain Diogène – qui vivait au Ier ou IIe siècle après J.-C. – avait fait graver sur les murs de sa villa, située dans la ville d'Oinoanda (en Lycie, dans la Turquie actuelle), de gigantesques inscriptions formulant les sentences du maître. De cet épicurisme romain, toutefois, un seul grand nom émerge, celui de Lucrèce (vers 98/94 avant J.-C. – 55 avant J.-C.), un contemporain de Cicéron. Lucrèce devait présenter la pensée de son maître sous la forme d'un poème – le célèbre *De la nature des choses* (*De rerum natura*) – qu'il dédia à un homme politique de son temps, un certain Memmius.

Descartes

René Descartes est né le 31 mars 1596 à La Haye. Il ne s'agit pas de la ville de Hollande, comme on le croit parfois à tort, mais d'un village situé aux confins de la Touraine et du Poitou — ce qui lui valut d'ailleurs le surnom de « gentleman poitevin ». Sa famille, de petite noblesse, était suffisamment aisée pour qu'une fois parvenu à l'âge adulte, il ait pu se consacrer à la science et à la philosophie en étant dispensé de gagner sa vie. À dix ans, il entre au collège royal de La Flèche, une institution ouverte en 1604 par les jésuites, où il bénéficie d'un relatif traitement de faveur en raison de sa santé fragile : il peut se lever tard et réfléchir longuement dans son lit, une habitude qu'il conserva toute sa vie. Dans le *Discours de la méthode*, Descartes jugera sévèrement l'enseignement qu'il avait reçu à La Flèche, du fait notamment de son rejet de la scolastique aristotélicienne. Il y reçut malgré tout un enseignement de qualité en mathématiques, ce qui était assez nouveau à l'époque.

Quand il sort de La Flèche, en septembre 1615, son père, conseiller au parlement de Bretagne, l'incite à étudier le droit à Poitiers. Se destinant au métier des armes, Descartes part en avril 1619 pour Breda, aux Pays-Bas, où il s'engage dans l'armée de Maurice de Nassau, prince d'Orange et *stathouder* de Hollande. À Breda, il se lie d'amitié avec un jeune néerlandais de 28 ans, Isaac Beeckman (avec lequel il se brouillera en 1630), passionné comme lui, et comme la plupart des esprits curieux de l'époque, par les sciences et les mathématiques. Beeckman attire notamment son attention sur la possibilité de traiter la physique par des formules mathématiques, donnant ainsi une direction décisive à son esprit.

Le jeune Descartes oscille cependant toujours entre la vie militaire et la vie philosophique : alors que se prépare la guerre de Trente Ans, qui devait déchirer l'Europe jusqu'en 1648, il se rend en Allemagne pour s'engager dans l'armée catholique du duc Maximilien de Bavière. C'est là que, le 10 novembre 1619, prenant son quartier d'hiver dans un « poêle » (une pièce dotée d'un fourneau),

Descartes découvre dans l'enthousiasme sa vocation philosophique, apercevant, comme il le dit lui-même, la possibilité d'établir « les fondements d'une science admirable ».

Le renoncement définitif à la vie militaire ouvre alors une période de sa vie qui, selon le récit qu'il en donne dans son *Discours de la méthode*, durera neuf années au cours desquelles il ne fait que « rouler çà et là dans le monde, tâchant d'y être spectateur plutôt qu'acteur en toutes les comédies qui s'y jouent », s'efforçant d'extirper de son esprit « toutes les erreurs qui s'y étaient pu glisser auparavant ». Il fait quelques voyages, en France et en Italie, mais séjourne le plus souvent à Paris, où il cherche la compagnie des savants auprès desquels sa notoriété ne cesse de grandir.

Descartes se lie notamment avec le père Mersenne, qui deviendra son principal correspondant lorsqu'il sera définitivement installé en Hollande – les relations de celui-ci avec tous les milieux scientifiques de l'époque en faisant un intermédiaire précieux. Durant cette période, Descartes mène encore une vie mondaine. Son premier grand biographe, Adrien Baillet – auteur d'une *Vie de Monsieur Descartes* parue en 1691 – raconte à ce sujet quelques anecdotes savoureuses, par exemple l'évocation de ce duel à l'issue duquel Descartes fit grâce à son rival désarmé, signifiant tout de même à la dame dont les beaux yeux étaient à l'origine de la querelle qu'« il ne trouvait point de beautés comparables à celles de la vérité ».

En 1628, Descartes, à trente-deux ans, prend une décision importante : déterminé à se consacrer entièrement à son projet de mettre au jour les « fondements métaphysiques de la science nouvelle », il choisit d'aller vivre en Hollande, un pays où il pourra trouver plus aisément le calme et la solitude qu'il recherche pour mener à bien ses réflexions. Il demeurera aux Pays-Bas plus de vingt ans, jusqu'en septembre 1649 et son départ pour la Suède, ce long séjour n'étant interrompu que par trois voyages de quelques mois en France, en 1644, 1647 et 1648.

En dépit ou à cause de sa quête obsessionnelle de la tranquillité, Descartes change fréquemment de lieu de résidence. Il ne se fixe nulle part. Dans son « désert », comme il dit, il a tout de même une vie sociale, et même une vie privée : une fille, Francine, naît en 1635 d'une liaison avec une servante et amie, Hélène Jans. En 1637, alors qu'il vit à Santpoort, il fait venir Hélène et Francine auprès de lui afin d'assumer ses responsabilités de père. Ils vécurent ensemble de l'automne 1637 au printemps 1640. Malheureusement, alors qu'il s'apprête à conduire sa fille en France, celle-ci meurt, en 1640, lui laissant, au dire de Baillet, « le plus grand regret qu'il eût jamais senti de sa vie ».

C'est aux Pays-Bas que Descartes rédige ses œuvres les plus importantes. En 1633, il s'apprête à publier le *Traité du monde*, un ouvrage dans lequel il soutient la thèse du mouvement de la Terre autour du Soleil, quand il apprend la nouvelle de la condamnation de Galilée. Courageux mais pas téméraire, il renonce à la publication. C'est le 8 juin 1637, à Leyde, que paraît pour la première fois, anonymement (on ne sait jamais...), le *Discours de la méthode*, accompagné de trois essais scientifiques.

Les *Méditations métaphysiques* paraîtront en 1641 à Paris : le texte comprend, outre les six méditations, six séries d'objections formulées par les philosophes les plus célèbres de l'époque (notamment Hobbes, Arnauld et Gassendi) ainsi que les réponses de Descartes. Soucieux d'assurer la diffusion de sa philosophie, Descartes entreprend de lui donner la forme d'un manuel en publiant à Amsterdam, en 1644, les *Principes de la philosophie*. Son traité sur les passions, *Les Passions de l'âme*, fruit d'un dialogue épistolaire commencé en 1643 avec la princesse Élisabeth de Bohême, sera, en 1649, le dernier texte publié de son vivant.

Avec les publications viennent les polémiques, que Descartes devra subir jusqu'à la fin de sa vie. Il fait l'objet d'attaques de la part des jésuites et des théologiens calvinistes hollandais. L'un d'entre eux en particulier – le « très célèbre Gibert Voet », comme le nomme Descartes dans la réponse qu'il lui adresse – le poursuit de sa vindicte, cherchant à le faire passer pour athée, ce qui conduit le sénat de la ville d'Utrecht à défendre l'enseignement de sa philosophie. Peut-être irrité par les combats qu'il mène en Hollande, Descartes revient en France à deux reprises, en 1647 et 1648. Il y rencontre notamment le jeune Blaise Pascal, avec lequel il s'entretient en particulier de l'existence du vide, au sujet duquel ils divergent (Pascal défend à juste titre l'existence du vide que Descartes, qui fut toujours un scientifique très médiocre, s'obstine à nier).

En septembre 1649, Descartes, semble-t-il à contrecœur, se rend à Stockholm, sur l'insistance de la reine Christine de Suède – que l'ambassadeur de France, son grand ami Chanut, avait commencé à initier à sa philosophie. Promu philosophe officiel, il se voit contraint de rédiger des discours, de dresser les statuts d'une académie et même de composer des comédies. La reine a pris l'habitude de le recevoir très tôt le matin, ce qui le contrarie. Il prend froid à l'occasion de l'une de ces entrevues matinales, contractant une pneumonie à laquelle il succombe, à Stockholm, le 11 février 1650, à presque cinquante-quatre ans. Ses restes – profanés à l'occasion de leur rapatriement en 1667 – devinrent un enjeu politique durant la période de la Révolution comme de la Restauration, faisant l'objet de nombreux déplacements au gré des réactions admiratives ou hostiles. Ils sont aujourd'hui situés dans l'Église de Saint-Germain-des-Prés, en une chapelle située à droite du chœur. Le crâne de Descartes (ou supposé tel), récupéré en Suède et remis à Cuvier en 1821, se trouve au musée de l'Homme.

Hume

David Hume est à coup sûr le plus puissant et plus profond des penseurs de tradition empiriste. C'est aussi le plus grand philosophe des Lumières écossaises, le père fondateur, à bien des égards, de ce qu'on appellera plus tard la « philosophie analytique ». Par sa critique radicale de la métaphysique classique, notamment du cartésianisme, il aura une grande influence, non seulement sur Kant, mais aussi sur la phénoménologie contemporaine et les pensées de la déconstruction – ce n'est pas un hasard, par exemple, si Gilles Deleuze lui consacrera un de ses livres majeurs.

Hume est né en 1711 dans une famille raisonnablement fortunée de la petite noblesse. Son père, avocat, mourra trois ans après sa naissance, de sorte que Hume sera élevé par sa mère et son beau-frère. Il fait d'excellentes études au prestigieux collège d'Édimbourg où il suit l'enseignement de Stewart, un « philosophe » disciple de Newton. Il faut rappeler que, dans la culture anglaise de l'époque, le terme « philosophie » ne désigne pas les grands systèmes métaphysiques mais pour l'essentiel la physique et les sciences naturelles – ce dont Hegel se moque dans ses *Leçons sur histoire de la philosophie*. En Angleterre, on ne conçoit la philosophie que comme un appendice des sciences positives.

Destiné tout naturellement à devenir avocat, comme son père, Hume traverse bientôt une crise intellectuelle et morale qui le conduit à se détacher du monde ordinaire pour vouloir se consacrer tout entier à la philosophie. À vrai dire, il rêve d'être un philosophe reconnu et même, ce qu'on appellerait aujourd'hui un auteur à succès, un penseur « médiatique ».

Il voyage beaucoup, notamment en France, où il séjourne trois longues années à Reims et à La Flèche, là où Descartes, qu'il va tant critiquer, a fait ses études. À vingt-trois ans, il commence la rédaction de son grand livre, un livre qu'il reniera en partie plus tard, mais qui contient déjà ses principales idées et que beaucoup tiennent aujourd'hui pour un chef-d'œuvre : *Le Traité de la nature humaine*, qui sera publié à Londres en 1739. C'est un flop éditorial complet, un échec qui déçoit et même blesse Hume. Il décide alors de poursuivre sa quête du succès en publiant de nombreux essais, plus courts, mieux écrits, plus brillants, bref, mieux adaptés au public cultivé, mais non spécialiste.

Il tente de vulgariser sa propre pensée et, en 1758, paraît son *Enquête sur l'entendement humain*, avec un succès relatif. L'ouvrage lui vaut l'hostilité de l'Église qui voit dans son scepticisme radical une menace pour la religion. Cette hostilité conduira du reste l'université de Glasgow à lui refuser le poste de professeur auquel il vient de candidater. Il accepte alors un poste de diplomate à Paris, où il deviendra secrétaire d'ambassade, puis chargé d'affaires.

En France, son œuvre est bien accueillie. Il est nommé en 1766 sous-secrétaire d'État à Londres où il héberge Rousseau, avec lequel il s'est lié d'amitié, mais avec lequel il va bientôt se brouiller. Leur rupture alimentera les dîners en ville dans toute l'Europe cultivée.

Tout au long de sa carrière diplomatique et politique, il continue de publier une série d'essais sur la morale et la religion. Il retourne en 1769 à Édimbourg et, en 1775, il meurt d'une tumeur de l'intestin, à la tête d'une œuvre qui marquera de manière définitive l'histoire de la philosophie.

Rousseau

Contrairement à ce qu'on pense souvent chez nous, Jean-Jacques Rousseau n'est nullement un philosophe français. Il est Suisse et protestant. C'est dire que culturellement et je dirais même moralement, il est plus proche d'un penseur allemand comme Kant que d'un encyclopédiste parisien comme Voltaire. Cette remarque, qui pourra paraître étrange ou anodine, a en réalité son importance : Rousseau ne sera jamais à son aise dans les salons parisiens, jamais chez lui dans le monde de la civilité et du luxe où Voltaire évolue au contraire comme un poisson dans l'eau. Rousseau est né à Genève en 1712, dans une famille calviniste. Sa mère meurt à sa naissance et son père, qui semble ne lui avoir jamais tout à fait pardonné cet épisode, l'élèvera assez mal, jusqu'à l'âge de dix ans. Obligé de s'exiler à la suite d'une rixe, il place le petit Jean-Jacques en pension chez un pasteur genevois, le pasteur Lambercier. Rousseau est un enfant atypique, hypersensible et fugueur : épris par-dessus tout de liberté, il ne supporte ni les contraintes, ni la discipline. En 1724, il est recueilli par une tante, puis, en 1726, après un stage dans un greffe où il s'ennuie à mourir, il est placé en apprentissage chez le graveur Ducommun, le bien nommé, un personnage rude et radin, que le jeune homme déteste rapidement et qui le lui rend bien. Jean-Jacques va copieusement voler son patron pour s'acheter des livres, des romans surtout, qu'il dévore avec une passion presque inquiétante.

Un jour de 1728 qu'il trouve à son retour de promenade les portes de la ville fermées, Rousseau décide de quitter son travail et son pays. Il a seize ans et, tout seul, à pied, sans prévenir personne, il part vers la France, à l'aventure, sans argent ni bagages. Il est recueilli par un prêtre qui le convainc de partir pour Annecy, afin de le confier à une jeune femme charmante, intelligente et belle, Mme de Warens, qui le prend à son service et qui deviendra sa maîtresse. Elle se charge de son éducation et le contraint d'aller à Turin pour recevoir un enseignement religieux et se convertir au catholicisme – ce qu'il accepte de faire, mais sans conviction réelle. Il reviendra d'ailleurs plus tard au protestantisme.

Durant ces années, Rousseau connaît une étrange vie de vagabondage. Il occupe différents postes de laquais chez des nobles, passe par Fribourg, Lausanne, Neuchâtel et Berne, où il se lie d'amitié avec un aventurier louche. Il arrive jusqu'à Paris, puis retrouve Mme de Warens à Chambéry. À partir de 1737, il va vivre avec elle dans le site enchanteur des Charmettes, dans la campagne proche de la ville. Ce sont les plus belles et plus heureuses années de sa vie. Il aime la nature qui l'entoure et passe son temps à lire. Mais Mme de Warens finit par se lasser de sa compagnie et il doit quitter Les Charmettes en 1740. Il rejoint Lyon, où il sera précepteur chez M. de Mably.

En 1742, il s'installe à Paris, voyage à Venise avec l'ambassadeur de France et, passionné de musique, il élabore un système de notation musicale. Trop compliqué, ce système ne rencontrera pas le succès escompté – ce qui n'empêchera pas Rousseau de se mettre à la composition. On lui doit notamment un opéra, *Le Devin du village*, qui sera représenté en 1752.

Rousseau se lie d'amitié avec Voltaire et les encyclopédistes – amitié qui ne durera pas. Ils travaillent même ensemble à quelques compositions musicales et il est reçu dans les salons. Il goûte aux mondanités, mais médiocre causeur, il manque de cette rapidité d'esprit qui vous taille une renommée dans la vie parisienne. Souvent, il est blessé dans son amour-propre. Selon l'une de ses plus admirables formules, « il se sent seul avec les autres et avec les autres quand il est seul ».

Il se met alors en ménage avec Thérèse Levasseur, une modeste servante illettrée qui restera auprès de lui toute sa vie, contribuant ainsi, sans le vouloir, à l'éloigner du « grand monde ». Ils auront cinq enfants, mais, prétendant être dans l'incapacité de les entretenir, Rousseau les confiera tous aux « Enfants trouvés », l'assistance publique de l'époque. Quand viendra la notoriété, ces abandons lui seront âprement reprochés par ses détracteurs : comment l'auteur de l'*Émile,* le plus grand livre sur l'éducation du XVIIIe siècle, a-t-il pu abandonner sans sourciller ses cinq enfants ? Méfions-nous pourtant des illusions rétrospectives : à l'époque, la chose est courante, beaucoup moins scandaleuse qu'il y paraît aujourd'hui.

À Paris, donc, il fréquente les milieux littéraires et philosophiques, rencontre Diderot, d'Alembert et Grimm, avec lesquels il se lie d'amitié. Leurs querelles, sur l'état de nature comme sur le luxe ou le théâtre avec Voltaire, seront parfois d'une violence inouïe. En 1749, Diderot lui propose de participer à L'*Encyclopédie* et lui confie les articles sur la musique. Mais l'œuvre philosophique de Rousseau ne débute véritablement qu'en 1750, lorsqu'il participe à un concours organisé par l'académie de Dijon et qu'il remporte le 1er prix. La question posée par l'Académie est la suivante : « Si le rétablissement des sciences et des arts a contribué à épurer les mœurs ».

Dans sa réponse – c'est le fameux *Discours sur les sciences et les arts* –, Rousseau défend l'idée qu'il existe un antagonisme entre civilisation et vertu, un thème qui deviendra central dans sa philosophie et qui marque une rupture avec la pensée des Lumières. Selon lui, l'Homme naît naturellement bon et heureux, mais la société, paradoxalement, l'isole, le corrompt et le rend malheureux. Ces idées vont l'éloigner progressivement du mouvement général des Lumières, de Diderot et des philosophes de *L'Encyclopédie*, que Rousseau prend complètement à contre-pied, annonçant ainsi avec quelques décennies d'avance le courant romantique.

Pour marquer sa différence, Rousseau, qui d'un seul coup est devenu célèbre, change de « look » : il s'habille avec la robe de bure des philosophes anciens, se coiffe d'un bonnet arménien, bref, il s'efforce de mettre son apparence en accord avec ses idées austères. En 1752, il est le protagoniste principal de la fameuse « querelle des bouffons ». Il défend, contre Rameau et le classicisme français, une esthétique de la mélodie et du cœur. En 1753, d'un nouveau sujet de concours naît l'une de ses deux œuvres politiques majeures, le fameux *Discours sur l'origine et les fondements de l'inégalité parmi les hommes*. Mais cette fois-ci, les académiciens, un peu effrayés par les thèses révolutionnaires de Rousseau, qui sur bien des points annonce Marx, ne lui donnent pas le prix.

C'est aussi dans ces années-là que Rousseau tombe fou amoureux de Mme d'Houdetot. En 1758, il publie sa *Lettre à d'Alembert sur les spectacles* où il développe une critique du théâtre qui achèvera de le brouiller avec Voltaire – lequel deviendra à partir de cette date un ennemi irréductible et, il faut bien l'avouer, d'une rare méchanceté. En 1758, Rousseau se retire dans un petit village, près de Montmorency, à Montlouis, chez le maréchal de Luxembourg et sa femme qui seront pour lui des amis précieux et fidèles.

En 1761, il publie la *Nouvelle Héloïse*, un roman préromantique sur le sentiment amoureux et la nature, qui sera le premier best-seller moderne. Dans *Le Contrat social*, publié en 1762, il expose sa conception des fondements d'un État juste et légitime – un petit livre qui aura une influence colossale sur les révolutionnaires français. La même année, dans l'*Émile*, il mène une réflexion d'une étonnante modernité sur l'éducation et sur les moyens d'élever un enfant sans brimer sa liberté. Le livre met le feu aux poudres, déclenche scandale et polémique dans des proportions invraisemblables. Toute son œuvre stigmatise la dénaturation de l'Homme pour favoriser un retour à la simplicité naturelle ainsi qu'à la préservation de la liberté. Rousseau propose de réformer les institutions publiques et sociales, les mœurs, le droit et même la religion dans ce sens.

Ses thèses sont violemment attaquées par Voltaire et les philosophes de l'époque. Il est condamné par le Parlement de Paris, qui fait brûler l'ouvrage et déclare Rousseau de « prise de corps ». Les menaces qui pèsent sur lui le contraignent une fois de plus à l'errance. Il s'enfuit en Suisse – d'abord à Môtier, où il tente de se défendre dans ses *Lettres écrites de la Montagne* (1764), puis sur l'île Saint-Pierre, au milieu du lac de Bienne, mais même là-bas, à l'écart de tout, il continue de subir des persécutions bien réelles, notamment de la part des villageois qui, un jour, vont jusqu'à caillasser sa maison.

Selon la formule consacrée, on peut être paranoïaque et malgré tout avoir des ennemis. C'est le cas de Rousseau qui a déclenché contre lui les foudres des Lumières que Voltaire manie comme un Zeus en son Olympe. Se sentant persécuté, il commence, en 1765, la rédaction des *Confessions* avec l'objectif de s'expliquer, de se justifier. Il finit par revenir à Paris, en 1770, et, de manière aussi touchante que misérable, il tente désespérément de convaincre le public de sa bonne foi, de dissiper les calomnies qu'on diffuse sur son compte. Il va jusqu'à distribuer dans la rue, aux passants, des tracts qu'il a lui-même rédigés. Il termine sa vie à Ermenonville où il achève *Les Rêveries du promeneur solitaire* (1778), un livre qui, avec les *Confessions*, marque le début de l'autobiographie moderne. Malade et isolé, il se passionne pour l'herboristerie et meurt, en 1778, à l'âge de soixante-six ans. La Convention fera transporter ses restes au Panthéon, en 1794.

Kant

Emmanuel Kant est né le 22 avril 1724 à Königsberg, capitale de la Prusse orientale. Il y a vécu toute sa vie et il y est mort le 12 février 1804. Son existence, presque exclusivement vouée à l'étude, à l'enseignement et à la création d'une œuvre monumentale, est d'une régularité absolue : un lieu commun de toutes les notices biographiques veut qu'il n'ait modifié son emploi du temps qu'à deux reprises, l'une pour se procurer, en 1762, le *Contrat social* de Rousseau qu'il admirait profondément, et l'autre pour aller acheter le journal après l'annonce de la Révolution française qui, malgré son aversion pour la Terreur de 1793, suscita dans un premier temps son enthousiasme.

Sa famille est extrêmement modeste et nombreuse (onze enfants). Sa mère, une femme très pieuse dont il vantera plus tard la grande intelligence, est piétiste. L'amitié qui la liait au pasteur Albert Schulz permet au jeune Emmanuel d'entrer, en 1732, au *Collegium Fredericianum* que dirige Schulz. Dans son enseignement passe sans cesse l'idée luthérienne selon laquelle la rectitude du cœur est une qualité plus importante que l'intelligence. Kant fréquente le *Collegium* pendant sept années, mais, en dépit de sa reconnaissance pour la solide culture latine qu'on lui a transmise, il en gardera un souvenir « de terreur et d'angoisse » qui le rendra définitivement opposé à toute manifestation extérieure de la religion.

En 1740, il entre à l'université de Königsberg pour suivre des études de théologie, de philosophie et de sciences. Kant deviendra un bon mathématicien et un excellent géographe – ce qui peut faire sourire quand on songe qu'il n'a jamais quitté une seconde sa ville natale. Il a cependant beaucoup voyagé, mais en pensée.

La mort de son père, en 1746, l'oblige à interrompre ses études et, pendant neuf ans, il devient précepteur dans des familles aisées de la région. Chez la comtesse de Keyserling, il prend même un certain goût à la vie mondaine et aux conversations spirituelles. Toute sa vie, il invitera des convives, amis ou voyageurs de passage choisis dans des milieux très divers, à partager sa table – plusieurs témoignages rapportent que Kant était un hôte charmant et attentif.

En 1755, il débute une carrière d'enseignant à l'université de Königsberg – carrière qui se poursuivra durant des décennies. Il enseigne parfois les mathématiques, la physique (Newton ne cessa de nourrir sa réflexion), la logique, la morale, l'anthropologie ou la géographie, mais il ne se contente pas d'exposer les idées des autres et son enseignement est étroitement lié à ses recherches personnelles.

Ses cours rencontreront bientôt un succès extraordinaire. L'élite de l'élite se presse dans son amphithéâtre. Pourtant, il ne deviendra professeur titulaire qu'au bout de quinze ans, à l'âge de quarante-six ans. Cette promotion lui donne enfin une aisance financière jusqu'alors inconnue de lui.

À partir de 1770 et de la publication de sa fameuse *Dissertation de 70*, qui esquisse déjà quelques thèmes essentiels de son œuvre majeure, la *Critique de la raison pure* (1781), sa pensée prend un tournant. Il élabore une philosophie qui lui est propre, c'est le début de la période « criticiste ». Avec beaucoup d'humilité, Kant a attendu longtemps avant de construire une œuvre personnelle qui se détache de son temps comme un diamant dans une mine.

Il a près de soixante ans, un âge canonique pour l'époque, lorsqu'il publie la *Critique de la raison pure*. En 1788 vient sa deuxième œuvre majeure, la *Critique de la raison pratique*, puis la troisième, en 1790, *La Critique de la facilité de juger*. Kant publiera encore jusqu'à la fin de sa vie d'autres ouvrages importants, sur l'histoire et sur le droit notamment. Entre-temps, en 1786, il est devenu membre de l'Académie royale des sciences et des lettres de Berlin, mais cet homme modeste et angoissé, tout entier voué à son travail, ne sera jamais vraiment sensible aux honneurs.

Il meurt, célèbre, en 1804, à Königsberg bien sûr, et l'on prétend qu'il prononça, juste avant de rendre son dernier souffle, ces simples mots : *Es is gut*, « C'est bien », comme s'il avait le sentiment de ne pas avoir perdu son temps.

Hegel

Georg Wilhelm Friedrich Hegel est né la même année que Beethoven, en 1770, à Stuttgart, dans une famille protestante d'origine relativement modeste. Son père est fonctionnaire à la Cour des comptes, sa mère, dont le père est juriste, s'occupe de la formation intellectuelle de son fils, un écolier incroyablement précoce et brillant. Il étudie le latin dès l'âge de cinq ans et se passionne très tôt pour les tragédies grecques qui deviennent sa matière favorite. Avant ses dix-huit ans, il a déjà traduit pour son plaisir le *Manuel* d'Épictète, l'*Antigone* de Sophocle ainsi que quelques dialogues de Platon.

C'est à cet âge qu'il entre au séminaire de théologie protestante de Tübingen – le fameux *Stift* de Tübingen –, un établissement élitiste d'un niveau exceptionnel où il devient l'ami du poète Hölderlin ainsi que de Schelling, le philosophe dont il allait être le disciple avant qu'il ne devienne son principal concurrent, puis son adversaire sur le plan intellectuel. Ils ont des discussions passionnées sur l'Antiquité grecque, la philosophie de Kant et de Fichte, mais aussi sur la Révolution française et sur Rousseau. Malgré sa vocation première pour la théologie, il renonce à la carrière de pasteur pour devenir précepteur à Berne, puis à Frankfort. À la mort de son père, en 1799, Hegel retourne à Stuttgart, et grâce à son héritage qui le libère des soucis matériels, il peut accepter un modeste poste d'assistant professeur à l'université d'Iéna en 1801.

Dans la genèse du système hégélien, on distingue en général trois grandes époques – si on laisse de côté les années de formation à Tübingen – : la période de Berne (1793-1797), pendant laquelle Hegel est précepteur ; la période de Francfort (1797-1800) au cours de laquelle Hegel continue à exercer son métier de précepteur, mais qui est déjà extraordinairement créative (c'est à Francfort qu'il rédige *L'Esprit du christianisme et son destin*, un essai qui comporte une analyse admirable des Évangiles, notamment du « Sermon sur la Montagne », mais aussi de la différence entre judaïsme et christianisme, avec des passages sur le déluge d'une profondeur saisissante) ; puis vient la période d'Iéna (1801-1807), au cours de laquelle Hegel commence non seulement sa carrière universitaire, mais aussi les premiers linéaments d'un système que beaucoup considèrent comme le plus grandiose de toute l'histoire de la philosophie. C'est là notamment qu'il écrit son fameux essai sur la *Différence entre les philosophies de Fichte et de Schelling*, Schelling dont il va progressivement se séparer. Comme Kant, Hegel soutient la révolution de 1789, mais déteste la Terreur. Sur l'évolution de Hegel durant ces trois périodes, je renvoie mon lecteur aux magnifiques leçons de Jacques Rivelaygue (voir « Dix conseils de lecture », chapitre suivant).

C'est en 1807, avec la publication de *La Phénoménologie de l'esprit*, que le système hégélien apparaît pour la première fois sous sa forme, sinon achevée, du moins définitive quant au fond. En 1808, il est nommé professeur, puis recteur du *Gymnasium* de Nuremberg. Il se marie en 1811 et il aura deux fils. L'un deviendra historien et l'autre pasteur.

En 1812, il publie le premier volume de sa *Logique* qu'il achève de faire paraître en 1816. C'est justement en 1816 qu'il est enfin nommé professeur titulaire de la chaire de philosophie à l'université de Heidelberg. Il expose sa doctrine globale dans la première édition, en 1817, de son *Encyclopédie des sciences philosophiques*. En 1818, il est appelé à la chaire de Berlin. Hegel est alors un professeur et un philosophe célèbre, qui jouit d'un prestige considérable qu'il conservera jusqu'à la fin de sa vie. Ses cours, aussi géniaux que passionnants, seront en grande partie publiés, notamment sur l'esthétique, l'histoire, la religion et l'histoire de la philosophie. Il meurt du choléra en 1831, à Berlin.

Schopenhauer

Arthur Schopenhauer est né le 22 février 1788 à Dantzig. En 1793, sa famille fuit l'occupation prussienne et s'installe à Hambourg. Son père, un riche négociant, destine son fils à une carrière commerciale et concentre son éducation sur l'apprentissage des langues étrangères et sur les voyages. Il lui a d'ailleurs choisi le prénom d'Arthur au motif qu'il est le même dans toutes les langues européennes et qu'il souhaite ardemment qu'il devienne un *Weltbürger*, un « citoyen du monde », un individu aussi cosmopolite qu'éclairé.

À l'âge de neuf ans, le jeune Arthur va au Havre pour apprendre la langue française. Il y restera deux ans, puis, de retour à Hambourg, il accompagne régulièrement son père en déplacement dans diverses villes européennes. À quinze ans, et pendant plus d'un an, il part à nouveau faire un grand tour d'Europe qui l'emmènera à Londres (où il apprend l'anglais), à Paris, à Lyon, en Savoie, en Suisse, en Bavière, en Hollande et en Autriche. Il y acquiert une grande ouverture sur le monde, une forme de « pensée élargie », pour parler comme Kant, qui sera finalement son principal maître à penser.

De retour de ce long périple, il devient employé commercial, mais c'est peu de dire qu'il exerce ce métier sans grand enthousiasme. La mort de son père, en 1806, le délivre des engagements qu'il avait pris à contrecœur en faveur d'une carrière commerciale. Il entreprend des études classiques au lycée (au *Gymnasium*) de Gotha, puis à Weimar, où sa mère s'est installée après avoir vendu l'entreprise familiale. Schopenhauer est bien sûr, comme tous les grands philosophes de son temps, excellent latiniste, helléniste et connaisseur du monde antique. C'est, du reste, un élève brillantissime dans tous les domaines.

Sa mère, Johanna Schopenhauer, devient au cours de cette période une romancière réputée. Elle reçoit chez elle des artistes, des écrivains, dont Goethe, que son fils côtoie régulièrement. Après des études classiques, Schopenhauer s'inscrit, en 1809, à l'université de Göttingen. Un de ses professeurs, le philosophe Schulze, l'initie aux œuvres de Kant, Platon, Aristote et Spinoza. Un autre, l'orientaliste Maier, lui fait découvrir les religions d'Orient, l'hindouisme, mais aussi le bouddhisme, qui aura sur lui une influence capitale et qu'il sera l'un des premiers penseurs d'Occident à comprendre en profondeur.

De 1811 à 1813, il poursuit ses études à Berlin, notamment pour suivre les cours de Fichte, par lequel il est déçu, mais aussi des cours sur l'Antiquité grecque et romaine. C'est finalement à l'université d'Iéna qu'il passera sa fameuse thèse de doctorat, en 1814, sur la *Quadruple racine du principe de raison suffisante*, un ouvrage très profondément inspiré par Kant. De 1814 à 1818, il écrit son œuvre majeure, *Le Monde comme volonté et comme représentation*, publié en 1818, un livre dont les thèses principales seront sans cesse reprises et développées par la suite dans ses ouvrages successifs, notamment dans *Parerga et Paralipomena*, publié en 1851.

En 1819, il est nommé chargé de cours à l'université de Berlin. C'est là qu'enseigne Hegel, le philosophe majeur dans l'Allemagne de l'époque. Schopenhauer n'hésite pas à le critiquer avec une véhémence qui tourne parfois à l'agressivité pure et, par provocation, il va jusqu'à placer son cours à la même heure que celui de Hegel. Mais c'est un échec. Il attire peu d'étudiants, décide de quitter l'université et part finalement pour un voyage en Italie. En 1823, il fait une dépression, puis, deux ans plus tard, il tente de relancer sa carrière universitaire, mais sans jamais recevoir l'écho attendu.

Schopenhauer fut largement méconnu de ses contemporains. L'importance de son œuvre philosophique ne sera reconnue qu'à la toute fin de sa vie, en 1853, l'année où Wagner le découvre. Sa pensée n'en aura pas moins par la suite une influence considérable sur de nombreux artistes, écrivains et philosophes des XIXe et XXe siècles, sur Nietzsche et Wagner, bien sûr, mais aussi sur Freud, Flaubert, Maupassant, Tolstoï, Dostoïevski, Zola ou Proust. Aujourd'hui encore, de nombreux écrivains se réclament de lui.

Schopenhauer meurt en septembre 1860 d'une crise cardiaque, à Francfort, où il menait depuis plusieurs années une existence isolée, pour ne pas dire une vie de misanthrope. De manière significative, il laissera d'ailleurs toute sa fortune à son chien...

Nietzsche

Friedrich Nietzsche est né en 1844 à Röecken, en Saxe. Son père, pasteur luthérien, meurt cinq ans plus tard. Il est alors élevé dans un univers féminin entre sa mère, sa sœur et ses tantes. Il fait des études classiques et se destine à être théologien, pasteur comme son père. Il se met aussi au piano, puis, dès l'âge de neuf ans, à la composition. Son talent musical impressionne ses amis. Très tôt, sa culture grecque et latine est tout simplement prodigieuse – elle influencera largement son œuvre.

En 1864, après avoir renoncé à suivre la carrière de son père, il entre à l'université de Bonn. Étudiant brillantissime, il se fait remarquer par ses maîtres en philologie classique au point que, dès 1869, avant même la fin de sa thèse, il est nommé professeur à l'université de Bâle. La lecture de Schopenhauer (*Le Monde comme volonté et comme représentation*, 1818) va être pour lui décisive. L'idée qu'il existe des souterrains, un monde caché et inconscient derrière les apparences de la raison claire et lumineuse est pour lui une véritable révélation. Il est aussi très marqué par Wagner. Sa rencontre, en 1868, et son amitié avec le musicien occuperont une place importante dans sa vie et dans sa réflexion.

En 1870, il s'engage dans l'armée comme infirmier et, patriote, il participe à la guerre contre la France. Vers 1875, Nietzsche tombe gravement malade, probablement d'une syphilis contractée lors d'une de ses pourtant très rares rencontres avec les femmes. La nature exacte de sa maladie n'est pourtant pas certaine et fait encore l'objet de discussions. Littéralement accablé par des maux de tête qui le rendent parfois presque aveugle, son état d'esprit se dégrade. Il commence à se détacher peu à peu de Schopenhauer, mais aussi de Wagner. Leur amitié prend fin en 1878 : Nietzsche, venu à Bayreuth pour les représentations wagnériennes, s'aperçoit, comme le raconte Daniel Halévy dans la belle biographie qu'il consacre à Nietzsche, que Wagner ne le prend pas vraiment au sérieux, qu'il le tient seulement pour un jeune disciple sympathique et brillant, pas vraiment pour le penseur génial qu'il est.

En 1879, Nietzsche, de plus en plus atteint par la maladie, doit quitter l'université. Solitaire, il mène une vie d'errance, parcourant à pied l'Italie et les Alpes suisses. En 1882, son ami Paul Rée lui présente la belle Lou Andréas Salomé, dont il tombe aussitôt fou amoureux. Il semblerait qu'il l'ait demandée en mariage le jour même de leur première rencontre. Cet empressement excessif n'est pas du goût de la jeune femme, qui le remercie gentiment mais se contentera d'une amitié platonique avec lui.

Ses souffrances s'amplifient et son œuvre s'intensifie. C'est en 1883 qu'il commence la rédaction de son *Zarathoustra*, qu'il achèvera en France, à Nice, en 1885. Il publie la dernière partie à compte d'auteur, avec un tirage de quarante exemplaires (!) – ce qui donne une idée du faible écho que reçoivent ses écrits. Puis son rythme d'écriture s'accélère. En 1886 paraît *Par-delà le bien et le mal*, en 1887, *La Généalogie de la morale*, en 1888, *Le Crépuscule des idoles*, *L'Antéchrist* et *Ecce Homo*. Ces livres grandioses, sans doute trop en avance sur leur temps, ne reçoivent pas non plus le succès attendu par leur auteur – ce dont Nietzsche se désole. Sa maladie évolue et atteint le stade de la paralysie générale. 1888 est sa dernière année de lucidité. À partir de 1890, il sombre dans une démence qui ne le quittera plus jusqu'à sa mort, en 1900, à Weimar.

Chapitre 25

Dix conseils de lecture pour vous aider à lire les grands auteurs

Je vous propose dix conseils de lecture choisis non pas parmi les ouvrages des grands auteurs eux-mêmes, mais parmi ceux qui m'ont aidé à pénétrer leur pensée et qui m'ont donné le plus à réfléchir. Je vous indique au passage des livres dont je suis moi-même l'auteur et si je le fais, ce n'est pas par immodestie, mais parce que je les ai écrits pour ceux que j'aime, d'abord pour ma famille et mes amis, mais aussi pour mes étudiants dans un but spécifiquement pédagogique.

Sur les Anciens

Je vous conseille tous les livres de Pierre Hadot, en particulier, pour commencer, *Qu'est-ce que la philosophie antique*, dans la collection « Folio Essai ». Que ce soit sur Platon, Aristote, Épicure ou les stoïciens, les propos de Pierre Hadot sont toujours limpides et fiables, à la fois compréhensibles même pour les débutants et cependant fidèles à la pensée des grands auteurs de l'Antiquité. J'ajouterai aussi à ce conseil le livre de Rémy Brague, *Les Sagesses du monde* (Fayard), plus difficile, mais remarquablement intelligent et juste, en particulier dans l'analyse des différences entre les Anciens et les Modernes.

Sur Descartes

Il faut lire Ferdinand Alquié, notamment ses *Leçons sur Descartes. Science et métaphysique chez Descartes* aux Éditions de La Table Ronde, mais aussi Henri Gouhier, *La Pensée métaphysique de Descartes* chez Vrin.

Sur Rousseau et les penseurs politiques du XVIIe et du XVIIIe siècles

L'ouvrage indispensable est à mon sens celui de Robert Dérathé, *Jean-Jacques Rousseau et la science politique de son temps*, chez Vrin.

Sur Kant

Je recommande Alexis Philonenko, *L'Œuvre de Kant*, en deux volumes, chez Vrin, et j'ajouterai mon *Kant, une lecture des trois Critiques*, chez Grasset, qui donne une introduction aussi claire que possible à *La Critique de la raison pure*, mais aussi à *La Critique de la raison pratique* et *La Critique de la faculté de juger*, c'est-à-dire à la philosophie théorique, morale et esthétique de Kant. Ces trois œuvres sont aujourd'hui pour un lecteur non averti tout simplement impossibles à lire si l'on ne dispose pas d'une introduction pédagogique.

Sur Hegel, et plus généralement sur l'idéalisme allemand

La meilleure introduction qu'on puisse lire, et de très loin, est due aux cours géniaux (et je pèse mes mots) de Jacques Rivelaygue dans ses magnifiques *Leçons de métaphysique allemande*, en deux volumes, chez Grasset.

Sur Schopenhauer

On ne fait pas mieux à mes yeux que l'excellent petit livre de Clément Rosset : *Schopenhauer, philosophe de l'absurde*, aux Presses universitaires de France. C'est à la fois limpide, juste et profond.

Sur Marx et Tocqueville

Sans hésiter, je recommande les cours de Raymond Aron publiés sous le titre *Les Étapes de la pensée sociologique*, chez Gallimard. C'est d'une clarté parfaite et, bien qu'Aron soit un penseur libéral, c'est tout à fait respectueux du génie de Marx.

Sur Nietzsche

Je ne puis que vous renvoyer au chapitre que je lui ai consacré dans mon *Apprendre à vivre*, chez Plon.

Enfin, sur tous ces grands auteurs, y compris sur Spinoza et Leibniz dont je ne cite pas ici de commentateurs, vous pouvez retrouver mes cours publiés dans mon livre *Sagesse d'hier et d'aujourd'hui* chez Flammarion ainsi que chez Frémeaux sous forme de CD audio.

Index

D

E

F

G

H

I

J

K

L

M

N

O

P

R

S

T

U

V

W

Z

Notes

Notes